はじめて出会う

心 理 学

第3版

長谷川寿一・東條正城・大島 尚・
丹野義彦・廣中直行［著］

ARMA
Interest
有斐閣アルマ

『はじめて出会う心理学』は，初版刊行以来，おかげさまで心理学の初学者向け入門書の定番の１冊として，非常に多くの方に読まれてきました。大半の読者は，大学や短大での教養科目（一般教育科目）のテキストとして本書に出会われたことと思いますが，授業とは関係なく，心理学とはどんな学問だろうという好奇心から手に取ってくださった高校生や社会人の方も少なくないと聞いています。入口の敷居を低くして多くの方に心理学の魅力をわかりやすくかつ正確に伝える，という本書の目的が広く支持されてきたことをたいへんに嬉しく思います。

さて，前版以降，日本の心理学と心理学教育を取り巻く状況が大きく変化しました。すなわち，2015 年に公認心理師法が成立し，2017 年に日本初の心理職の国家資格として「公認心理師」制度が整備され，2018 年からは国家試験がスタートしたのです。法文の目的には，資格を定めて「国民の心の健康の保持増進に寄与すること」とうたわれています。より具体的には，保健医療，福祉，教育，司法・犯罪，産業・労働といった社会の領域で，資格を有する心理職者が，心理的支援を要する人々とその関係者に対して，専門知識に基づきさまざまな援助を行い，心の健康に関する知識の普及を図ることが定められました。世界の動向からは少し遅れましたが，日本でもようやく身体の健康だけでなく，心の健康の重要性が認識され，国をあげて心の健康をめぐる諸課題に取り組んでいくことが宣言されたわけです。

公認心理師の資格を得るためには，国家試験に合格しなければいけません。そして，国家試験の受験資格としては，原則として4年制大学において法律で指定される心理学の科目を修めることが求められています（ただし移行措置を除く）。

　本書の内容は，前版でも，公認心理師指定科目のうちの「心理学概論」に対応していましたが，今回の第3版では，出題基準の大分類に鑑み，全体の構成をより明確に再編成しました。すなわち，「心理学概論」に含まれるべき「心理学の成り立ち」を第1章に，「人の心の基本的な仕組み及び働き」を第2章以降にと，対応をはっきりさせました。また，心理学と社会の関わり，とくに心理学の社会的貢献について述べ，高齢者の福祉課題として重要な認知症の解説，学習の章において言語に関する説明なども加えました。

　ただし，冒頭で述べたように，本書はあくまで初学者を心理学ワールドへ誘うことを目的としており，国家試験の「対策本」ではありません。従来どおり，幅広い読者に読み継がれていくことを願っています。もちろん，本書との出会いから職業としての心理専門職をめざそうという方が出てくださるなら望外の喜びです。

　最後になりますが，筆の遅い筆者らを辛抱強く激励し，つねに丁寧な本作りをめざしてくださった有斐閣書籍編集第2部の渡辺晃さんと中村さやかさんに心より御礼申し上げます。

　2020年9月

　　　　　　　　著者を代表して　　長谷川寿一

　『はじめて出会う心理学』は，幸いこれまでに多くの読者を得ることができ，心理学の入門（教養）教育にいささかなりともお役に立つことができました。これも学生・読者諸氏ならびに講義を担当された諸先生のおかげであり，紙上を借りて，皆様に厚く御礼を申し上げます。この間，読者からの本書についての感想を，直接，間接にうかがう機会が何度かありましたが，一気に読めて心理学をもっと学びたくなったとの声を幾度となく聞きました。私たちの目的はまさにそこにあったので，まことに嬉しい限りです。

　前版のはしがきでは，欧米の定番教科書のようにバージョンアップを重ねて息の長い教科書を育てていきたい，と書きましたが，8年の月日を経て，ここにようやくお約束を実現できました。

　今回の改訂の大きなポイントとしては，2001年に急逝された東條正城さんに代わって廣中直行さんに執筆陣に加わってもらい，研究の進展が著しい生理心理学，神経心理学，脳科学の領域（第15章）を大きく改訂しました。また，近年，現代社会との関わりで取り上げられることが多い，発達障害（第3章），高齢者の心理，認知症（第4章）や，動機づけ，情動の理論，表情認知（第5章），学習（第13章）などについても執筆者が分担して加筆しました。

　章末の「もっと詳しく学びたい人のための参考図書」については，最新のものを加え，前書であげたもののうち入手が難しくなったものを削除しました。本書はあくまで入門書ですので，参

考図書を通じてぜひ心理学の知識を深めていただければと思います。

　すぐにお気付きのように，口絵に北岡明佳さんのご好意により，錯視図形を掲載しました。アート性豊かな北岡作品の一端に触れて，人の視覚系と脳の働きの不思議（物理世界と心理世界のずれ）について考えてみて下さい。

　本書の編集作業は，有斐閣書籍編集第 2 部の中村さやかさん，櫻井堂雄さんのお 2 人に大変なご尽力をいただきました。最後になりましたが，本書の生みの親でもある故東條正城さんに本書の完成をご報告したいと思います。

　　2008 年 2 月

　　　　　　　著者を代表して　長谷川寿一

　このテキスト『はじめて出会う心理学』は，タイトルどおり心理学の初学者を対象に書かれました。心理学の ABC をわかりやすく，「です・ます」調で解説してあります。例をあげるときなどには，大学や短大の 1 年生の読者を想定して執筆しましたが，心理学について基礎知識のない一般社会人の方にも読んでいただければと願っています（昔，心理学を学んだけれども，忘れかけているという皆さんには「サビ落し」として使っていただけるかもしれません）。さらに，心理学に興味があり，将来，大学で心理学を専攻してみたいと考えている中高校生の諸君に対しても，心理学という学問分野の手ほどきになるのではないかと期待しています。

　実際，日本の中学校や高校の授業では，心理学を体系的に学ぶ機会はありません。これはとても残念なことです。もし，もっと若い頃から人間の心理について学び，知識を持っていたならば，いじめも不登校も，その他さまざまな青年期の心の問題もずっと少なくできるに違いありません。心理学という学問は，文字どおり，心についての学問ですが，心を知ることは人間そのものを理解することと深く結びついているからです。人間について分かれば分かるほど，その奥の深さと不思議に心を打たれることでしょう。そして，少し大げさに言うならば，人間のかけがえのなさというものが実感できるはずです。

　もちろん，哲学や歴史や文学といった別の分野を学ぶことによっても，人間の理解を深めることができます。それどころか，

「哲・史・文」こそが，長い間，人文科学の中核でした。ただし，20世紀になってやっと発展した心理学という後発の学問が，先輩格の諸学と異なるのは，解釈よりも客観的な事実に重きを置くという点にあります。たとえば，哲学では，見えていることは本当に実在していることかどうかといったことを問題にします。けれども心理学ではそういう難問はさておき，外界の見え方のしくみの方を問題にします。見えているからには，そこに何かがあるだろうととりあえずみなし，その物の見え方について具体的に研究していくのです。

また，「哲・史・文」では，偉大な先人の思想をどう解釈するかが大問題になりますが，心理学ではアリストテレスやシェークスピアがどう考え，それを後世の研究者がどう解釈したかはむしろ周辺的な問題です。アリストテレスであれシェークスピアであれ，人間であれば誰しも持っている一般的な心の作用を問題にします。それはもちろん，あなた自身の問題でもあるわけです。

心理学が人間一般の心を扱うと言いましたが，だからといって個々の人間の個人差を無視するわけではありません。それどころか，人間の個人差については，心理学は他のどんな学問よりも詳しく研究しています。とくに，性格や知能の個人差をどのように客観的に表したらよいかについて，心理学者は頭を悩ませてきました。人間の一般性と個別性の探究は，心理学の2大目標だと言えるでしょう。

具体的な研究の数々については，以下の各章を読んでいただきたいと思いますが，心理学は，身近な事実から出発しながらも人間全体のことを考えていく学問であるという点をぜひ心に留めておいて下さい。しばしば，心理学は取っつきやすいけれども難し

いという話を聞きますが，まさにそのとおりです。先程も述べた
ように，人間とは知れば知るほど奥が深い存在だから当然の話な
のです。とはいえ，最初から身構える必要はありません。なんと
いっても，心理学は楽しい話題にあふれているのですから。楽し
みながら，深く考える，このテキストを題材にして，そういう授
業になることを私たちは願っています。

　このテキストの前半（第Ⅰ部）は，人間の心の輪郭を広い角度
から眺めてみました。人間が他の動物とどこが違うのかという点
が強調され，人間とは何だろうかということが説明されています。
また，個人差や心の適応の問題も前半の重要な話題です。

　テキストの第Ⅱ部では，より基礎的な（レベルが低いという意
味ではなく，土台となるようなという意味です）分野について解説
してあります。筆者らの世代が受けた心理学入門の講義では，こ
れらの基礎を学ぶことから始まったものでしたが，本書では，ま
ず全体の輪郭をスケッチしてから基礎を学ぶように配置しました。

　実際には，担当の先生の指導方針によってどちらから始めても
よいと思います。

　1章の分量は，ほぼ90分の講義1回分に相当していますが，
少しはみだしてしまうかもしれません（とくに冗談や余談が多い
先生の講義なら）。心理学が扱う領域はあまりにも広いので，本
書でそのすべてをカバーすることはとうていできませんでした。
それを補う意味で，各章の最後に，もっと学びたい人のための文
献紹介をあげておきました。ぜひ本書に止まらず，心理学という
知の森の奥深くまで探検してみて下さい。

　本書は企画から完成まで，予定していた時間よりはるかに長い

時間がかかってしまいました。それでも，まだまだ不完全なところがいろいろと残っていると思います。執筆者たちの希望は，欧米の定番教科書のように，バージョンアップを重ねて息の長い教科書に育てていくことです。そのためにも読者の皆さんおよび担当の先生方からのご意見やご希望をお待ちしています。最後になりましたが，編集でご尽力いただいた有斐閣の新井宣叔さん，また，制作過程においてとりわけ図版やイラストの作成等でたいへんお世話になった田中あゆみさんに，この場を借りて厚く感謝申し上げます。

2000 年 1 月

著 者 一 同

長谷川　寿一 (はせがわ　としかず)

執筆● **1 章**，**2 章**，**3 章**，**7 章**，**17 章**，**18 章**

1952 年　神奈川県生まれ
1984 年　東京大学大学院人文科学研究科博士課程修了。文学博士
1984 年　東京大学教養学部助手。その後，帝京大学文学部助教授，
　　　　　東京大学大学院総合文化研究科教授を経て現職
現　在　東京大学名誉教授
著　作　『人が人を殺すとき』(M. デイリー，M. ウィルソン著，共訳，
　　　　　新思索社, 1999 年)，『心の進化』(共編著，岩波書店, 2000 年)，
　　　　　『進化と人間行動』第 2 版（共著，東京大学出版会, 2022 年)，
　　　　　『認知科学への招待』(分担執筆，研究社, 2004 年)，『教養
　　　　　のためのブックガイド』(分担執筆，東京大学出版会, 2005
　　　　　年)，『第三のチンパンジー』完全版（上・下）(共訳，J.
　　　　　ダイアモンド著，日経 BP, 2022 年) など

東條　正城 (とうじょう　まさき)

執筆● **1 章**，**5 章**，**15 章**，**16 章**

1941 年　愛知県生まれ
1974 年　東京大学大学院文学研究科博士課程修了
1974 年　東京大学教養学部助手。その後，専修大学文学部講師，
　　　　　助教授を経て教授（2001 年 2 月，逝去）
著　作　『新版心理学事典』(分担執筆，平凡社, 1981 年)，『図説現
　　　　　代心理学入門』(分担執筆，培風館, 1990 年)，『哲学と脳』
　　　　　(共訳，J. Z. ヤング著，紀伊國書店, 1992 年)，『神経心理学』
　　　　　(共訳，D. W. ザイデル著，産業図書, 1998 年)，『シリーズ・

人間と性格第 1 巻 性格の理論』（分担執筆，ブレーン出版，
2000 年）など

大 島 尚 (おおしま　たかし)

執筆● 10 章，11 章，12 章，14 章

1951 年　東京都生まれ
1978 年　東京大学大学院人文科学研究科博士課程中退
1978 年　東京大学文学部助手。その後，東洋大学社会学部講師，
　　　　　助教授を経て，現職
現　在　東洋大学名誉教授
著　作　『認知の社会心理学』（共編著，北樹出版，2004 年），『共生
　　　　　のかたち』（分担執筆，誠信書房，2006 年），『グリーン産業
　　　　　革命』（分担執筆，日経 BP 社，2010 年），『エコロジーをデ
　　　　　ザインする』（分担執筆，春秋社，2013 年）など

丹 野 義 彦 (たんの　よしひこ)

執筆● 4 章，6 章，8 章，9 章

1954 年　宮城県生まれ
1980 年　東京大学大学院人文科学研究科修了
1985 年　群馬大学大学院医学系研究科修了。医学博士
1985 年　群馬大学医療技術短期大学講師。その後，東京大学大学
　　　　　院総合文化研究科教授を経て，現職
現　在　東京大学名誉教授。公認心理師
著　作　『エビデンス臨床心理学』（日本評論社，2001 年），『講座臨
　　　　　床心理学』全 6 巻（共編著，東京大学出版会，2001 ～ 02 年），
　　　　　『自分のこころからよむ臨床心理学入門』（共著，東京大
　　　　　学出版会，2001 年），『叢書　実証にもとづく臨床心理学』
　　　　　全 7 巻（共編著，東京大学出版会，2003 年〜），『性格の心
　　　　　理』（サイエンス社，2003 年），『臨床心理学』（共著，有斐閣，
　　　　　2015 年），『イタリア・アカデミックな歩きかた』（有斐閣，

2015 年）など

廣 中 直 行（ひろなか　なおゆき）

執筆● 4 章, 5 章, 13 章, 15 章, 16 章

1956 年　山口県生まれ

1984 年　東京大学大学院人文科学研究科博士課程単位取得退学。
　　　　　博士（医学）

1984 年　実験動物中央研究所研究員。その後，理化学研究所脳科
　　　　　学総合研究センター研究員，専修大学文学部心理学科教
　　　　　授，科学技術振興機構 ERATO 下條潜在脳機能プロジェ
　　　　　クト研究員，NTT コミュニケーション科学基礎研究所・
　　　　　リサーチスペシャリスト，㈱LSI メディエンス薬理研究
　　　　　部顧問，㈱ニューロサイエンス テクニカルアドバイザー
　　　　　を経て現職

現　在　東京都医学総合研究所　客員研究員

著　作　『心理学へのスタディガイド』（世界思想社，2007 年），『実
　　　　　験心理学』（分担執筆，サイエンス社，2007 年），『生理心理
　　　　　学』第 2 版（共著，サイエンス社，2015 年），『アディクショ
　　　　　ンサイエンス』（共編著，朝倉書店，2019 年）など

● **この本の性格**　　本書は，心理学を初めて学ぶ人を対象としたテキストです。心理学に興味をもっていただきながら，心理学の基本をきちんと学べる教科書をめざしています。近年，学生の皆さんの関心が高い臨床心理学や研究の進展がいちじるしい脳研究についても独立した章を立てて説明してあります。わかりやすさを第1に考え，本文は読みやすい口語体で書かれています。各章のはじめの導入部には，その章の内容に関連した事例や日常的な出来事をあげ，読者の皆さんの興味を引きつける配慮をしています。図表も2色刷りで仕上げ，理解しやすくしています。多くのイラストは，本文と関連していますが，ちょっと一息ついていただくための工夫です。簡単な実習課題もちりばめてあります。できるだけ講義の臨場感をお伝えしたいと考え，文章の自然な流れにも気を配ってあるので独習書としても利用できます。

● **この本の構成**　　この本は18章から構成されています。第1章は心理学とはどのような学問であるかの全体的な説明です。第2～9章は，「心と適応」と題して，環境に適応していくうえで心がどのように役立っているのかというテーマを扱っています。第10～18章は，「心のしくみ」と題して，心のメカニズムに関する基本的な解説です。最後の2章は社会心理学のなかから興味深いテーマを選んでみました。

● **キーワード**　　基本事項として大切な事柄は，本文中に青字で示されています。キーワードを心に留めながら読み進めば，それぞれの章の内容の理解がしやすいことと思います。

● **サマリー**　　各章のおわりに「本章のサマリー」として要約をつけました。皆さんの理解を確認し，知識を整理するうえで利用してください。

● **参考図書と文献**　　各章の章末に，学習をさらに深めるうえで参考になる文献を，簡単な紹介文をつけてあげておきました。また，本文中の引用文献は，巻末に各章ごとに一覧をあげておきました。

● **索　引**　　巻末に事項索引，人名索引をつけました。キーワードだけではなく，より広く心理学の基礎用語を載せていますので，活用して下さい。

目　次

心 と 適 応

PART

II

心のしくみ

「蛇の回転」（© Akiyoshi Kitaoka 2003／KANZEN）

↑ただ眺めているだけで，それぞれの円盤が回転して見える。回転方向は，
黒→青→白→黄→黒の方向。見つめているところ（中心視）では，錯覚が
起きにくい。（解説：北岡明佳）

「グラデーションの錯視」 (Kitaoka, 2005)

← 4つの正方形は同じ輝度勾配をもっているが，4つの明るさの異なる正方形に見える。背景の輝度勾配との関係が重要である。（解説：北岡明佳）

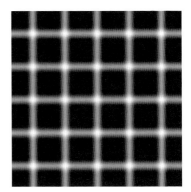

「バーゲン錯視」 (Bergen, 1985)

→ きらめき格子錯視よりも先に発表されたヘルマン格子錯視をぎらぎらさせたような錯視。（解説：北岡明佳）

「膨らみの錯視」 (© Akiyoshi Kitaoka 1998/KANZEN)

↑ 構成要素はすべて正方形で，垂直・水平に配置されているが，曲線が感じられ，床が盛り上がっているように見える。市松模様錯視の応用デザイン。（解説：北岡明佳）

心理学とは

心理学の成り立ち

賢いハンスと調教師フォン・オステン
(パブリック・ドメイン：Wikimedia Commons)

　20世紀の初頭，ハンスという名の馬がベルリンで評判になりました。ハンスは，四則演算を行い，分数を小数に変換することができました。また，時計を見て時刻を答えたり，正しいスペルで単語を綴ったりすることもできました。ハンスがこのような離れ業をするようになったのは，「動物も適切な教育を受ける機会をもてば，人間のような能力をもつことができる」と考えた飼い主のフォン・オステン氏が，何年もの間ハンスを辛抱強く訓練した結果でした。馬は口がきけませんので，質問者がカードに問題を書いてハンスに提示し，ハンスは答えの数だけひづめで地面を叩いたり，正しいカードを頭でさし示したりする方法で答えたのでした。

1904 年に，動物園の園長，馬の調教師，サーカスの団長，動物学者，さらに心理学者が集まり，ハンスの能力を検討するための調査委員会を開催しました。その結果，フォン・オステン氏以外の人が問題を出した場合にも，ハンスが正しく答えたことから，氏がイカサマをしている可能性は否定されました。そして新聞は，「賢いハンス」を 1 面で報道したのでした。

　それではハンスが示した能力は本物だったのでしょうか。この問題に決着をつけたのは，調査委員会に加わっていたベルリン大学心理学研究所所長シュトゥンプ教授の弟子，オスカー・プフングストでした。プフングストは，ハンスが示す行動を観察した後，実験を計画しました。実験では，ハンスは 2 つの条件下で問題に解答することを求められました。1 つは，ハンスに問題を出す質問者が答えを知っている「知識あり」の条件であり，もう 1 つは，質問者が答えを知らない「知識なし」の条件でした。その実験の結果，ハンスは，「知識あり」条件では 90％以上の正答率を示しましたが，「知識なし」条件では 10％程度しか正しく答えられませんでした。

　この結果は，ハンスが計算をしていたのではないことを示しています。ハンスがひづめで地面を叩き始めると，質問者はハンスの足元に視線を落とします。そしてハンスが正しい数を叩いた瞬間に，質問者の身体には，眉があがる，鼻孔が広がる，顔がわずかに上を向くなど，微妙な動きがあらわれます。ハンスは，その動きに反応し，その約 0.3 秒後にひづめを止めていたのです。すなわちハンスは，人間と同じ知性をもっていたわけではなく，相手の身体の微妙な動きを読み取る能力をもっていたのです。

　賢いハンスの事例が示唆する重要な意味は，能力のような心理

学的な問題を検討する際に，ただ行動を観察するだけでは真実を見誤ることがあり，実験などの科学的方法を導入することが有効であるということです。この章では，心理学とはどのような学問であるのかを学びます。まず心とは何かということについて考え，続いて心理学の歴史をたどり，さらに研究の方法を学ぶことによって，心理学全体に対する理解を深めてほしいと思います。

心理学とは　心理学は英語で"psychology"といいますが，その語源はギリシャ語の"psyche"（心）と"logos"（学）にあります。心理学は，文字どおり心に関する学問です。

◆「日常の心理学」と「学問としての心理学」

　私たちは，自分が心をもち，また他の人たちも心をもっていることを知っています。そして，日常生活においても心について多くの観察をし，実践的な知識を集積しています。このようにして得られた，心についての常識は，他者の心の状態を推測し，説明し，また理解する際に利用されます。私たちは，「日常の心理学」を構築し，それを応用している，いわば「自然の心理学者」であるといってよいのかもしれません。しかし，「日常の心理学」は，賢いハンスの場合と同様に日常的な観察から生じる誤りを含んでいることがあります。また「日常の心理学」は，日常の観察だけから得られるバラバラの知識の集積にすぎず，知識体系とはなっていないので，現実に応用できる範囲も限られてしまいます。

　「学問としての心理学」は，心についての常識を修正し，「日常の心理学」が踏み込めない領域に探索を進めます。そのために心理学は，客観的事実に基づいて，さまざまな科学的方法を駆使し

て心について研究し，確実な知識体系を構築することをめざすの
です。

◆意識と行動

　私たちが自分に心があると思うのは，何かを見たり，聞いたり，
想像したり，考えたり，また何かを欲したり，喜んだり，悲しん
だりする体験があるからです。この意識される経験は，本人にし
かわからない主観的な体験です。そして，意識 そのものが心で
あると考える立場に立つと，心について知る方法は自分自身の意
識を観察することである，ということになります。この方法は
内観法 と呼ばれています。

　しかし，内観法には多くの欠点があります。第1に，他者の意
識経験を直接に覗く（のぞ）ことはできません。言葉によるコミュニケー
ションを含む，他者のさまざまな行動から，他者の意識状態を推
測しなければなりません。したがって意識そのものは，自然科学
の研究対象とは異なり，公共性のある客観的データを得るための
対象とはなりえないのです。第2に，自分自身の意識と行動を注
意深く観察すると，意識にのぼるものだけでは，心と呼ばれるも
の全体を知るには不十分であることがわかります。よいアイディ
アは突然意識に飛び込んできますが，それが浮かぶまでの 心的
過程 は意識されません。好きだという感情が意識全体を覆いつ
くすときにも，好きになるに至るまでの心的過程は闇の内です。
また，何かをしたいとの意志をもって行動した場合に，実際には
その行動が意識下に隠されている動機によって統御されていたこ
とを思い知らされることがあります。フロイト（1856–1939）は，
意識の背後に無意識を考え，行動の真の原因をそこに求めました
が，たしかに人間の心は，無意識的（あるいは無自覚的）な心的

4

過程が進行するなかで，必要なときに必要な情報だけが意識にあらわれるという形で機能しているようです。第3に，自分のある意識を，別の意識をもちながら観察し分析すること自体に困難が伴います。すなわち，観察しようとする意識が，観察される意識の働きを変えてしまうことがありえるのです。これは内観法そのものに内在する弱点です。第4は，幼児や障害をもつ人々が十分な内観あるいは言語による報告ができない場合には，彼らの心的過程に内観法でアプローチする道は閉ざされてしまいます。

　以上のような理由で，現代心理学では，研究のための主要なデータを 行動 に求めています（図1-1）。行動には，行為だけでなく言語報告，表情，しぐさ，さらに必要な場合には機器によって測定される生理反応まで含まれます。もちろん言語で報告される意識内容も，意識経験に関する間接的なデータとして利用されます。心的過程は，直接に目で見ることはできませんが，適応行動の背後にあって，それを成り立たせている内的過程である，と考えることができます。この考えに従えば，行動を研究対象とすることによって，無意識的な心的過程にもアプローチすることが可能になります。実際に，これまでの研究成果が示すところによれば，人間の心的過程には，フロイトが考えた無意識のほかにも，広範な無意識過程（あるいは無自覚的過程）が含まれています（➡第16章）。

　さらに，自分の行動を観察することは，自分自身を知るための方法ともなります。すなわち，自覚できない心的過程によって行動が決定されている場合には，自分自身の行動およびその行動が周囲に及ぼす影響を観察することにより，自分自身の内にある無意識的な心的過程を知ることが可能なのです（図1-1）。

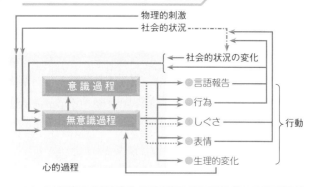

図1-1　心的過程の入出力と心理学の研究対象

物理的刺激
社会的状況

社会的状況の変化

意識過程

無意識過程

●言語報告
●行為
●しぐさ
●表情
●生理的変化

}行動

心的過程

　　心的過程への入力は，外界の物理的刺激と社会的状況です。これらの入力は，まず自分自身では意識できない過程（無意識過程）で処理され，その処理結果の一部が意識にのぼることにより自覚的に処理されるようになります（意識過程）。意識過程からの主要な出力は，言語報告と行為です。意識過程による意図的な行為においては，外界の情報が能動的に探索されます。また，意図的な行為の実行も，多くの無意識過程によって支えられており，自覚できない動機によって影響されることがあります。熟練し自動化された行動では，その実行のほとんどが無意識過程に委ねられることになります。すなわち無意識過程の出力は，しぐさや表情や生理的変化だけではなく，行為にも反映されていることになります。言語報告，行為，しぐさ，表情は，他者によって観察され，他者に影響を与えることにより，社会的状況に変化をもたらします。また，自分自身の行為と，それによって引き起こされる社会的状況の変化を自分自身で観察することから，自分自身の心的過程についての知識を得ることになります。さらに生理的変化は，個体の内部で心的過程に影響を及ぼしていますが，機器を利用して測定すれば客観的に観察することも可能になります。心理学では，物理的刺激や社会的状況によって生じる行動を客観的に観察することにより，心的過程についての知識を得ようとします。なお，しぐさや表情は，意識的にコントロールすることも可能です（点線の矢印）。

◆心理学の研究領域

　「山路を登りながら，こう考えた。智に働けば角が立つ。情に棹させば流される。意地を通せば窮屈だ。兎角に人の世は住みにくい」。夏目漱石の『草枕』の冒頭の一節です。心の働き（心的機能）を知，情，意に三分したり，情と意をまとめて知と情意に二分したりする考え方は古く，すでにギリシャ時代の哲学のなかにみられます。

　心的過程の主要な存在意義は，環境に対する 適応行動 を実現することにあると考えられます。人間は，環境から情報を受け取り（感覚，知覚，注意：➡ 第10・11・16章），その情報を保存し（記憶：➡ 第12・16章），取り入れた情報や保存している情報を内部的に操作し（思考，言語：➡ 第13・14・16章），最終的に環境に適応するための行動を遂行します。経験を通じて 条件づけ などによる習慣形成や技能の習得がなされる過程は，学習と呼ばれます（➡ 第13章）。適応行動を引き起こし，それを方向づける内的原動力は動機（あるいは欲求，要求）と呼ばれます（➡ 第5・15・17章）。そして欲求を実現していく途上で，その実現状況に対する評価——実現されている場合に快，実現されていない場合に不快——を行い，適応行動を調節する過程が，情動（あるいは感情）と呼ばれています（➡ 第8・15・18章）。二分法に従えば，知覚や思考は知的機能にあたり，動機や感情は情意機能にあたります。

　以上の心的機能を個々に研究する領域は，知覚心理学，学習心理学などと，心的機能の名称を頭に付けて呼ばれることがあります。しかし最近では，認知心理学 という名称のもとで，知覚，記憶，思考などの認知機能が総合的に研究される傾向にあり，さらに動機や感情までを含めて研究されることもあります。また，赤

ちゃんから子ども，青年，成人，さらに老人に至る心の成長や変化のしくみを研究する発達心理学（➡第3・4章）と，社会的状況に対応する個人の行動や心的過程を研究する社会心理学（➡第17・18章）は，心理学のなかで重要な研究領域を占めています。

さらに，上記の各研究領域が心的過程にみられる一般法則を知る目的で研究を進めるのに対して，心的過程にみられる個人差を，知能や性格などの問題としてとらえ，その形成過程や測定方法について研究する領域があります（個人差の心理学：➡第6・7章）。この領域は，発達心理学や臨床心理学（➡第8・9章）とも密接な関連をもって発展してきました。

最近では社会的な要請に応えて，心理学は日常生活のさまざまな分野に応用されています。教育心理学，産業心理学，健康心理学，環境心理学，交通心理学，犯罪心理学などがあげられます。これらの分野では，実践と研究が密接に関連し合っていますが，特に臨床心理学においてはその傾向が強くなります。

心理学の歴史

◆哲学のなかの心理学

「心理学の過去は長いが，その歴史は短い」。これは，エビングハウス（1850-1909）が1908年にその著書の冒頭で述べた言葉です。科学としての心理学が独立した年は約140年前の1879年とされていますから，心理学の歴史は現在でもけっして長くはありません。他方，心に対する人々の関心は古く，心に関する哲学的考察はギリシャ時代にまで遡ります。それ以後の哲学においても，心についての思弁的な考察が続けられました。個人が経験できない「霊魂」のような超自然的存在を仮定し，キリスト教神学の枠組みで解釈するなど，時代精神を反映

する考察がなされてきました。しかし，現代心理学の誕生と発展に影響を与えた考え方は，ルネッサンス以後の近世哲学の出現を待たなければなりませんでした。

「われ思う，ゆえにわれ在り」。これは，17世紀前半に活躍した近世哲学の父といわれるデカルト（1596-1650）の有名な言葉です。意識こそ心の本質であるとするデカルトの考えは，続く経験哲学の流れの源流となり，意識を内省して分析することによって心を解明する方向へと発展したと考えられます。

◆心理学成立の背景

16世紀に天文学や物理学の分野に始まった自然科学の進歩は，19世紀にはいちじるしい進展を示し，科学的方法としての実証主義の有効性が広く認識されるようになりました。このような時代精神のもとで，経験哲学のなかで成長してきた連合心理学を母体として，科学としての心理学が独立していきます。

〈連合心理学〉

経験哲学は，17世紀から19世紀まで，ホッブス，ロック，バークリー，ヒューム，ハートリー，ミル親子，ベイン，ベンサムなどのイギリスの哲学者たちにより形成され，発展しました。経験主義は，人間は，白紙（タブラ・ラサ：tabula rasa）の状態で生まれ，世界に関する知識のすべてを個人的経験から得る，と考えます。すなわち，生得的な観念の存在を認めません。この立場から，いわゆる連合心理学の体系が生まれました。連合心理学によると，経験の入口は感覚であり，感覚から単純観念が生まれ，そのような観念と観念が連合して複雑な意識活動が生じる，ということになります。心に関する組織的な研究は連合心理学に始まり，その延長線上に心理学が誕生しました。

〈自然科学の発展〉

19世紀に入って急速に発展した自然科学は，心理学の成立とその後の展開に大きな影響を与えました。

(1)　自然科学者たちによる感覚・知覚研究

19世紀前半，感覚や知覚の科学的な研究分野では，生理学者を中心とする自然科学者たちが，次々と成果をあげました。そしてその成果は，生理学者にして物理学者であり，19世紀を代表する科学者であったヘルムホルツ（1821-94）によって『生理光学ハンドブック』（1856-66）と『聴覚論』（1863）に集大成されました。ヘルムホルツは色覚に関する3色説や聴覚に関する共鳴説を唱え，心理学の誕生とその後の感覚・知覚研究に多大な貢献をしました。感覚や知覚という意識現象が生理学的メカニズムによって説明されうる，ということが当時の哲学者たちに与えた影響は，非常に大きかったと考えられます。当時の哲学者たちの多くが，弟子たちにまず自然科学を勉強させたといわれています。

世界最初の心理学実験室を創設したヴント（1832-1920）は，ヘルムホルツと同じ大学に在籍し，一時はヘルムホルツの助手を務めました。また，物理学者のフェヒナー（1801-87）は，19世紀半ばに，精神世界に属する感覚と，物理的世界に属する刺激との間の数量的関係を解明する研究領野として，精神物理学 を提唱しました。フェヒナーが考案したさまざまな実験法や数量化の方法は，実験心理学の確立にきわめて大きい影響を及ぼしました。

(2)　ダーウィンによる進化論

ダーウィン（1809-82）の大著『種の起源』が発刊された1859年以降，進化という考えが広まるにつれ，心理学もさまざまな影響を受けました。①「人間と動物の連続性」が認識されるように

なり（➡ 第2章），動物の心的過程を研究する 比較心理学 （または 動物心理学）が誕生しました。②進化論の基本概念である「個体間の変異（すなわち個体差）」とその遺伝の問題が，心的過程の問題にも適用され，心的特性の個人差とその遺伝を研究する分野が生まれてきました。③進化論が提唱した「環境への適応」という観点を取り入れ，意識の内容より意識の生物学的役割を重視するアメリカの機能心理学が成立し，後の心理学の展開に影響を及ぼしました。④生物の系統発生の研究に触発されて，個体の発達（個体発生）を研究する発達心理学が誕生しました。

◆心理学の独立

〈ヴントの実験心理学（または構成心理学，意識心理学)〉

　ヴントがライプチヒ大学に世界最初の公式の心理学実験室を創設した1879年が，心理学の独立の年とされています。ヴントは，生理学の実験的方法を心理学に導入することにより，心理学を思索のみに頼る哲学から独立させ，実証的な経験科学として確立することをめざしました。具体的には，実験的に整えられた条件下で，内観法により自分自身の意識過程を観察し，意識がどのような心的要素によって構成されているかを分析し，心的要素間の結合の様式を解明しようとしました。すなわちヴントの心理学の特徴は，意識主義，要素主義，構成主義という用語でまとめることができます。ヴントの心理学は，20世紀に入ると厳しい批判を受けることとなり，長くは継承されませんでした。しかし，心理学に学問の世界での独立した地位を与えたこと，さらに彼のもとで学んだ多くの学者が世界各地に心理学実験室を開設したことを考えると，ヴントが心理学の発展に果たした貢献はきわめて大きいといえます。

〈19世紀末ごろのヴント以外の心理学〉

　ヴントによる心理学の独立は，ヴント1人が心理学の体系を築いたという意味ではなく，哲学や生理学のもとでしか研究できなかった当時の体制を脱し，心理学として自立した研究・教育を行える体制を確立したという意義をもっています。ヴントと同時代に，すでにいくつかの心理学の流れが存在しており，それぞれに心理学の形成・発展に関わっています。

　(1)　エビングハウスの記憶研究

　フェヒナーの精神物理学に感銘を受けたエビングハウス（1850-1909）は，現在でも通用するすぐれた実験法を駆使して，記憶についての科学的な研究を行いました（➡第12章）。エビングハウスは，自分1人を被験者として，自宅で約1カ月間にわたり数千回も記憶実験を反復し，忘却の，時間経過に伴う変化を明らかにしました。この実験は，現代心理学においても重要な研究領域である記憶研究の出発点となりました。

　(2)　進化論の影響を受けて成立した研究領域

　前節で述べた，比較心理学，発達心理学，個人差の心理学，および機能心理学は，進化論の影響を受けて成立し，ヴントの実験心理学と並存し，それ以後もそれぞれに発展しました。

◆現代心理学の基礎── 20世紀初頭の3学派

　20世紀に入ると，ヴントの実験心理学の立場を，さまざまな角度から批判する心理学が生まれてきました。精神分析学，ゲシュタルト心理学，および行動主義の3つの学派は，それぞれ従来の心理学にはない新しい特徴をもっており，その後の心理学の展開に大きく関わりました。また，発達心理学と個人差の心理学は20世紀に入って目覚ましく発展し，さらに実験社会心理学も

誕生しました。

〈精神分析学〉

19世紀末，精神科医のフロイトは，ヒステリー患者に催眠療法を行うなかで，患者が日常生活では覚えていない辛い体験を，催眠状態では想起して話すことができ，それに伴って症状が消失していくことを観察しました。この事実から，彼は無意識の心的過程の存在に気づき，精神分析学（➡ 第8・9章）を提唱しました。精神分析学は，ヴントの実験心理学を直接に批判したわけではありませんが，意識のみを研究することの限界を示したといえます。

精神分析学は，精神医学や心理学だけでなく，広く思想界に大きな影響を及ぼしました。とくに，人間の行動が無意識の動機によって引き起こされ，その動機の起源が幼児経験にあるとする，心的過程のダイナミックな（力動的な）とらえ方は，心理学にさまざまな影響を与えることになりました。また，ユング（1875-1961）やアドラー（1870-1937）をはじめ，フロイトの後継者たちが，多くの治療理論と治療技法を開発し，臨床心理学のなかで重要な領域を切り開きました。

〈ゲシュタルト心理学〉

ゲシュタルト心理学（➡ 第11章）は，ヴントの実験心理学がもつ要素観を否定しました。ゲシュタルト心理学の出発点となったのは，ウェルトハイマー（1880-1943）が1910年に行った仮現運動（➡ 第11章）の実験でした。図1-2のように，2つの光点を，異なる位置aとbに，aに提示して消したあとに，短い時間をおいて，bに提示して消すという形で，継時的に提示すると，観察者は，aの位置からbの位置へ光点が滑らかに運動する知覚

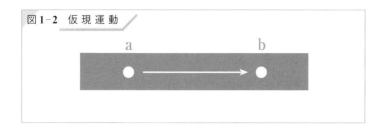

図1-2　仮現運動

を体験します。この1つのまとまった運動の知覚が仮現運動と呼ばれる現象です。この現象を，aの位置に1つの光点が知覚され，続いてbの位置に他の光点が知覚されるという，2つの要素的な意識経験から説明することは困難です。ゲシュタルト心理学では，このように全体としての刺激のまとまりから生じる知覚現象の，心的要素には還元できない全体的性質をゲシュタルト（形態）と呼び，どのような条件がゲシュタルトを生み出すのか，またゲシュタルトはどのような性質をもっているのかが追究されました。

　ゲシュタルト心理学は，知覚の研究から出発しましたが，レヴィン（1890-1947）によって情意行動や社会行動にまで研究領域が広げられました。ゲシュタルト心理学の全体性を重視する立場は，現代心理学にも継承されています。

〈行 動 主 義〉

　ワトソン（1878-1958）は，「行動主義者のみた心理学」（1913）という論文で行動主義を宣言しました。彼は，従来の心理学が内観法により主観的な意識を研究してきたことを批判し，心理学の研究対象を，客観的に観察できる行動に限定しました。すなわち行動主義心理学は，一定の刺激（S）に対する反応（R）を測定して，両者の間の関係を明らかにしようとしましたので，S-R心

理学とも呼ばれます。心理学は，客観的で実験的な自然科学の一部門であり，その目標は，行動の予測と統制にあるとされました。

　また行動主義は，すべての行動は生後の経験によって形成されるという極端な経験主義の立場をとりました。ワトソンは，「私に1ダースの健康でよく育った乳児と，彼らを養育するための私自身が自由にできる環境とを与えてほしい。そうすればそのうちの1人を無作為に取り上げて訓練し，私が選ぶどのような型の専門家にでも育てることを保証しよう。医者，法律家，芸術家，大商人，そう，乞食や泥棒にさえも。その才能，好み，傾向，適性，先祖の民族に関係なしに」(Watson, 1926) と述べています。

〈新行動主義〉

　ワトソンの行動主義は，あまりに急進的であったため，多くの心理学者に受け入れられるには至りませんでした。しかし1930年代以降，行動主義は，その極端な主張が修正され，新しい流れへと発展していきます。

　スキナー (1904-90) は，刺激によって引き起こされる応答的な反応ではなく，オペラント と呼ばれる自発的行動を取り上げることによって，行動主義を現実に役立つ方向へと発展させました (➡ 第13章)。心理臨床への応用として行動療法 (➡ 第9・13章)，教育現場での応用としてプログラム学習とかティーチング・マシンとかがあげられます。

　またトールマン (1886-1959) とハル (1884-1952) は，ワトソンの行動主義が，刺激と反応のみを扱い，生活体（人間や人間以外の動物）の内部に存在する心的過程をまったく無視した点を修正しました。すなわち彼らは，動機，期待，知識などの内的要因を，研究方法の客観性を維持する形で導入することに成功しまし

た。トールマンとハルに代表されるこの立場は，新行動主義 と呼ばれ，アメリカを中心とする心理学に広く受け入れられ，1960年代に入るまでの心理学の主流を形成しました。新行動主義の心理学は，客観的な研究方法をワトソンの行動主義から継承し，全体性の重視という点でゲシュタルト心理学からの影響を受け，さらに精神分析学が重視した動機づけの概念も取り入れています。そしてこれらの特徴は現代心理学にも継承されています。

◆現代心理学の展開

〈行動主義の限界と内的過程に対する関心〉

　1960年代に入ると，新行動主義のもとでも多くの心的過程が研究対象から排除されてしまうことが認識され始めました。行動の背後にある内的過程に対する関心が高まり，行動主義の台頭により影を潜めていた注意やイメージに関する研究が，再び盛んになりました。心の奥にあるとらえどころのないものにこそアプローチしたい，という気運が高まってきたのです。

〈情報科学・コンピュータ科学の発展と認知心理学〉

　1950年代は情報科学，コンピュータ科学の黎明期であり，1950年代も後半になると，その影響が心理学にも及び，認知過程の解明をとおして人間を理解しようとする立場である 認知心理学 が登場します。このような時代背景の下で，注意やイメージの研究が再開され，1967年には，ナイサー（1928-2012）によって『認知心理学（Cognitive Psychology）』というタイトルの本が出版されるまでになりました。「認知」という用語は，認識とほぼ同義であり，知覚・記憶・思考の総称として使用されています。

　心理学は，情報科学やコンピュータ科学から，「人間の心的過程は 情報処理過程 にほかならない」との発想を得ることにより，

人間の高次の心的過程——知覚，学習，思考，推理，問題解決，概念形成，言語，理解など——を統合的かつ融合的に研究することができるようになりました。すなわち人間は，生活環境から情報（すなわち知識）を獲得し，それを保存し，さらに保存された情報を利用して適応行動を遂行している存在ととらえられ，心的過程はモデル化されて研究されるようになりました。そして，人間の複雑な内的過程は，そのモデルがコンピュータでシミュレーション（模擬）されることにより検討されます。また，モデルを作成する際に，脳システムに関する神経科学の知見が利用され，さらに，心的過程のモデルの妥当性が，脳損傷患者における心的過程の障害の特徴から確認されるようにもなりました。

　現代の認知心理学は，情報を受け取る人の能動的な働きを重視し，人間が意識的，無意識的に行っているさまざまな情報処理のしくみを明らかにしつつあります。また，他の諸科学との間の境界領域にも研究を大きく発展させ，認知科学と呼ばれています。たとえば，認知心理学と神経科学・臨床神経心理学との間に認知神経科学や認知神経心理学が生まれ，心の働きは脳が行っているさまざまな働きの一部であるとの観点から，心的過程の研究が進められています（➡ 第15・16章）。また，行動主義の牙城であった比較心理学も，認知心理学の影響の下で，動物の表象や概念学習など，動物の高次認知機能を研究する比較認知科学（または動物認知科学）へと急速に変身を遂げています（➡ 第2章）。1990年代に入ると認知や行動の生物学的制約や進化的適応を扱う進化心理学が生まれ，心理学と進化生物学の融合が進みました。さらに最近では，臨床心理学と認知心理学の間にも交流が生まれつつあります（➡ 第9章）。

図 1-3　心理学のあゆみ

哲学の一領域としての心理学

紀元前4，5世紀より　**ギリシャ哲学**
- さまざまな観点から心のモデルが提示される
- アリストテレス：現在の心理学の源流となる思想を樹立

5，6世紀より　**中 世 哲 学**
- ●ルネッサンス
  （14～16世紀）
- ●自然科学の進歩
  （16～17世紀）
- キリスト教的なドグマの影響を強く受ける
- トマス・アキナス：アリストテレスの思想の復活をはかる

17世紀より　**近 世 哲 学**
- ベーコン：科学の方法として実証主義を重視
- デカルト：研究対象が意識であることを論理的に明確化

17世紀末より　**連合心理学**
- 経験主義の考え方：心（意識）の内容はすべて経験によって形成される
- 生得的な観念（概念）の存在を認めない

19世紀

自然科学の著しい発展

ヘルムホルツによる　**感覚・知覚の実証的研究**
- 感覚・知覚生理学の集大成
- 心的現象の科学的研究の可能性が示唆される

フェヒナーの　**精神物理学**
- 物理量と心理量の関係を研究
- 実験法，数量化の方法の開発

ダーウィンの　**進化論**
- 人間と動物の連続性，個体差，環境への適応，個体の発達という考え方が心理学に影響

心理学の独立

ヴントの実験心理学
- 世界最初の心理学実験室の創設（1879）
- 意識の内容を研究対象とする（意識主義）
- 実験法と内観法を採用
- 意識活動は心的要素により構成される（要素主義・構成主義）

比較心理学
（動物心理学）
機能心理学
発達心理学
個人差の心理学
（知能・性格）

18

20世紀初頭の3学派 （ヴントの心理学に対する批判）

ゲシュタルト心理学	行動主義心理学	精神分析学
● 要素主義を批判	● 意識主義・内観法を批判	● 精神の無意識領域を発見
● 心的過程の全体性を重視	● 客観的に観察可能な行動を研究対象とする	● 精神内界の構造や力動を研究
● 主体の認知を重視	● すべての行動を刺激のみの関数と考える $R = f(s)$	● その発達や障害の過程を理論化
		● 動機を重視
		● 精神力動アプローチ

1930年代

新行動主義心理学 ····▶ 行動療法

● 行動主義の極端な主張を修正

● 主体が能動的に行う自発的行動を研究

● 行動を刺激と主体の両者の関数と考える $R = f(s, o)$

● すなわち，主体の内的要因（動機，期待など）を重視する

人間性心理学

● クライエント中心療法

● 人間性アプローチ

1950年代

情報科学・コンピュータ科学の勃興

1960年代より

認知心理学の成立

神経科学の発展

● 心的機能は脳の働きの一部
● 脳の構造と機能を知ることは心的過程の理解に役立つ

認知心理学 ····▶ 認知療法

● 認知行動アプローチ

● 新行動主義心理学の限界：多くの心的過程が研究対象からもれる

● 行動の背後にある内的過程を知りたい

● 情報科学・コンピュータ科学より「心的過程は情報処理過程にほかならない」というアイディアを得る

● 認知過程の解明を通して人間を理解しようとする

● 主体の能動性と主体にとっての意味を重視

● 心的過程をモデル化して研究

認知神経科学

いずれにしても，心理学は，その発展のために隣接領域の発展と無関係でいられない運命にあり，今後も周辺領域の諸科学の発展とともに，新しい研究領域を切り開いていくことになるでしょう。

この項のまとめとして，心理学の成立と展開の概要を模式図として図 1−3 に示しましたので，これを参考にして心理学の歴史を整理してください。

資料（データ）の収集

心そのものは見えるわけではありませんので，それを見える形で取り出すためには，さまざまな方法が必要になります。心理学は，実証科学ですので，事実に基づいて知識の体系を構築していく必要があります。心的過程を知る手がかりになる客観的事実は，広い意味での行動——行為，言語報告，表情，しぐさ，生理反応——のなかにあります。すなわち，いかなる条件下でいかなる行動をするかを観察することから，私たちは，知識を引き出すための 資料（データ）を入手できるのです。

観察には，自然的観察 と 組織的観察 があります。自然的観察は，日常の生活場面であるがままに自然な経過に従って観察する方法です。組織的観察は，観察を一定の手順に従って組織的に観察する方法で，行動観察法，実験法，調査法，事例研究法，検査法に分けられます。どの方法を採用するかは，扱われる問題によって異なります。

◆行動観察法

行動観察法 は，研究目的にそって観察可能な行動をあらかじめリストアップし，それを分類して，そのなかからある種の行動

だけを選んで，その行動を日常場面において観察し，記録する方法です。何人かの観察者が手分けをして観察を行う場合には，事前に観察の手順や，ある行動が生起したかどうかを判定する際の基準について，十分に打ち合わせをしておく必要があります。この方法は，人道上の理由から実験することができない条件下での行動や，実験では条件そのものが変化してしまう場合などに有効です。地震などの災害時における行動のように，実験的には作ることができない条件下では，行動観察法によって貴重なデータが得られます。

◆実 験 法

実験法 は，最も組織的で厳密な観察法であり，制約された人工的な条件下で，ある現象を観察・測定する方法です。すなわち，行動に影響を及ぼしうる条件のうち，研究の目的のために選んだ，単一の条件かあるいはいくつかの条件を系統的に変化させ，かつ選んだ条件以外の条件を一定にした状況下で，行動の観察・測定が行われます。収集されたデータから，条件の変化が行動に及ぼす影響が検討されます。冒頭に紹介した「賢いハンス」の例では，問題を出す質問者が答えを知っているかどうかという1つの条件だけを変化させ，他の条件は同一にしてハンスの行動が観察されたことになります。得られたデータより，「知識なし」条件に比較して，「知識あり」条件での成績がよいことから結論が得られたわけです。なお実験法においては，観察を行う人を実験者，観察される人（動物）を実験参加者（被験体）と呼びます。また，「賢いハンス」の実験のように単一の条件だけを変化させる実験は，単一要因実験 と呼ばれ，複数の条件を系統的に変化させる実験は 多要因実験 と呼ばれます。多要因実験では，複数の条件間

相互にどのような関連があるかを検討できます。

実験法の特徴は，日常観察ではまれにしか起こらない条件を人為的に作り，条件と行動の因果関係を明確に解明することが可能である点にあります。また，測定を反復して行うことができるという長所もあります。

科学的研究においては，さまざまな観察をとおして事実の集積を行い，そこから理論を構築し，続いてその理論から仮説を導き，その仮説を実験法で検証することによって，最終的に理論の妥当性を検討します。心理学においても，最終目標としては，心的過程に関する理論の構築をめざしているのです。

◆調　査　法

　調査法 は，現実の社会で起こっている心理学的な問題の実状を調べる方法です。すなわち，人々の意見，態度，興味，嗜好，知識などについて，組織的に資料を収集する方法です。通常は，比較的多数の対象者に，あらかじめ用意した質問紙を使い，すべての対象者に同じ方法で実施します。その際，調査対象者の選び方に偏りが生じないようにしなければなりません。膨大なデータからまとまった知識を引き出すには，コンピュータによるデータ解析が必要になります。

◆事例研究法

　事例研究法 は，ごく少数の特定の個人に，長期間にわたり，実験，調査，検査などを繰り返し，そこから収集される多角的なデータを総合的に検討する研究法です。野生児のように非常にまれで特殊な事例にこの方法を適用すると，きわめて貴重な知見を得ることができます。また，子どもの発達過程に沿ってこの方法を適用するのも有効です。さらに臨床心理学においては，臨床実

践が同一の個人に対して継続的に行われますので，事例研究法が主要な研究法となります。この場合，研究は実践に即して行われることになりますが，心の問題をもって悩んでいる人々を援助していく過程では，客観的なデータを収集するだけでは不十分であり，了解的な方法で相手の心的経験を理解することが必要になります。すなわち，治療の際に採用される理論・技法は，常に1つの仮説であり，その理論・技法の妥当性が，患者との継続する面接の過程で事例研究法によって検討され，その修正や新たな構築がなされていくことになります。

◆検　査　法

　検査法は，個人や集団の能力や傾向の差異を調べるために，標準化された質問紙や検査器具を使用して，標準的な手続きで行う組織的な観察法です。知能，能力，性格，学力，知識，欲求，興味，適性などに関する，多くの心理検査が開発され，教育や心理治療に役立てられています（➡第6・7章）。検査で得られる個人のデータは，一般集団においてあらかじめ求められている標準値と比較され，一般集団内におけるその個人の相対的な位置がわかるような形で表示されます。

心理学と社会との関わり

これまで述べてきたように現代の心理学は，1世紀以上の月日を経て，理論や方法論を発展させ，大きな学問分野を築いてきました。人間の心と行動に関する科学的な理解が進むにつれて，心理学の見方や知見は広く社会のなかに浸透し，社会の各方面において心理学の専門知識が応用されるようになりました。今日，欧米でも日本でも，心理学の専門家数の内訳をみると，教育

や研究に関わる教員や研究員の数よりも，心理学の専門資格に基づき社会の課題解決にあたる心理職（職能心理士）の数のほうがはるかに多く，心理学がよりよい社会を運営していくために非常に大きな役割を果たしていることがわかります。では，心理学と社会との関わりについて具体的にみてみましょう。

　日本でも，他の主要先進国よりはやや遅れましたが，2015年に心理職の国家資格を定める公認心理師法が成立し，国家資格としての公認心理師が誕生しました。公認心理師法では，心理師が活躍する分野として，医療・保健，福祉，教育，司法・矯正，産業などを定めています。医療・保健の分野では，心の問題や疾患で心理的不適応に陥っている人をサポートしたり，子どもが対象の発達検査や発達相談をしたりします。福祉の分野では，児童相談所や老人福祉施設，障害者支援センター，女性相談センターなどで福祉に関する幅広い問題を扱います。教育分野では，スクールカウンセラーや教育相談員として児童，生徒，保護者に対して心理学的援助を行います。学校現場での近年の社会問題としては，いじめや不登校などがあげられます。司法・矯正の分野では，公認心理師が家庭裁判所調査官や鑑別や矯正に関わる矯正専門職員や法務教官として活躍することが期待されます。産業分野では，職場における心理相談，職業選択時の適性をめぐる心理学的援助，復職支援などに関わります。

　公認心理師は公的な資格なので，上に記した職種は公共性の高いものに限られますが，心理学が社会で活用される領域は民間や一般企業にもたくさんあります。たとえば，工学と心理学が交差する人間工学や情報工学では，人間の心の働きを踏まえた技術が開発されます。近年の自動車技術では，先行車や車線，歩行者な

どの位置を検知して，アクセルやブレーキ，ハンドルを制御しますが，そこでは知覚心理学（➡第11章）の知見が生かされています。商品開発や商品販売の現場では，商品の使いやすさ（見やすさ，着心地，持ちやすさなど）や魅力（美しさ，おいしさ，ユニークさなど）といった心理学的要因の調査や分析が重要になります。また企業の人事担当者にとっては，採用や適性評価などにおいて心理検査は必須のツールです。このように心理学の知見や技能は社会の隅々で活かされ，社会に貢献しています。

心理職をめざす若い皆さんへ

多くの読者にとっては，教室で心理学を学ぶことは長い人生で一回，あるいは一学期だけのことかもしれません。しかし，読者のなかには心理学を活かした職業に就きたいと思っている方も少なからずいるでしょう。そこで心理職をめざす若い皆さんに，学問としての心理学と職業としての心理職の関係について一言述べておきたいと思います。

　第2次世界大戦終了後間もない1949年，コロラド州ボールダーに集まったアメリカの臨床心理学者たちは，戦争から帰還した兵士の精神衛生問題に対処するために心理臨床の専門家をどのように養成すべきかを集中討議しました。そこで生まれたのが「科学者−実践家モデル」という考え方です。このモデルの3要素は，教育，研究および実践で，心理臨床家は3つの役割をこなすためのトレーニングを受けるとされました。それまで，科学としての基礎心理学と精神分析学の流れを汲む臨床心理学との間の交流は長らくありませんでしたが，科学者−実践家モデルが導入されたことによって，心理臨床家は科学的思考と実証に基づいて

臨床実践を行うべきであるという基本的信念に基づき，心理臨床家の養成カリキュラムが組まれるようになったのです。

科学者−実践家モデルは今から約70年前に生まれた考え方ですが，科学的根拠（エビデンス）と科学性に基づいて臨床実践を行う意義はますます重要性を増しています。今日，日本の心理学教育でもこの考え方が浸透しています。またこのモデルは心理臨床の分野に限らず，心理職全般に当てはまるといえるでしょう。公認心理師の資格は，大学の学部で心理学の基礎を学ぶことが要件になっています。基礎となる学問を体系的にしっかり学ぶことが，心理職に就いたときに直面する多様な課題，難題を解決する力につながるのです。

生物心理社会モデル　本章では心理学のこれまでの歩みを軸に心理学の基本的な考え方を説明してきました。では，この先の心理学はどういう方向に向かうのでしょうか。また，心理学として不変のものがあるとしたらそれはどういうものなのでしょうか。

まず現代心理学の動向としては，心理学と他の学問分野との交流や協働が急速に進み，その傾向はこれからもさらに増えていくと予想されます。このような学際化（ときに学融合とも呼ばれます）の動きは近年の学術全体にいえることですが，心理学は他の分野とつながるドア（あるいは差し伸べる手）の数がとりわけ多いことが特徴です。その理由としては，心理学の対象領域が幅広いことや心理学の方法論が多様なことがあげられますが，なにより心理学が人間科学の中心的な役割，言い換えると人間研究の学際的ハブの役割を担っているからなのでしょう。新領域の創成

の例としては，心理学と神経科学の間には，認知神経科学という領域が誕生し，経済学との間では行動経済学が生まれ，それぞれノーベル賞受賞者を輩出する領域に成長しています。哲学や美学との交流では，実験哲学，神経美学なども勃興しています。

　そのような心理学ワールドが他の分野と連携して拡張し続ける動きのなかで，心理学に固有な基軸をあらわすモデルとして「生物心理社会モデル」をあげることができます。このモデルは当初，医療の領域で提唱されたもので，生物医学モデル（病因→疾患という直接的因果関係モデル）に対して，病気を生物，心理，社会的要因のシステムとしてとらえようという考え方ですが，心理学の全体像を描くうえでもきわめて有効なモデルです。すなわち，人間の心理や行動の心理学的探求にあたっては，生物学的要因と社会・文化的要因の両翼を忘れてはならないという考え方です。人間はどの動物にもまして心理学的存在です。豊かな心をもつことこそが人間を特徴づけますが，同時にその基盤には生物としてのヒトがあり，人の心は社会や文化の影響を受けて形成されます。心理学を学ぶにあたって，人間が生物，心理，社会の３大要因からなる複合的なシステムだということを胆に銘じてもらえればと思います。

本章のサマリー

　私たちは日常生活をとおして人間の心について豊富な知識をもっています。しかし，心理学者たちは，このような常識的な知識では満足せず，心の世界を科学的に探求します。意識は私たち

にとって最も親しい心の領域ですが，意識を研究するだけでは心全体をとらえることはできません。私たちの適応行動を成り立たせている心的過程には，多くの無意識的な過程が含まれています。そのような心的過程全体を解明するためには，行動を研究対象とする必要があります。心理学の歴史は，直接に見ることのできない心的過程をとらえるために奮闘してきた歩みであるといえます。この歩みのなかから現代心理学の多様な研究領域が発展してきました。心理学は実証科学ですので，心理学の研究者は，さまざまな角度から行動を観察して，資料（データ）を収集し，その資料に基づいて心についての知識を積み上げていかなければならないのです。

 もっと詳しく学びたい人のための参考図書 　BOOKS

梅本堯夫・大山正編『心理学史への招待——現代心理学の背景』（新心理学ライブラリ 15）サイエンス社，1994

　　心理学の各分野の歴史が，それぞれの分野の専門家によって簡潔に解説されており，心理学史へのよい入門書です。図版が豊富であり，代表的な研究者の紹介と重要なテーマの解説が囲み記事になっています。

サトウタツヤ・高砂美樹『流れを読む心理学史——世界と日本の心理学』（有斐閣アルマ）有斐閣，2003

　　心理学が社会思想や社会からの要請を受けて発展してきたことをよく理解できる入門書です。日本の心理学史についても学べます。

下山晴彦編『心理学の新しいかたち』（シリーズ企画）全 11 巻，誠信書房，2004-2006

　　心理学の基礎から応用まで，現代社会の要請に応えるために心理学があるべき姿を示した心理学のシリーズです。心理学の活動が

いかに人間の生活と関わり，社会に貢献するものであるのかを知ることができます。

大津由紀雄・波多野誼余夫編『認知科学への招待——心の研究のおもしろさに迫る』研究社，2004

　🌿 心の働きを解明しようとする認知科学の多様さとおもしろさを初学者向けに解説したガイドブックです。日本の認知科学を開拓し，発展させた2人の編者の対談が刺激的です。

高野陽太郎・岡隆編『心理学研究法——心を見つめる科学のまなざし』（補訂版，有斐閣アルマ）有斐閣，2017

　🌿 見ることも触れることもできない人間の心理はどう研究すればよいのでしょうか。心理学の代表的な研究方法をバランスよく取り上げ，わかりやすく解説しています。

心と適応

PART

I

心 の 進 化

歴史と方法

PSYCHOLOGY

　かつて人間は「道具を使うサルである」といわれました。しかし，野生チンパンジーの生態研究が進むにつれて，チンパンジーもまた非常に多彩な道具を使うことが明らかになりました。写真のチンパンジーはしなやかな樹皮を加工して「釣り棒」を作り，木のなかに住む好物のアリ（オオアリ）を釣り出しています（真剣な眼差しに注目）。この行動には地域差があり，同じ地方に住む他の集団では，同種のアリがいるにもかかわらず，この道具利用行動がみられませんし，このアリを食べることさえしないのです。ところがそこでは，まったく別の道具利用行動が観察されています。挨拶行動やしぐさについても，さまざまな地域差が報告されています。チンパンジーは人間の特権だと思われてきた「文化」の萌芽をもっているように思われます。さらに，実験室で言語訓練を受けたチンパンジーは，人間の話す言葉を理解したり，記号を組み合わせて使っ

たりすることもできました。チンパンジーは私たちの遠い祖先の心の芽生えを垣間見せてくれる魔法の鏡のような存在です。

　本章と次の章では，動物や子どもという，心の働きが成人に比べれば未発達な状態の存在を通して，心の成り立ちについて考えてみたいと思います。ものの本質はその場から一歩離れて周囲から眺めることによって，かえってよく見えることがよくあります。宇宙から地球をはじめて見た飛行士の感激を思い出してください。この本の各論に入る前に，少し遠くの視点から人間の心についてスケッチしてみることにしましょう。

生物としてのヒト

　ほかの動物たちと同じように私たちは呼吸し，食事をとり，排泄し，睡眠します。また，子を産み，育てあげるという営みを通じて人間の歴史は続いてきました。今日，人間（ヒト）が生物の一員であることを疑う人はほとんどいないでしょう。人間の心の働きにしても，私たちが「生きている」ことを前提にしています。

　しかし，人間の祖先がいったいどこから，どのようにしてあらわれたのかという問題に科学的な答えが与えられたのは，今からわずか160年ほど前のことでした。19世紀のなかごろ，ダーウィンは生物の歴史を自然淘汰による進化という理論で説明しました。彼は地球上の生物種が共通の祖先から枝分かれを重ねることによって進化し多様化してきたと考えました。もちろん人間も例外ではありません。ダーウィンの時代にはまだ証拠が不十分でしたが，現代の人類進化学者は，ヒトの祖先がチンパンジーの祖先と分岐したのは約600〜700万年前のことだろうと推定しています。文字に記された人間の歴史に比べると気が遠くなるほど昔のことですが，30億年という真核生物（細菌・藍藻以外のすべての

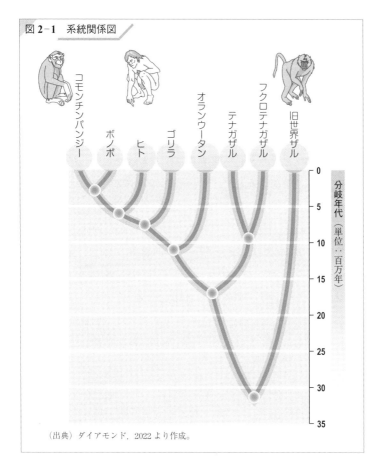

図2-1　系統関係図

コモンチンパンジー
ボノボ
ヒト
ゴリラ
オランウータン
テナガザル
フクロテナガザル
旧世界ザル

分岐年代（単位：百万年）

0
5
10
15
20
25
30
35

（出典）ダイアモンド，2022より作成。

生物）の誕生以来の生命の歴史を考えれば，ヒトとチンパンジーはごく最近になって枝分かれした非常に近い親戚どうしであるといえるでしょう（図2-1）。

　ヒトは霊長類の一員ですので，霊長類ならではの固有の特徴（霊長類としての進化的遺産）をいくつも引き継いでいます。たとえば，色覚がその1つです。サルの仲間は哺乳類のなかでも例外

的に色彩の情報処理の能力がすぐれています。これは主要食物である果実や花を採食するうえでの適応の結果だと考えられています。いうまでもなく私たち人間もまた美しい色に囲まれた世界に暮らしています。絵画や映画，デザインなどの分野では色は最も重要な構成要素の1つだといえるでしょう。色を感知するのはあまりに当然のことなので，色のない世界は想像するのも難しいくらいですが，私たちが色彩世界を享受できるのもヒトがサル類の一員だからこそのことなのです。もしヒトが霊長類ではなく，食肉類の一員だったらと想像してみましょう。私たちにとって色のもつ意味はほとんど取るに足りないものだったに違いありません（ただし，色覚にも個人ごとの多様性があり，日本人男性の約5％，女性の0.2％は色の区別が苦手です）。

　同様に，ヒトのすぐれた奥行き知覚感覚（立体視）も霊長類共通の遺産ですし，その他，手先の器用さ，寿命の長さや長い養育期間，複雑な社会生活などもヒトとヒト以外の霊長類が共有する特徴です。

**動物にも心はあるか
──動物は痛みを感じ
ているか**

人間と他の動物との間に進化的な連続性があるならば，動物にも 心の働き があるのか，意識 といえるような何かが存在するのかという疑問が生じます。もちろん，この問題は心や意識をどのように定義するのかにかかっています。まず，できるだけ広義にとらえて，心の働きを感覚や知覚など環境を認知し，外界の情報を処理する内的な過程であると考えてみましょう。するとすぐに，すべての動物にそのようなプロセスやシステムが備わっていることがわかります。原生動物でも，植物やロボットで

さえも，光や温度のような情報に応答し行動を適応的に調節します。この定義では人間の心を論じるには，やはり広すぎるようです。

　では，もう少し絞り込んで「痛み」となるとどうでしょうか。動物は痛みを感じるでしょうか。かつてデカルトは，人間以外の動物は複雑な反射の組合せで反応する自動機械のようなものであると考え，次のように記しました。「動物は機械仕掛けと同じで，痛みも感じない。殴ると鳴くのは，ばねやぜんまいを殴るとビヨンと音がするのと同じである。」――皆さんは，デカルトのこの考えに同意しますか。

　当時はまだ進化論も知られておらず，人間の理性を礼賛する時代でしたから，人間と動物を峻別するのはむしろ当たり前のことでした。けれども今や，私たちは人間と動物の連続性について理解しており，動物も人間とよく似た神経系をもっていることを知っています。多くの動物は，生存を脅かされるような強い刺激にさらされると，悲鳴をあげ身を引いて人間と同じような防御反応を示します。そのときに生じる内的な過程を「痛み」であると推測することは，痛そうな他人の表情を見て「痛み」を共感するのと基本的には同じ手続きでしょう。同じ人間の間であっても，他人の「痛み」を実際に同時体験することはできません。したがって，動物（とくに脊椎動物）に「痛み」が存在しないとみなすデカルトの根拠はあまり強いとはいえません。動物実験に制限を設ける理由の1つはこのあたりにもあるわけです。

動物の高次認知機能　　さて，痛みのような反射的な感情とは違って，抽象的な思考能力（あるいは理

性）は，いかにも人間固有の心の働きであり，動物には欠けているもののように思えます。しかし，近年「比較認知科学」と呼ばれるようになった分野の研究によって，動物たちの高次の認知能力が次々と明らかにされつつあります。

　たとえば，アフリカに住むベルベット・モンキー（サバンナ・モンキーともいう）を対象とした観察では，サルどうしはお互いの音声を個体ごとに識別しているだけでなく，音声を通じて個体間の関係も理解していることが示されています。雌ザルにあらかじめ録音しておいた子ザルの泣き声をプレイバックして聞かせると，自分の子の泣き声の場合には母ザルはさっと反応し，その音源に向かってとんでいきます。母親が子どもの泣き声を知っていることはうなずけることです。では，他のサルの子の泣き声を聞いたらどう反応するでしょう。実験の結果，そのようなときに大人の雌はその母親のほうを振り返ることが示されました。あたかも「あなたの赤ちゃんが泣いているわ」とでもいうような反応です。つまり，雌たちは泣いている子が誰かがわかるだけでなくその子の母親が誰かも知っていたわけです。

　ベルベット・モンキーでは，外敵の種類（ワシ・タカ類，地上性肉食獣，大型ヘビ類など）に応じて，警戒の音声を発し分け，聞き分けること（図2-2）や，警戒音声が発達とともに社会的に習得されていくこともよく知られています。その他，ハトやネズミなどを用いた実験研究では，数や因果律の学習，概念形成やカテゴリー判断，認知地図など，人間の認知能力を調べる場合と同じような課題を用いて，動物の認知能力が調べられています。

　なかでもチンパンジーに対する言語習得訓練（記号学習）は，チンパンジーの認知能力のすばらしさを明らかにしました。日本

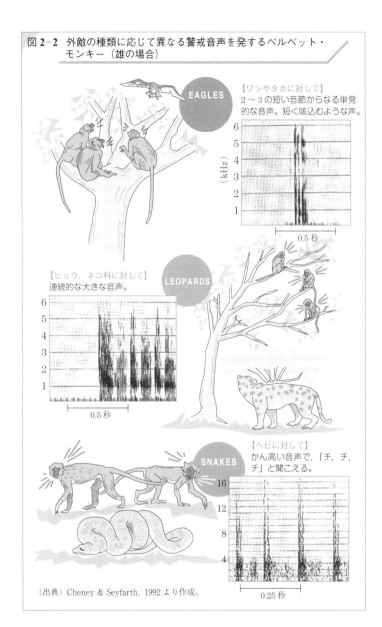

図 2-2 外敵の種類に応じて異なる警戒音声を発するベルベット・モンキー（雄の場合）

EAGLES

【ワシやタカに対して】
2〜3の短い音節からなる単発的な音声。短く咳込むような声。

(kHz)
6
5
4
3
2
1
0.5 秒

LEOPARDS

【ヒョウ，ネコ科に対して】
連続的な大きな音声。

6
5
4
3
2
1
0.5 秒

SNAKES

【ヘビに対して】
かん高い音声で，「チ，チ，チ」と聞こえる。

16
12
8
4
0.25 秒

（出典）Cheney & Seyfarth, 1992 より作成。

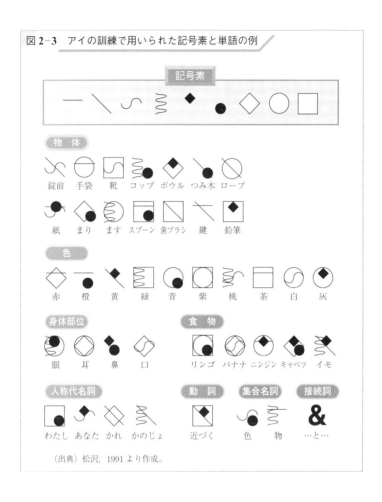

図 2-3 アイの訓練で用いられた記号素と単語の例

記号素

物 体

錠前　手袋　靴　コップ　ボウル　つみ木　ロープ

紙　まり　ます　スプーン　歯ブラシ　鍵　鉛筆

色

赤　橙　黄　緑　青　紫　桃　茶　白　灰

身体部位　　　　　　　　食 物

眼　耳　鼻　口　　　リンゴ　バナナ　ニンジン　キャベツ　イモ

人称代名詞　　　　　　　　動 詞　　集合名詞　　接続詞

わたし　あなた　かれ　かのじょ　　近づく　　色　物　　…と…

（出典）松沢, 1991 より作成。

の霊長類研究所で訓練を受けたアイという雌のチンパンジーは，
図 2-3 の上段のような 9 つの記号素を組み合わせて作った単語
を覚え，たとえば「赤い・靴・3 つ」というようにものを正しく
表現しました。さらに実物のリンゴを見て，それに対応する記号
（3 つの記号素の組合せ）をつづることもできました。また，アメ

図2-4 ヘッドホンをかぶってテストを受けるカンジ

（出典）サベージ＝ランボー，1993 より作成。

リカで飼育されているボノボ（ピグミーチンパンジー）のカンジ（雄）は，ヘッドホンで英語の単語を聞くとそれに対応する写真をきちんと選ぶことができました（図2-4：この実験では，手がかりは音声刺激だけで実験者の顔や表情は見ることができません）。カンジは単語だけでなく文章を聞いても理解でき，たとえば，「靴のなかに鍵を入れなさい」といったはじめて聞くような，日常場面ではあまり起こりそうもないような指示にも適切に反応できました。

人間のユニークさは
どこにあるのか

上に述べたような心理学者や動物学者の研究によって，動物と人間の間の深い溝は少しずつ，しかし確実に埋められつつあります。これまで人間だけの専有物だと思われていた認知能力の多くは動物においてもその萌芽が認められるようになりました。しかしその一方で，動物との比較を通じて，生物としての人

間のユニークさも浮かび上がってくるようになりました。色の知覚や立体視などはたしかに霊長類共通の認知機能ですが，人間に独自の心の働きにはどのようなものがあるのでしょうか。ここでは，その代表的なものとして，言語，文化そして相互協力という3つの特徴を説明しましょう。

◆言　　語

　人間が「言語をもつ動物」であるという言い回しは，使い古された表現のように思えますが，言語が人間という種に生得的に組み込まれた能力であるという主張は比較的新しい考え方です。世界中のどの文化，民族でも人々は言葉をしゃべり，世界中の言語は相互に翻訳可能です。たとえ文明の未発達な社会であっても，そこで話される言語が未熟で幼稚であるということはけっしてないのです。チョムスキーは文化を超えた文法構造の普遍性や教育や経験に依存しない言語発達の斉一性を明らかにし，人間には言語獲得装置が組み込まれていると論じました（第13章も参照）。

　コウモリにとって超音波を用いた飛行システムがそうであるように，人間の言語は，ヒトという種に固有の適応の産物であると考えることもできるでしょう。ムササビはある程度，空を滑空しますが，どう訓練してもコウモリのように自由に空を飛び回ることはできません。同じように，先に述べたアイやカンジのような類人猿も，訓練を受ければある程度まで言語を習得することができますが，人間の子どものように自動的に言語を獲得することはありません。とくに，単語を自由に組み合わせ，文法に則して無限の文を作り出す能力は，どんなに訓練を積んでも他の動物にはできないことです。また，母音や子音を自由に操る有節音声言語は人間に固有の能力で，音声を発する解剖学的構造については人

図2-5　人間とチンパンジーの発声器官の比較

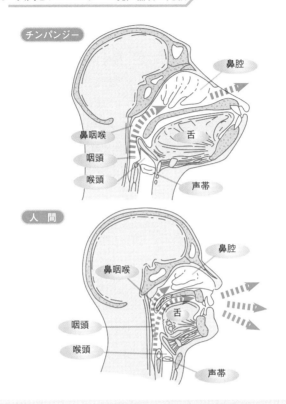

チンパンジー

鼻腔

鼻咽喉

咽頭

喉頭

舌

声帯

人　間

鼻咽喉

鼻腔

舌

咽頭

喉頭

声帯

　　上のチンパンジーの発声器官では，すべての哺乳動物と同様に喉頭が「のど」の高い位置にあり，呼吸と嚥下（えんげ）が同時にできるしくみになっています。そのために，喉頭部で作られる音声の種類が限られています。人間は他の動物とは異なり，喉頭がのどの低い位置にあります。その結果，呼吸と嚥下を同時にするとむせてしまいますが，多様な音声を作り出すことができます。

（出典）リーキー，1996 より作成。

間と類人猿の間に大きな隔たりがみられます（図 2-5）。

　私たちは，話し言葉という特殊能力を身につけることによっ
て，他者と複雑なコミュニケーションを行えるようになっただけ
でなく，声を出さずに言語を操り，自分自身の内部でも高次な概
念操作を行い，自己を客観的にみることもできる ようになりまし
た（自己の客体化）。コミュニケーションのツールとして用いられ
る言語の側面を 外言，思考のツールとして用いられる言語の側
面を 内言 と呼び分けることもしばしばあります。自己との対話
（「私，何しているんだろう」など）も内言の働きです。

◆文　　化

　文化 もまた人間においてとりわけ発達した現象です。本章の冒
頭で述べたように，他の動物でも文化的な行動の芽生えは知られ
ていますが，人間ほど文化に依存して生活する動物はほかに見当
たりません。文化という現象をほかの言葉で言い換えれば，「遺
伝によらず，観察や模倣や教育を通じて，情報を世代を超えて伝
達すること」といえるでしょう（図 2-6）。人間は誰もが皆，有
能な学習者であるとは限りませんし，まして皆が発明の才に恵ま
れているわけでもありません。そこで他人がすでに有している知
識を拝借すれば，自分で一から学習する必要もなくなります。私
たちが利用し，恩恵を被っている知識や情報，発明や技術，法や
制度は，過去の誰かが編み出し，それをまた別の誰かが改良を加
えて，時代を超えて伝えられてきたものなのです。このように考
えると，人間は他人のもつ知識を利用する（知恵にすがる）のに，
とても長けた生物であるということがわかります。こんなに効果
的な能力を他の動物が持ち合わせていないのが不思議なくらい
ですが，さまざまな実験の結果，人間以外の動物はサルも含めて，

図2-6 遺伝的な情報伝達と文化的な情報伝達の比較

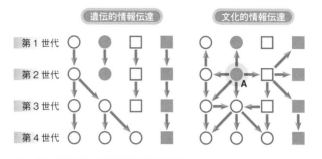

遺伝的情報伝達　　　　　　文化的情報伝達

第1世代
第2世代
第3世代
第4世代

A

　遺伝的情報は親から子へと一方向（下向き）に固定した情報しか伝わりません。それに対し，文化的情報は血縁関係のない者どうしでも，自由な方向に伝わります。右図で ● のAさんが発見した知識は非常に早いスピードで集団内に広がっていきます。また情報内容はどんどん変化していきます。

観察学習や模倣，他者の行為の理解が非常に不得手であることがわかっています。動物が問題解決の仕方を教え合ったり，教育したりする報告もほとんどありません（第13章を参照）。

　いったん文化ができると，文化は人々の心や認識を形成する強力な装置として働くようになります。私たちがいろいろなことに対して抱く「好き嫌い」や「常識」は，おもに文化によって作られます。関東人が好む納豆を，関西の人々が見向きもしないのは文化による違いですし，日本人男性にとってスカートをはくことは想像すらできないことなのに，スコットランドではスカートが男性の正装であるという違いも，文化によってもたらされたものです。その他さまざまな世界観や社会観，人間観の多くも，文化

が異なればおのずと違ってきます。人間の心の成り立ちを考える
うえでも，他の人と自分の心の差異を考えるうえでも，文化は重
要なキーワードになります。

◆共感と相互協力

　人間のユニークさの第3番目の特徴としては，他人の気持ち
を理解したうえで共感でき，相互に協力関係を結ぶことができる
点です（互恵性 という表現もよく使われます）。近年の研究では動
物も仲間の痛みを共感することが示されましたが，相手の感情を
見極めることはできず，協力行動を築くこともほとんどありませ
ん。みられたとしても，動物界の自己犠牲的な利他行動は血縁者
に対して向けられる場合がほとんどです。ところが，人間は知り
合いはおろか見ず知らずの他人に対しても親切な行為を示します。
災害の募金，献血，遺失物の届け出といったようにその例はいく
らでもあげることができます。人間は赤の他人とさえ助け合った
り，協力し合ったりすることができる唯一の（またはユニークな）
動物なのです。さらに，人間はこのような協力や共同関係に関連
した豊富な感情システム（たとえば友情，感謝，同情，罪悪感，義
憤，公正感）を発達させています。また協力や信頼をベースにし
て，きわめて複雑な社会組織を発展させました。たしかに人間ほ
ど複雑な社会的動機や社会的感情を備えた動物はほかに見当たり
ません（第18章を参照）。

　言語や文化，相互協力といった特徴を備えた人類は，高度な社
会制度を生み出し，地球上で最も「社会的な動物」になりました。
人間は社会に暮らし，文化を利用することによって，1人ひとり
の弱さを補い，1人では生きていけないような過酷な事態をも乗
り越えられるようになりました。その反面，人間の個人生活が社

会や文化からの影響を受けることもまた事実です。伝統にしばられたり，戦争に巻き込まれたりするのも人間ならではのことなのです。

人間の適応能力と生物
学的制約

人間以外の動物は生得的行動の制約が大きいが，人間は 学習 や 社会化 を通じて環境に対してはるかに柔軟に適応できる――古くから繰り返しいわれてきたこの考えはたしかにもっともです。酷寒から酷暑まで，砂漠や森林から人工都市環境まで，はては深海から無重力の宇宙まで，人間ほどすぐれた環境適応力を備えた動物はほかにいません。人間は単に受動的に環境に適応できる（例：水が乏しければ器に蓄えておく）だけではなく，環境を進んで改変しようとします（例：水が乏しければ長い水路を築く）。これらは間違いなく地球における人間の繁栄を支えてきた原動力です。

　ただし，この考え方からただちに，人間は生物学的な制約から完全に解放され，学習や文化の影響しだいでどのようにも変わりうるものだ，という結論は導けません。そもそも，人間の柔軟な適応能力を支える学習・思考能力自体が，脳の高次機能という生物学的産物にほかなりません。また人間の行動や認知，思考活動は，環境への適応と深く結びついており，まったく任意な方向に働くものでもないでしょう。人間はときどき生物としては意味のない，一見非適応的な行動をとることもありますが（例：暴走運転で自傷する，僧侶や牧師が妻帯しない，塩のとりすぎで高血圧になるなど），結果だけみれば馬鹿げてみえても，それらの行動は動機づけのレベルにおいて適応的である場合が多いのです（たと

えば，暴走運転は彼らの集団では評判に関わる英雄行為なのでしょう。塩に対する嗜好性は，塩に出会う機会の少なかった先史人にとっては，備わっているべき味覚なのでしょう）。

とはいっても，人間が他の動物と大きく違うのは，生物学的適応（生存や繁殖における有利さ）に向かう手段や道筋がじつに多様であるという点です。寒さに対する適応行動といった単純な例をとっても，服を着る，火をたく，運動をする，温かい食べ物を食べる，家に入るといったさまざまな選択肢があります。まして，より望ましい異性のパートナーを見つける方策や，よりよい環境で子どもを育て上げる方法などに至っては，無数の道筋が考えられることでしょう。それゆえ，比較的単純な反応連鎖だけで記述できる動物の行動と違って，人間の行動には制約が存在しないかのような印象を受けやすいのです。しかし，寒さから身を守るのも，恋人を見つけるのも，子どもをしっかり育てあげるのも，生物としての営みにほかなりません。

私たちは，ついつい人間と動物を分けて考えることに慣れてしまっていますが，人間もまた生物の一員であり，他の動物と同じように適応問題を解決しながら生きています。そして，私たちの心的活動の多くは，生物学的適応という観点からよりよく理解できるものなのです。

本章のサマリー

本章ではおもに，生物としての人間ということに焦点をあてて，人間と人間以外の動物との連続性と，人間という動物のユニーク

さについて述べてきました。このような生物学的な視点は，従来の心理学のなかでは，どちらかというと文化・社会的な枠組みの陰に隠れて表舞台にあらわれることはあまりありませんでしたが，近年では，この視点があらためて注目を集め始めています。その背景には，環境問題や民族紛争など，社会や文化の違いを超えて地球規模で解決しなければならない問題が多発していることがあげられます。より普遍的な人間観が求められる時代になったということなのでしょう。これからは，まず生物界の一員としての人間という出発点に立ったうえで，そこからどのように社会・文化的な差異が生じるのかを考えていく必要があるのだと思います。一度立ちどまって，そもそも人間という生物はいったい何者なのかを考えることによって，地球環境の問題も，異文化共生の問題も解決の糸口がみえてくるに違いありません。

もっと詳しく学びたい人のための参考図書 BOOKS

ダイアモンド，J.（長谷川眞理子・長谷川寿一訳）『第三のチンパンジー——人類進化の栄光と翳り』上・下（完全版）日経BP，2022

　　霊長類の系統関係からみれば一介のチンパンジーにすぎない人間が，どうして地球の覇者になれたのか，人類進化はどのような陰りをかかえているのかを，読みやすい文章で教えてくれます。なお，このダイジェスト版の『若い読者のための第三のチンパンジー——人間という動物の進化と未来』（草思社文庫，草思社，2017）も出版されています。

藤田和生『動物たちのゆたかな心』（学術選書022）京都大学学術出版会，2007

    📖 動物の心理や認知に関する近年の研究を読みやすく紹介しています。動物たちが生きていくためには，反射や生得的な反応だけでは不十分で，心の働きが不可欠であることがわかります。

フランス・ドゥ・ヴァール（松坂哲郎監訳・柴田裕之訳『動物の賢さがわかるほど人間は賢いのか』紀伊國屋書店，2017

    📖 TED でもよく知られアメリカを代表する進化認知科学者の著者が，さまざまな分類群の動物たちの「賢い」行動をわかりやすい語り口で解説しています。

松沢哲郎『想像するちから——チンパンジーが教えてくれた人間の心』岩波書店，2011

    📖 日本とアフリカで三十余年に及ぶチンパンジー研究を続けてきた著者が，進化の隣人であるチンパンジーを鏡にして人間を考察する1冊。

長谷川寿一・長谷川眞理子・大槻久『進化と人間行動』（第2版）東京大学出版会，2022

    📖 「生物としてのヒト」という視点で心・からだ・行動の適応を読み解くロングセラーの入門書。

王暁田・蘇彦捷編（平石界・長谷川寿一・的場知之監訳）『進化心理学を学びたいあなたへ——パイオニアからのメッセージ』東京大学出版会，2018

    📖 進化という考え方が，なぜ，どうして人間のこころや脳や社会を考えるうえで魅力的で，強力なツールなのかを，進化心理学のパイオニアたちが綴った1冊。若い読者へのメッセージ。

心 の 発 達

乳幼児期の心理

成長の写真

PSYCHOLOGY

　皆さんの成長アルバムを久しぶりに開いてみましょう。両親やおじい
さん，おばあさんたちが撮ってくれた，かけがえのないあなただけのと
きの記録。「この写真を撮ったときなら覚えている。あのときのことだ」
とあなたが思い出せるのは，いったいいくつのころからでしょう。遠い
日の思い出はいつまで遡れるのでしょうか。平均的にいえば，子どもは
3 歳ごろから日常的な出来事を記憶し始めるといわれます。では，それ
よりさらに以前の，記憶という手段では遡りようのない赤ちゃんのころ，
あなたは何を感じ，何を思っていたのでしょうか。心はどのように芽生え，
どのようなプロセスをたどって生涯発達していくのでしょう。そのよう
な疑問に答えようとする心理学の分野が，発達心理学です。この章では，
とくに乳児期から幼児期までの心の発達を追ってみましょう。

Chapter 3

人の赤ちゃんの特徴　心の発達を考えるに先だって，私たち人類の胎児・新生児期には他の生物と比較してどのような特徴があるのかをみてみましょう。哺乳類の新生児のなかには，ネズミやネコのように比較的未熟な状態で生まれ，しばらくは巣のなかで育つタイプ（就巣性または晩成性）と，ウシやウマのように身体の完成度が比較的高く，出生直後から親と同じように動けるタイプ（離巣性または早成性）の2つの型があります（図3-1）。

　動物園でよく見かけるように，霊長類の赤ん坊は母親にしがみついて育つので巣で育つタイプではありません。ところが同じ霊長類でも人の新生児といえば，とても無力で，少なくとも生後数カ月はゆりかごやベビーベッドのなかで養育されます。したがって人はしばしば二次的就巣性の動物であるといわれます。他のサルや類人猿と比べて，人の新生児は未熟な状態で生まれてくるという特徴があるわけです。

　誕生時の人の赤ちゃんの身体のつくりを一般の霊長類の発達段階と比較すれば，人はほとんど胎児の状態で生まれてくるとさえいえるでしょう。とくに人の新生児の脳はとても未発達で，成人の大きさの23%にすぎません（マカクザルの脳は出生時にすでに成体の65%，チンパンジーでも40%まで成長しています）。人の脳は誕生後も6カ月間は胎児期なみの速度で成長を続け，その後もさらに長い時間をかけてゆっくりと成長していくことが知られています。人の赤ちゃんは本来ならもっと母胎のなかにいてもよかったのに，早々と世界に飛び出てくるのです。

　人の赤ちゃんが未熟な理由は，母親の身体のつくりと関係があります。人は直立二足歩行をするようになったので，女性の産道

図3-1 哺乳類の新生児の2つのタイプ

出　生

| a | 胎　児 | 巣の中 |

(a) 就巣性（晩成性）――― 出生時には未熟な状態で生まれ，ひ
とりだちできるまで巣のなかで育つ。
(b) 離巣性（早成性）――― 出生時にはすでにしっかりした状態
で生まれ，出生直後に自分で動ける。

（出典）Jones et al., 1992 より作成。

は屈曲し，かつ非常に狭くなっています。もし人の妊娠期間がほ
かの霊長類なみにあと半年程長いと仮定すると，成長しすぎた脳
をもつ胎児は，母親の産道を物理的に通り抜けることができなく
なってしまいます。そこで，人という動物は，赤ちゃんがまだ未
熟な状態で出産し，出生後に大きく育てるという成長パターンを
とるようになりました。人の脳がこれほど大きく成長できた秘密
は，赤ちゃんがいわば未熟児のままで生まれてくることにあるの
です。

では，そのように霊長類としてみれば未熟な状態で生まれた赤ちゃんには心と呼べるような認知機構が備わっているのでしょうか。20世紀初頭の有名なアメリカの心理学者，ジェームズは，赤ちゃんの心的世界を「咲き乱れた花のなかを虫たちがブンブンガヤガヤと飛び回る混乱状態」と形容しました。また，イギリスの経験論者たちが人は白紙同然の状態（タブラ・ラサ）で生まれてくる，とみなしていたこともよく知られています。いずれにしても，赤ちゃんは世界について何もわかっていない未熟な無能者であるという見方が，伝統的な発達観でした。

　しかし，近年，新生児期（さらに胎児期も含めた）の認知能力についての研究が急速に進むと，赤ちゃんのもつすばらしい能力，すなわち「驚くほど早くから驚くほど多くのことを赤ちゃんはできる」ことが明らかにされるようになりました（下條，2006）。

　もちろん赤ちゃんは言語報告しないので，認知能力を調べるにはさまざまな工夫が必要となります。言語を介さずに赤ちゃんの心を調べる方法としては，刺激に対してどれほど慣れが生じやすいかをみる「馴化－脱馴化実験」や，2つの刺激図形のうちどちらをより長く見つめるかを調べる「選好注視実験」，脳波や心拍数，体温などの生理的指標が状況によってどのように変化するかを測定する方法，などがあげられます。

　おしゃぶりを吸う反応と視覚刺激を組み合わせた馴化－脱馴化実験では，赤ちゃんはまずおしゃぶりを吸うと画像が見えることを学習します。この対応関係に気づいた赤ちゃんは，まるで新しい情報を求めるかのように盛んにおしゃぶりを吸って画像を見たがります。しかし，やがて同じ視覚刺激に対しては馴化（慣れ）

が生じ，おしゃぶりの頻度が低下していきます。ここで，刺激を別の新しい絵柄に替えてやり，赤ちゃんに反応が回復するかどうか（脱馴化が起きるかどうか）を観察します。もし，再び反応が増加すれば，赤ちゃんは2種類の画像を見分けているといえるでしょう。この方法によって，たとえば，赤色とオレンジ色に対する反応が異なることがわかりました（第Ⅱ部，図13-1b）。同様な手続きでおしゃぶりを吸うと音声刺激が聞こえるようにした実験では，言葉を発しない新生児がすでに［ba, ba, ba］と［pa, pa, pa］を聞き分けていることなどが示されています。

　また選好注視を用いた研究によれば，生まれた直後の赤ちゃんでも無地の灰色の刺激よりも，しま模様の刺激のほうを好んで見る傾向があることがわかりました。その他さまざまな研究の結果をまとめると，一般に，赤ちゃんは単調な刺激よりもパターンのある複雑な刺激により選択的に反応すること，また赤ちゃんは単調な刺激に対しては飽きやすい反面，刺激の変化には鋭敏に反応することが明らかになりました。すなわち赤ちゃんは熱しやすく冷めやすい存在だといえそうです。

外界に働きかける赤ちゃん

伝統的な「無力な赤ちゃん」観では，赤ちゃんは外界からの働きかけによって発達するものとみなされますが，赤ちゃんはけっして受動的ではありません。たとえば，赤ちゃんの手足にひもをつけ，手足の動きに応じて頭上のモビールが動くような仕掛けを作ると，赤ちゃんは盛んに手足を動かします。表情からも赤ちゃんが喜んでいる（乗っている）様子がうかがえます。同様に，先に述べたおしゃぶり実験のように，おしゃぶりを吸うと

何かの刺激があらわれる（たとえば，音が鳴ったり，絵があらわれたりする）ようにすると，赤ちゃんは懸命におしゃぶりを吸ったりもします。赤ちゃんはあたかも「こうすれば，こうなる」という関係の発見を楽しんでいるかのようです。発達心理学者のバウアーはこれを「随伴関係の検出」能力と呼びました。

　さて，赤ちゃんの身のまわりで最も身近な随伴関係といえば，大人（とくに母親）とのコミュニケーションでしょう。常識的にいえば，赤ちゃんをあやすのは大人であり，あやされるのは赤ちゃんです。しかし，母子のやりとりを少しでも観察すればすぐにわかるように，お母さんはけっして一方的にあやしているわけではありません。生後2カ月ごろの赤ちゃんは，見つめ合ったり，声をあげたり，表情を変化させたりしてお母さんと能動的に関わるようになります。赤ちゃんが反応すると，それに応じてお母さんがまた反応し返します。たとえば，赤ちゃんが笑ったり，声を上げたりする行動をお母さんがまねをすると，赤ちゃんは随伴的な関係を見出して，喜んでその行動を繰り返すようになります。するとお母さんの側もうれしくなってまた反応し返すので，赤ちゃんの行動はますます促進されます。このような双方向的な関係は 母子相互作用 と呼ばれるものです。

　赤ちゃんはまた泣き声によっても，大人を動かしているのではないかと思わせることがしばしばあります。幼児が欲しいものを手にしたいときに「うそ泣き」をすることは誰もが知っていますが，この行動は言葉でものを要求するよりずっと前からみられます。皆さんの小さいときにはどうだったでしょうか。皆さんがいつごろから「泣き」を利用し始めたのか，ぜひご両親に聞いてみてください。

このように赤ちゃんは言葉を獲得するよりはるかに以前から，情動を媒介にしながら外界に積極的に働きかけているのです。

愛着の発達　養育者（一般には親）と子の間に形成される緊密な情緒的な結びつきは 愛着 と呼ばれます。より具体的な愛着行動としては，乳幼児から養育者に対して向けられる泣きや微笑，発声，注視，後追い，接近，抱きつきなどがあげられます。他の動物より未熟な状態で生まれてくる人間の赤ちゃんにとっては，このような行動によって養育者からの保護を引き出すことがとても重要なことなのです。生後しばらくの間は，愛着行動は親以外の大人に対しても向けられます（第1段階：8〜12週ころまで）。やがてその対象は1人もしくは少数の人物（たいていの場合は母親）に絞られていきます（第2段階：6カ月ころまで）。そして，生後半年ごろからは，いわゆる「人見知り」が始まり，愛着行動は一般に特定の人だけに向けられるようになります。このころの乳児はハイハイを始め，母親をいわば安全の基地として遊ぶようになり，やがて，母親の表情反応をうかがいながら新奇物を探索するようになります（第3段階：2,3歳ころまで）。

　愛着のあらわれ方には個人差や文化差があることも知られています。エインズワースは，ストレンジ・シチュエーションという標準化された実験手続き（図3-2）によって，愛着パターンを以下の3タイプに分類しました。

　Aタイプ（回避型）：親との分離場面で，情動的な反応（泣く・わめく）を示さず，親を積極的に求めない。親とはかかわりなく行動することが多い。

図3-2　ストレンジ・シチュエーションの実験手続き

実験者が母子を室内に案内，母親は子どもを抱いて入室。実験者は母親に子どもを降ろす位置を指示して退室。（30秒）

母親は椅子にすわり，子どもはオモチャで遊んでいる。（3分）

ストレンジャーが入室。母親とストレンジャーはそれぞれの椅子にすわる。（3分）

1回目の母子分離。母親は退室。ストレンジャーは遊んでいる子どもにやや近づき，働きかける。（3分）

1回目の母子再会。母親が入室。ストレンジャーは退室。（3分）

2回目の母子分離。母親も退室。子どもは1人残される。（3分）

ストレンジャーが入室。子どもをなぐさめる。（3分）

2回目の母子再会。母親が入室しストレンジャーは退室。（3分）

（出典）繁多，1983 より作成。

Bタイプ（安定型）：分離時に多少泣いたりして混乱を示し，再会時には親に積極的な身体接触を求める。親を拠点として探索活動を行う。

Cタイプ（抵抗型）：分離時に非常に強い不安や混乱を示し，再会時には親に強い身体接触を求める，と同時に親に対して怒りを示す。実験全般にわたって行動が不安定である。

　　エインズワースらが行ったアメリカでの調査では，Ａタイプが21％，Ｂタイプが67％，Ｃタイプが12％でした。日本ではアメリカと比べて，Ｂタイプの比率はさほど変わりませんが（67〜76％），Ａタイプが少なく（0〜14％），Ｃタイプが多い（19〜31％）という結果が出ています。このような文化差はおもに育児様式の違いによって生じるものだと思われます。一般に，Ａタイプやタイプの母親と比べて，Ｂタイプの母親は子どもに対する情緒的応答性が高く，子どもとの相互交渉が調和的であるといわれています。しかし，かといってＢタイプだけが望ましい母子関係であるということにはなりません。Ａタイプのような母子間の独立した関係が，子の独自性を育むこともあれば，Ｃタイプのような関係から，より緊密な母子関係が形成されることもあるでしょう。

社会的参照と共同注意

生後9カ月ころになると，乳児は愛着対象である親の表情や動作などを手がかりにして，自分の行動を調整するようになります。たとえば，乳児の目の前にはじめて見る奇妙な物体を置いてみたとします。するとその子は，それを見ている母親の表情に注目することでしょう。もし母親が微笑んでいれば，その物体をいじるでしょうし，

母親が怖い顔や不安な顔をしていれば触るのを躊躇することでしょう。母親と物を交互に見比べるから文字どおり，母親の顔色をうかがうわけです。このように自分と他者がある対象を同時に見ている場合に，他者の発する情報（おもに感情情報）を利用する行動を 社会的参照（social reference）といいます（第5章も参照）。

　これは単純にみえても，かなり複雑な認知能力を要する行動です。まず，自分とは違う場所にいる他人の視線の先を追わねばなりません。これだけでもサルにはできない課題です。さらに，対象と相手の顔を見比べて，相手がそれをどう評価しているかを推測する必要があります。自分と他者の視線を重ねたうえで，相手の表情の意味を解読しなければならないのです。また，このころの赤ちゃんは自分の興味のある物や出来事を指すことで，他者（おもに母親）の関心を引き寄せるようになります。このような行動を共同注意（joint attention）といいます。

　社会的参照や共同注意のように，生後9カ月ころの赤ちゃんは，他者と注意や行動を共有しはじめます。他者を「意図をもつ主体」として理解できるのは，人間だけがもつ重要な能力ですので，このころの赤ちゃんはまさに「人間らしさ」のスタートラインに立ったところといえるでしょう。

ものの分類から命名へ　自力で立って歩けるようになるころ，離乳も徐々に進み，子どもは「赤ちゃん」とはあまり呼ばれなくなっていきます。乳児期から幼児期への移行は段階的な変化で個人差も大きいものですが，心の発達という観点からすると満1歳から1歳半ぐらいの間に生じる次のよう

な能力の獲得に対応します。

　その1つは，自分のまわりにあるものを分類する行動が芽生えることです。分類といっても，成人がものを整理整頓するようなこととはおよそほど遠いのですが，幼児はものをまとめて処理する行動をみせるようになります。たとえば目の前に2種類の物体（箱とボール）を数個ずつランダムな位置に置いてやると，15カ月ころまでには，子どもはまず片方の種類のものを触ってから，次に別の種類のものを触るようになります。触るだけではなく，同じものは同じところに集めるという分類行動も1歳半ごろまでにはできるようになります。さらに見かけが少しずつ異なる同じ種類のもの（さまざまなイヌのぬいぐるみなど）をまとめる行動ができるようになるのもこのころです。

　1歳を過ぎたころの子どもはやっと初語が出始める時期ですが，言葉ではいえなくても，行動面ではものの性質ごとに種類を分ける，すなわち，カテゴリー化 が始まっていることがわかります。また語をしゃべる以前でも，大人の話す単語の意味を理解することができます。語の理解は，語の産出より3カ月ほど先行するといわれています。

　分類行動のように物体を秩序づけできるだけでなく，時間的な順番に関しての理解が進むのもこのころです。たとえば，ぬいぐるみのクマをお風呂に入れて，洗い，取り出して乾かすというような一連の行動を，大人がまず示して見せたあとで，子どもがその順番で同じことをできるかを調べると，16カ月程度の子どもではたいていそれができます。動物ではこのようにモデルが示したとおりの行動をさせることはきわめて難しく，人に最も近いチンパンジーでやっとできたりできなかったりする程度です。

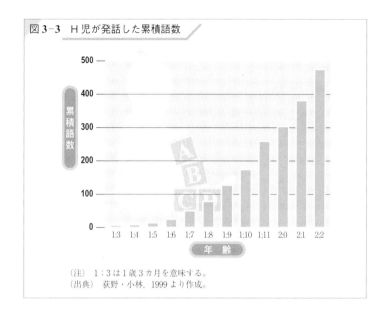

図3-3　H児が発話した累積語数

累積語数

500 —
400 —
300 —
200 —
100 —
0 —

年　齢
1:3　1:4　1:5　1:6　1:7　1:8　1:9　1:10　1:11　2:0　2:1　2:2

(注)　1：3は1歳3カ月を意味する。
(出典)　荻野・小林，1999より作成。

　　そして親であれば誰でも知っているように，初語からしばらく
たった1歳後半の幼児たちは，急速に言葉（語彙）を獲得するよ
うになります。子どもはことあるごとにものの名前を尋ね，名称
を知るとさかんに復唱し，驚異的なスピードで語彙数を増やして
いきます（図3-3）。この場合の名詞は，固有名詞の場合もあり
ますが，特定の事物と一対一の関係にない一般名詞の獲得もこの
ころから始まります。大きなイヌも小さなイヌも，茶色いイヌも
白いイヌも，皆イヌであると命名できるのは，その背景にものを
カテゴリー化する能力が備わっているからにほかなりません。

爆発的にたくさんのものの名前をいえる
ようになった1歳後半から2歳の幼児
は,「ママ・ブーブー」「パパ・椅子」と
いったように,語と語を組み合わせることもできるようになりま
す。これらは二語発話または二語文と呼ばれます。文脈のわかる
親にとっては「パパ・椅子」が「パパの椅子」をさすのか,「パ
パが椅子に腰掛けて煙草を吸うこと」あるいは「パパを椅子に座
らせて一緒に遊んでもらうこと」をさすのかがすぐに理解できま
すが,まだ文法に則した言葉ではありません(手話で訓練したチ
ンパンジーも,ものを要求する場面では,何とか三語文くらいまでは
獲得できますが,文法的に正しい文を自発的に話すことはできません)。

2歳を過ぎると「これ・なに?」「なんで〜するの?」といっ
た疑問形を手がかりにして,語彙を自らさらに増加させ,さらに
3歳になるころには,助詞を使用したり,助動詞や動詞を活用さ
せたりして,文法化が急速に進みます(第13章も参照)。

では,「おもちゃ買ったのよ」というような(いちおう)日本
語として正しい言葉をしゃべれるようになった2歳半から3歳
前後の幼児は,実際におもちゃを買ってもらったときのことを正
確に覚えているのでしょうか。どこの店で,誰と一緒に買った
のかというように尋ねてみると,子どもたちの記憶が非常にあいま
いであることがすぐに明らかになります。言葉をしゃべれるよう
になり,過去形を使えるようになったとしても,子どもたちに
とっての過去はおぼろげなものにすぎません。特定の出来事に
ついての記憶は,3歳から4歳にかけてのころにやっと成立しま
す。出来事の記憶は エピソード記憶 と呼ばれ,個人にとっての
一番古い記憶も幼児期における何らかのエピソード記憶(たとえ

ば，弟妹の誕生にまつわるエピソード）です。小学生であれ，大学生であれ，高齢者であれ，一番古い記憶はやはり3〜5歳くらいまでしか遡れないことが知られています。

　しかし，一般には満4歳のころまでに，過去の経験についてきちんと語れるようになると，子どもの学習能力はさらに飛躍的に上昇していきます。興味深いことに，過去について正確な理解が不十分な2，3歳児と，過去を語れるようになった4，5歳児では，ものの好みの基準に明確な違いがみられます。新奇刺激（はじめて見るもの）と既知刺激（あらかじめ知っているもの）を対にして子どもに提示し，どちらが好きかを尋ねると，2，3歳児は新奇刺激を，4，5歳児は既知刺激を選好すると報告されています。先に述べたように，乳児には新奇刺激を求める強い傾向があり，他方，成人ではものの好みに「単純提示効果」（見たり聞いたりしたものをそれだけの理由で選好する現象。第17章参照）と呼ばれるバイアスがかかることが知られています。こうしてみると4歳前後は，新しいものを探索する傾向から旧知のものへのこだわりを示す傾向への発達上の分水嶺のように思われます。

小さな心理学者 ——心の理論の発達

　ここまでに述べたように，文法に則した言語の獲得，過去の認識，そしてものに対する一般的な認知の構えと並んで，3，4歳のころに成立する重要な能力が，他者の心の状態についての理解です。図3-4は「誤信念課題」と呼ばれる実験です。この課題での正解は，もちろん「カゴのなか」です。サリーはビー玉をカゴのなかに入れ，その後，ビー玉が箱のほうに移されたのを見ていません。ですから，彼女はビー玉がまだカゴのなかにある

図 3-4　人形を用いたサリーとアンの実験

これはサリーです。　　　　　　　　　　　　　　　これはアンです。

サリーは，カゴをもっています。　　　　　　　　　　アンは，箱をもっています。

サリーは，ビー玉をもっています。サリーは，ビー玉を自分のカゴに入れました。

サリーは，外に散歩に出かけました。

アンは，サリーのビー玉をカゴから取り出すと，自分の箱に入れました。

さて，サリーが帰ってきました。　　　　サリーは自分のビー玉で遊びたいと
　　　　　　　　　　　　　　　　　　　　　　　　　思いました。

サリーがビー玉を探すのは，どこでしょう？

（出典）　フリス，1991 より作成。

と「思い込んでいる」はずです。成人にとってはごく簡単なこの課題は，3歳半未満の子どもにとっては非常に難しいものですが，他方，多くの4歳児にとってはきちんと解ける課題です。

この課題で子どもに要求されているのは，サリーの立場に立って，彼女がどう思っているか，何を信じ，何を望んでいるかを理解するということです。たとえ，サリーがカゴのなかを探してビー玉が見つからなかったとしても（つまりサリーの行動が結果として「誤った信念」に基づくものだったとしても），サリーにはサリーの信念があるはずだということが理解できるかどうかが問題です。このように他者の心の状態（信念や欲求）を推測し，他者の行動を予測したり解釈したりする能力は「心の理論」と呼ばれるものです。理論というとどこかおおげさな響きがありますが，直接，目には見えない心の状態を推測し，それに基づいて他者の行動を予測したり説明したりするのですから，他者の心についてのセオリーということなのです。他人の気持ちを説明できるという意味では，4歳児は小さいながらも立派な心理学者だといってもよいでしょう。なお，以降に述べる自閉スペクトラム症の子どもでは，誤信念課題を解ける年齢が遅れることが知られています。

人間にとって「心の理論」の能力は，言語能力や他の思考能力と同様，場合によってはそれ以上に重要なものです。「心の理論」があるからこそ，相手の気持ちがわかり，他者と心を共有できるのです。そしてこれこそが，社会生活を支える基本だといえます。もし，相手の心が理解できなかったら，コミュニケーションは成立しません。相手がして欲しいこと，逆にして欲しくないことがわからなければ，友情や信頼が生まれるはずもありませんし，教育（教えと学び）も成り立ちません。しかし，実際には，子ども

たちはこの社会的能力を身につけ，仲間との関係を築き，年長者から多くのことを学んでいくのです。

発達障害とその支援　　近年，発達障害という言葉をよく耳にするようになりました。2005 年に施行された発達障害者支援法では，発達障害を「自閉症，アスペルガー症候群その他の広汎性発達障害，学習障害，注意欠陥多動性障害その他これに類する脳機能の障害であってその症状が通常低年齢において発現するもの」と定めています（それぞれの障害の説明については，表 3-1 にまとめました）。この法律では，障害を日常生活または社会生活に制限を受けることととらえています。もう少し簡単に言い換えると，障害とは生活をしていくうえでいろいろと困ることを抱えていることをさします。もし，周囲の理解やサポートによって，障害をもつ人々が困っていると感じなくなれば，生きていくうえでリスクやハンディがあったとしても，障害と考える必要はなくなるはずです（一般の人の間でも，そそっかしくて困る人や，人づき合いが苦手で困る人，注意不足で困る人などはたくさんいますが，そのような人々の大半は自分自身を障害者と感じてはいません）。現在，発達障害をもつ子どもたちが，障害を意識しないですむ社会を築くにはどうしたらよいかについて，教育，技術，医療，制度面でさまざまな取り組みが始まっています。一般人にもできる支援の第一歩は，発達障害について正しく理解することです。バリアフリーは，身体障害をもつ人々だけでなく発達障害にとっても重要な考え方だといえるでしょう。

表 3-1　おもな発達障害とその特徴

知 的 障 害

年齢相応の知的能力がなく，社会的自立のうえで支援が必要とされる。
ダウン症など，染色体異常によるものもあるが，原因が特定できないものも多い。
人口の 2〜3% が該当する。
知的障害者の福祉制度を利用することが可能。

自閉スペクトラム症〔広汎性発達障害〔自閉症，アスペルガー症候群など〕〕

社会性・コミュニケーションの障害
（他者とのやりとりが苦手。他者の意図や感情が読み取りにくい。ことばの発達が遅れる。オウム返し。会話が一方的で自分の興味関心事だけ話す）
こだわり行動（興味の偏りと決まりきったパターンへの固執）
生後 3 年以内に上記の兆候が同時にある場合に診断される。
自閉症の主たる兆候は幼児期に顕著。
過敏性・過鈍性などの感覚異常，手先や全身の不器用さなどをもつ場合も多い。
人口の 1〜2% 程度が該当する。
半数以上は知的障害をもたない（高機能群である）。
高機能群の場合，知的障害者の福祉制度の対象とはならない。
精神障害の福祉制度を利用することが可能なこともある。

学習障害（LD）

知的には標準またはそれ以上。
学力の著しい偏り（読み・書き・計算などの一部だけができない）。
注意集中力や落ち着きがない場合もある。また，不器用な場合もある。
人口の 5% 程度が該当するというデータもある。
知的障害者の福祉制度の対象とはならない。

注意欠陥多動性障害（ADHD）

注意集中が難しい。
多動，落ち着きがない。
衝動的。思いついたら行動に移してしまう。
上記の 3 つが同時にある場合に診断される。発達的な個性の場合だけでなく，環境条件が悪い場合にも同様の状態像をみせる。
薬物療法が著効する場合もある。
人口の 3% 程度が該当する。
知的障害者の福祉制度の対象とはならない。精神障害の福祉制度を利用することが可能なこともある。

（出典）　アスペ・エルデの会サイト（http://www.as-japan.jp/j/siru.html：2020 年7 月アクセス）より作成。

本章のサマリー SUMMARY

人間の赤ちゃんは他の霊長類の新生児に比べると，非常に未熟でひ弱な姿で生まれてきます。しかし，その後の赤ちゃんの認知発達は目覚ましく，生後，熱心に情報を探索し，積極的に随伴関係を発見し，自ら他者に働きかけていきます。1歳を過ぎると，言語的理解と表現が芽生えると同時に，自分と母親がある対象を同時に見ている場合には，母親の発する情報（おもに感情情報）を参照しながら世界を広げていきます。2歳から3歳にかけて，語彙数が爆発的に増加し，2語表現からさらに高次の文法表現が可能になり，訓練を受けたチンパンジーの言語能力を引き離します。しかし，記憶についてはまだ混とんとしており，過去の出来事をきちんと認知し，報告できるようになるのは4歳近くになってからです。「心の理論」と呼ばれる他者の内面理解ができるようになるのもこの時期です。

発達障害は，低年齢であらわれる脳機能の障害で，自閉症や学習障害などを含みます。障害をもつ人々が障害を意識しないですむ社会の実現にむけて努力が重ねられています。

もっと詳しく学びたい人のための参考図書 BOOKS

開一夫・齋藤慈子編『ベーシック発達心理学』東京大学出版会，2018

　発達心理学の基本をコンパクトにまとめた入門書。発達障害への対応についても書かれています。

下條信輔『まなざしの誕生——赤ちゃん学革命』（新装版）新曜社，2006

　乳幼児の感覚・知覚能力から社会的認知能力まで，「赤ちゃん学

革命」の成果が生き生きと述べられています。

山口真美・金沢創『赤ちゃんの視覚と心の発達』(補訂版) 東京大学出版会, 2019

　☞　赤ちゃんの視覚研究をリードする2人の著者が, この分野の最新の研究成果を概説しています。

開一夫『日曜ピアジェ　赤ちゃん学のすすめ』(岩波科学ライブラリー) 岩波書店, 2006

　☞　もし身近に赤ちゃんがいたら, この本を片手に赤ちゃんの心を確かめてみましょう。赤ちゃん学の楽しい実験が紹介されています。

小林春美・佐々木正人編『子どもたちの言語獲得』大修館書店, 1997

　☞　さまざまな分野から子どもの言語獲得のプロセスが解説され, 発達研究が総合的な研究領域であることがわかるでしょう。

広瀬友紀『ちいさい言語学者の冒険——子どもに学ぶことばの秘密』(岩波科学ライブラリー) 岩波書店, 2017

　☞　「これ食べたら死む?」といったような子どもの言い間違いを通して子どもたちの言語獲得の謎に迫ります。

フリス, U.(冨田真紀・清水康夫訳)『自閉症の謎を解き明かす』東京書籍, 1991

　☞　自閉症スペクトラムについての非常にわかりやすい古典的名著です。自閉症児と対比することによって健常児における「心の理論」の発達の重要さが理解できます。

グランディン, T.・バネク, R.(中尾ゆかり訳)『自閉症の脳を読み解く——どのように考え, 感じているのか』NHK 出版, 2014

　☞　近年, 自閉スペクトラム症について研究が一気に進みました。本書は自閉スペクトラム症の当事者であり, かつ研究者である著者が, 自分の体験と向き合いながら, 最近の研究を解説します。

第 4 章

ライフサイクル

人間は一生発達する

PSYCHOLOGY

　青年期の問題の1つとして，非行があげられます。青年期は「自分がいったい何者であるかわからない」といった不安定な状態にあります。一部の青年は，宙ぶらりんの不安定さから脱するために，社会的に認められている価値とは逆に，社会的に好ましくないと非難されるような人物像（たとえば，やくざ・不良・暴走族）をモデルにしたり，その一員になったりします。半端に「よい子」であるよりは，完全に「悪い子」であるほうが，自分というものを自覚しやすいのです。このようなメカニズムは否定的同一性の選択と呼ばれます（詳しくは本章内で解説します）。この章では，青年期を中心に，人間の生涯の発達についてみていきます。

| 人間は一生発達する | 人間は，生まれてから老年になるまで，一生の間，発達していきます。エリクソンは，表4-1に示すように，人間の一生を8つのステージに分け，各ステージには，身につけなければならない特有の課題があると考えました。この課題解決に成功することにより，新たな能力が身についたり，精神的な成長をとげていけたりします。しかし，失敗すると，課題は未解決のまま残り，表4-1にあるような「心理的危機」を招きます。本章では，エリクソンの図式にそって，人のパーソナリティの発達について考えてみましょう。たぶんこの本の読者の多くは大学生だと思われますので，青年期についてはとくに詳しく述べることにします。また，高齢化社会を豊かなものにするために必要な，成熟期のあり方を学び，高齢者に特有な心理とその障害である認知症についても理解しましょう。

| 乳児期と分離不安 | 第1ステージは乳児期です。乳児は，生きるために必要な授乳や排泄の世話などを，母親（養育者）に頼っています。母親から安定した養育を受けた経験をとおして，乳児は世界に対する最初の信頼感を身につけます。うまくいかない場合は不信感が強くなってしまいます。

このことは，母子分離の研究によっても明らかにされています。ボウルビィは，病気で入院するために母親から離された子どもを観察して，表4-2のような，抗議・絶望・離脱という段階にまとめています。離脱の段階に進んだ子は，看護する側からみると，扱いやすくなるので，この子は分離の悲しみから立ち直ったのだと思われることもあります。ところが，その子には取り返しのつかない心の傷が残ってしまうのです。それは母親と再会したとき

表4-1　エリクソンの発達段階説

ステージ	発達段階	年　齢	発達課題	心理的危機
1	乳児期	0 〜 1.5 歳	基本的信頼感	不　信
2	幼児期	1.5 〜 4 歳	自律性	恥，疑い
3	就学前期	4 〜 5 歳	自主性	罪悪感
4	学童期	6 歳〜思春期	勤勉性	劣等感
5	青年期		自我同一性	同一性拡散
6	成人初期		親密性	孤　独
7	成人期		生殖性	停　滞
8	成熟期		自我の統合	絶　望

表4-2　母親から離された子どもの感情（ボウルビィ）

A. 抗議の段階

　　母親から離された幼児は，泣きわめき，あらん限りの方法で失われた母親を捜し求め，周囲の人に抗議する。これが数時間から 1 週間続く。この現象は，迷子になった子どもが泣くのと同じで，「分離不安」と呼ばれる。

B. 絶望の段階

　　そのうち幼児は，うって変わって静かになり，食欲もおとろえ，引っ込み思案になり，悲しみにうちひしがれてしまう。外面的には母親と再会することに絶望しているかにみえるが，内面では母親を求めている。

C. 離脱の段階

　　しだいに外界への興味を取り戻し始め，食欲なども戻り，明るくなる。早い子で数週間，遅い子でも 6 カ月すれば，この段階に進む。

の反応からわかります。抗議や絶望の段階では，子は再会した母親にすぐまとわりつきます。つまり，母子の 愛着関係 はまだ可逆的なのです。ところが，離脱の段階に進んだ子は，母親と再会しても，喜んだりまとわりついたりせず，母親を忘れてしまったかのようになります。つまり，離脱の段階に至ると，母親との愛着関係は壊れてしまい，後戻りできなくなるわけです。したがって，子どもを入院させる病院では，親との面会は多いほどよく，親の付添い入院が望ましいといわれるようになりました。

さらに長期的な母子分離はもっと重い障害を引き起こします。ボウルビィ以来，戦争孤児の施設などにおいて，長期母子分離の影響が調べられました。そうした研究をまとめたラターによると，第1に，養育者との心理的な絆が形成されないと，対人面での性格的偏りが生じる危険が出てきます。したがって，たとえ母親がいなくても，父親・里親・施設職員など，代理養育者との心理的絆がつくられることが大切になります。第2に，養育者が与える物理的・社会的刺激が少ないと，知能や言葉の発達が遅れる危険が出てきます。したがって，知的な遅れを防ぐためには，代理養育者は十分な物理的・社会的刺激を与えることが必要となるのです。エリクソンのいうように，母親の養育はたしかに大切ですが，母親がいなくても，代理養育者によって基本的信頼感は獲得されうるのです。

幼児期から学童期へ　エリクソンの第2ステージは幼児期です。この時期の子どもはトイレット・トレーニングを受けるようになります。こうした訓練や自立歩行の体験を通じて，幼児は自律性を獲得します。

第3ステージは就学前期です。このステージでは，遊びを中心にして，自分で何かを解決したりいろいろな遊びに挑戦しようとしたりするような自主性を獲得します。大人と比較することを覚え，男女の違いにも気がつくようになります。

　フロイトによると，この時期の男の子は母親を独占しようとし，父親を邪魔に感じるようになるといいます。ここには，近親相姦願望，同性の親への敵意，親に反抗した罪悪感（去勢不安）の3つの心理的要素があります。この心理は，父を殺して母と結婚し自分の目を突いたギリシャ神話のエディプスと似ているので，フロイトはこれを「エディプス・コンプレックス」と呼びました。このような葛藤をうまく解決できないと，罪悪感がつくられます。

　第4ステージは学童期です。学校教育を受けるようになり，それを通して勤勉性を身につけます。しかし，失敗体験も多くなり，劣等感を形成しやすいのもこのころです。

　エリクソンの学説からやや離れますが，第3章で説明したさまざまな発達障害（表3-1）は，幼児期から学童期の子どもを理解するうえで重要な概念です。高機能自閉症やアスペルガー症候群では，知的な遅れを伴わないケースも多く，社会のなかで定形発達児との連続性（自閉症スペクトラム説）が重要視されています。

**青年期にしなければ
ならないこと**

　第5ステージは青年期です。エリクソンによると，表4-1に示すように，青年期の課題は自我同一性（アイデンティティ）の獲得です。青年期は，「自分とは何か」「これからどう生きていくのか」「どんな職業についたらよいのか」「男として，女としてどう行動したらよいか」といった問いを通して，自分自身

を形づくっていく時期です。そして、「これこそが本当の自分だ」といった実感のことを自我同一性と呼びます。エリクソンによると、青年期は、自我同一性を獲得するために、社会的な義務や責任を猶予されている準備期間（モラトリアム）であるといえます。この時期は、試行錯誤を通して、積極的に自己形成していける貴重な時期です。

自我同一性がうまく達成されないと、「自分が何者なのか、何をしたいのかわからない」という同一性拡散の危機に陥ります。同一性拡散のあらわれとして、エリクソンは、①対人的かかわりの失調（いわゆる対人不安）、②否定的同一性の選択（いわゆる非行）、③選択の回避と麻痺（いわゆるアパシー：無感動）などをあげています。このうち、①対人不安と②非行について、次に詳しくみていきましょう。

対人不安──青年期に起こりやすい問題：その1

対人不安にはさまざまな程度があります。軽いものとしては、対人緊張、気後れ、あがりなどがあります。それより悩みが強いものを対人恐怖と呼びます。その症状としては、他者視線恐怖（人から見られることを気にしてあがってしまう）、赤面恐怖（人前で自分の顔が赤くなってしまうのを気にする）、自己視線恐怖（自分の視線が鋭いのではないか、目つきが悪いのではないかと気にする）、自己臭恐怖（自分がいやなにおいを出していて、まわりの人から嫌われているのではないかと悩む）などがあります。

青年期は対人不安の強まる時期です。図4-1は、他者視線不安を感じる人の割合を調査した結果です。この図から、15歳では5割くらい、18歳では4割くらいの人が対人不安傾向をもつ

　対人不安で悩んでいる青年はたくさんいます。Mさん（大学1年，19歳，女子）のケースをみてみましょう。Mさんは大学のクラスにとけ込めずに苦しんでいます。高校時代からクラスにとけ込めないところがありました。誰とも話さないで，大学で授業だけ出て帰ってくることもたびたびで，そんな毎日がいやだといいます。授業中に発表をしなければならないと，緊張して耐えられない気分になります。クラスの人と話すときは，授業やサークルのこととか事務的なことを話すときは少しよいのです。しかし，趣味の話とかで雑談をするような場合は，何を話してよいのかわからず困ってしまうといいます。

ことがわかります。青年期は進学したり社会に出たり，対人ネットワークが広がり複雑になるので，対人関係も難しくなります。また，青年期は自意識が強まり，他者からどのように評価されるかが気になる時期です。こうしたことを背景として，青年期に対人不安が高まるのです。

　対人不安はどうして起こるのでしょうか。リアリィが提案した対人不安の自己提示理論によると，他者に特別な印象を与えたいという動機が強いのに，自分の思いどおりの印象を与えられないと予想するときに対人不安が生じます。たとえば，異性の前でかっこよく見せたいのに変なことをいってしまったり，面接でよい印象を与えたいのに思いどおりにいかなかったり，といったときに対人不安が生じるというのです。つまり，対人不安の裏には，自分をよくみせたい，自尊心を高めたい，自分の社会的存在価値を高めたいという積極的な向上心があります。向上心があるからこそ，うまくいかないと不安になるわけです。

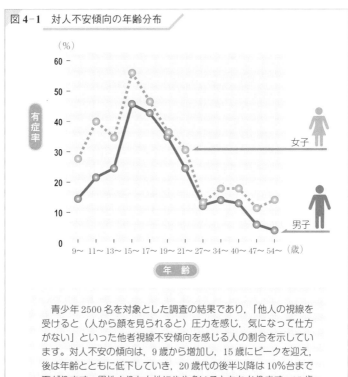

図4-1　対人不安傾向の年齢分布

（％）

有症率

女子

男子

年　齢

9〜　11〜　13〜　15〜　17〜　19〜　21〜　27〜　34〜　40〜　47〜　54〜（歳）

　青少年2500名を対象とした調査の結果であり，「他人の視線を受けると（人から顔を見られると）圧力を感じ，気になって仕方がない」といった他者視線不安傾向を感じる人の割合を示しています。対人不安の傾向は，9歳から増加し，15歳にピークを迎え，後は年齢とともに低下していき，20歳代の後半以降は10%台まで下がります。男性よりも女性にやや多いこともわかります。15歳においては50%，18歳においては40%の人が対人不安傾向をもっています。対人不安傾向をもつ人はかなり多いと思われます。

（出典）　阿部，1985より作成。

　対人不安は日本では多くの人が感じており，けっして恥ずべき感情ではありません。また，図4-1に示されるとおり，対人不安は20歳代の後半になるとかなり低下します。ときが解決してくれるという側面があるのです。ただし，苦悩がかなり強い場合は，カウンセラーや精神科医などの専門家に相談してみるとよい

表4-3 非行の原因

	外的要因 少年をとりまく環境に帰属される要因	内的要因 少年個人に帰属される要因
誘因（非行を誘発する要因）の増大	●非行集団における学習 ●有害環境の影響	●学業不振に基づく欲求不満 ●否定的同一性の選択
抑止力（非行の歯止めとなる要因）の低下	●非行に対する社会の許容化 ●親の養育態度	●道徳認知の未発達 ●性格 ●罰に対する認知の欠如

でしょう。

非行——青年期に起こりやすい問題：その2

この章の扉に示したように，「自分がいったい何者であるかわからない」といった同一性拡散の状態にある青年は，社会的に好ましくないと非難されるような人物像をモデルにして，自我同一性を獲得します。この観点からみると，非行は，否定的同一性を選択してしまう場合と考えられています。

非行の原因は複雑ですが，表4-3に示すように，誘因の増大と，抑止力の低下に分けて考えることができます。誘因としては，非行集団の影響が大きいでしょう。非行の多くは仲間から誘われて始まりますし，暴走族や暴力団は本格的な非行を学習する場となります。「否定的同一性の選択」も，非行を誘発する要因の1つと考えることができます。

非行や犯罪には被害者が出ますので，社会全体で，非行を防止

　非行が進行する一般的経過として，万引→怠学→恐喝→シンナー乱用→性非行→非行集団への参加→暴力団とのつながり→覚醒剤乱用，といったパターンがあるといわれます。万引を経験した人はどのくらいいるのでしょうか。ある研究によれば，万引で警察に補導された者は青少年の0.8%ですが，万引を発見されたが警察に届けられなかった者はその7倍（5%），発見されない万引経験をもつ者はさらにその3倍（15%）に達するといいます。万引は窃盗であり，本格的な非行への入口という意味で初発型非行と呼ばれています。非行が始まると学校や家庭がつまらなくなり，怠学したり，友人宅に泊まり続けたり，盛り場をうろついたりするようになります。そうしたなかで，シンナーなどの乱用が始まります。はじめは，友人や先輩にすすめられて，非行集団との一体感を味わうため，ときどき吸ってみる程度です。ところが，頻繁に吸っているうちに，精神的依存が強まり，1人のときでも吸入するようになってしまいます。こうして，シンナーとともに，非行集団への一体感が増し，同時に，集団での性非行も行われるようになります。非行集団では，暴力非行（暴行，傷害，恐喝など）が本格化します。その典型は暴走族です。暴走族は，交通を妨害し，騒音で住民に迷惑をかけるだけでなく，中学の番長組織を扇動して校内暴力を起こしたり，組織暴力団の予備軍的存在であったりするなど，多くの問題をもっています。非行の終着駅は薬物乱用です。覚醒剤は薬理作用が強く，深刻な人格変化をもたらします。また覚醒剤は組織暴力団の資金源になります。

していかなければなりません。非行を減らすには，誘因をなくし，抑止力を高める必要があります。誘因の除去としては，非行集団との接触を減らす，非行集団の解体，有害環境の改善（環境浄化

運動や，シンナー類・覚醒剤の入手経路を絶つ）などがあげられます。他方，抑止力を高めるためには，家庭，学校，保護矯正機関，マスメディアなどの連携がぜひとも必要です。

> **大人になるとはどういうことか──成人初期・成人期**

エリクソンの第6ステージは，成人初期です。この時期の課題は，配偶者となった異性や，仕事仲間との親密な関係を築くことです。

第7ステージは成人期です。家庭では子どもを養育すること，社会では後継者を育てることをとおして，次世代を育成するという生殖性を獲得することが課題です。

> **成　熟　期**

第8ステージは成熟期です。エリクソンは自分の一生をあるがままに受け入れる時期として成熟期を重視しました。成熟期は多くの場合高齢期でもあります。日本では65歳以上の高齢者が総人口の28.4％を占めるようになりました（総務省統計局，2019年）。加齢による体と心の変化を知り，幸せな成熟期を迎えたいものです。

> **体 の 変 化**

高齢になると体にさまざまな変化が起こります。抵抗力が落ちて病気にかかりやすくなる，筋力が衰えて運動能力が落ちる（サルコペニア），食べ物をかむ力や腸の機能が衰えて栄養状態が悪くなる，視覚，聴覚などの感覚が鈍くなるなど，程度の違いはあっても誰でもこのような変化を経験します。こうした変化によって日常生活動作（ADL）の問題があらわれてきた状態を フレイル といいます。な

ぜこのような変化が起こるのでしょうか。細胞を傷つけやすい活性酸素がたまってくることが1つの原因と考えられていますが，詳しいメカニズムはまだわかっていません（Weinert & Timiras, 2003）。

心の変化

体の変化は心にも影響を与えます。好きなものが食べられなくなったり，好きなところに出かけられなくなったりすると幸福感が減ってしまうでしょう。また，耳が遠くなると，人の会話に加わることができませんから，孤独を感じたり，イライラしたりすることもあります。社会的な引退，家族の独立など，高齢期は孤独とたたかわなければならない時期でもあります。新しいことが覚えにくくなりますから，スマートフォンの操作などは苦手でしょう。しかし，高齢期に精神機能がおしなべて低下するわけではありません。たとえば，短期記憶や意味記憶は，きちんと調べると高齢者でも低下していません。また，ストーリーを読んで要点をまとめるといった課題は高齢者のほうが得意なのです。高齢になると苦手になってくるのは，何かを急いでやらなければならない場合，注意を2つ以上の対象に分散しなければならない場合，本筋とは関係のないたくさんの情報が飛び込んでくる場合，慣れないことを新しく始める場合などです（Kirova et al., 2015）。振り込め詐欺はこれを悪用しています。しかし，逆にいうと，これらを少なくすれば高齢者にやさしい社会を作ることができるわけです。

認 知 症

一度は正常に発達した認知機能が低下して日常生活に支障をきたすようにな

図 4-2　認知症のおもな症状

中核症状

認知機能障害

思考・推理・判断・適応・問題解決

記憶障害
判断力低下
見当識障害
言語障害（失語）
失行
失認
ほか

周辺症状

● せん妄
● 抑うつ
● 興奮
● 徘徊
● 睡眠障害
● 妄想
　　ほか

（出典）　公益財団法人長寿科学振興財団健康長寿ネット（https://www.tyojyu.
or.jp/net/byouki/ninchishou/shuhen.html：2019 年 4 月アクセス）より作成。

り，それが意識の障害によるものではない状態が 認知症 です。
認知症は図 4-2 に示したように記憶や実行機能などの知的機能
の障害が中核症状で，二次的にせん妄や抑うつなどさまざまな
周辺症状が起こります。代表的な認知症には アルツハイマー病，
レビー小体型認知症，血管性認知症 などがあります。血管性認知
症は生活習慣に注意して，高血圧や動脈硬化を避ければかなり予
防できます。レビー小体型認知症はこのごろ注目されるようにな
りました。パーキンソン病やアルツハイマー病との関連があるよ
うで，研究が急速に進んでいます。アルツハイマー病は脳に異常
なタンパク質がたまり，脳が萎縮していく病気で，発症のメカニ
ズムはよくわかってきたのですが本当の原因はわからず，有効な
治療法もありません。しかし，認知症の人にも新しいことを学習
する力は残っており，ストレスの少ない環境を整えることによっ

て行動も安定します。

◆豊かな成熟のために

　誰もが迎える高齢期，エリクソンのいう「一生をあるがままに
受け入れる」とは決してあきらめることではありません。自分に
適した身体活動を楽しみ，豊富な経験に基づいた英知を生かす機
会を得て，よい人生を送ることはできます。それを サクセスフル
エイジング と呼びます。身体的，精神的，社会的に健康な状態を
ウェルビーイング といいます。ただ，超高齢社会を迎えた日本で
は，サクセスフルエイジングの後にやってくる心身の機能低下と
いかに向き合うかを考えなければなりません。誰もがウェルビー
イングを保つためにはどうすればよいのか，心理学を学びながら
考えましょう。

本章のサマリー　　　　　　　　　　　　　　　SUMMARY

　本章では，エリクソンの枠組みに基づいて，人間の一生を8つ
のステージに分けて考えてみました。各ステージには発達課題が
あり，これを解決すると精神的な成長をとげますが，失敗すると
心理的危機を招きます。青年期では，自我同一性の獲得が大切な
課題となり，それに失敗すると同一性拡散の危機におちいります。
こうした視点から，対人不安や非行といった青年期に起こりやす
い問題を考えることもできます。生涯発達の視点は，高齢化社会
を迎えた現代社会ではとくに重要です。成熟期を豊かに生きるた
めには自我の統合が鍵になります。また，高齢者をサポートする
うえでは，高齢者の心理とその障害である認知症を正しく理解す
ることが必要です。

もっと詳しく学びたい人のための参考図書　BOOKS

近藤祥司『老化はなぜ進むのか——遺伝子レベルで解明された巧妙なメカニズム』（ブルーバックス）講談社，2009

　　老化の基本が理解できます。コラーゲン，DHA，アンチエイジングなど，マスコミでよく見かける言葉の本当の意味がわかります。

佐藤眞一・権藤恭之編『よくわかる高齢者心理学』（やわらかアカデミズム・〈わかる〉シリーズ）ミネルヴァ書房，2016

　　高齢者の認知，情動など基礎心理学的な知見も踏まえつつ，支援や介護の現場で働く人にも役立つすぐれた参考書です。高度な内容がわかりやすく書かれています。

津田彰ほか編『臨床ストレス心理学』（叢書　実証にもとづく臨床心理学）東京大学出版会，2013

　　人生の各ライフサイクルにおいて陥りやすいストレスとその対処について，ストレス科学の立場から詳しく紹介しています。

クラーク，D. M.・エーラーズ，A.（丹野義彦編集・監訳）『対人恐怖とPTSDへの認知行動療法——ワークショップで身につける治療技法』星和書店, 2008

　　対人恐怖のメカニズムとその心理療法について，心理学の立場からわかりやすく解説しています。

第 5 章　動機づけと情動

人を動かすもの

写真提供：防府市おもてなし観光課

　　山口県防府市大道に鎌倉時代から伝わる奇祭「笑い講」。神事と会食の後に 2 人一組の「笑い役」が榊を持って同時に 3 回大声で笑います。1 回目は今年の収穫を喜ぶ笑い，2 回目は来年の豊作を祈る笑い，3 回目は今年の悲しみや苦しみを忘れるための笑いだそうです。笑い役は 4 組登場し，最後に全員が笑って締めくくります。明るい笑いのなかから勤労への意欲もわいてくるわけです。悲喜こもごも，さまざまな情動は私たちが動物であることのあかしであり，心を豊かにいろどり，私たちを行動へと駆り立てる力でもあります。この章ではそのような話題，すなわち動機づけと情動について学びます。

Chapter 5

動機づけ という言葉は，「やる気」と同
じような意味で使われることが多いよ
うですが，もう少し深く考えると，行動の方向を決め，行動を開
始，維持，あるいは停止させる目に見えない力のようなものだと
いえるでしょう。このような力はどこから生まれてくるのでしょ
うか。そこにはおよそ3つの源泉があるとされています。1つは，
自分が今どのような状況におかれているかという認知，もう1つ
は，自分が過去にそういう状況で何を感じたかという情動，最後
は，自分が何をやりたいかという欲求です。

　私たちにはいったい何種類の 動機 があるのでしょうか。おい
しいものを食べよう，いい仕事をしよう，となりの人と仲良くし
ようなどなど，動機の種類は数かぎりなくあります。多くの心理
学者が動機の種類について考えてきましたが，いまだに決定的な
答えは出ていません。そういう試みの1つに，フォードによる分
類があります。フォードは行動の目標に着目し，私たちが個人の
内部で達成したい目標と，周囲の環境との関連で達成したい目標
とを分けて，表5-1 のように整理しました。これでも多いですね。

　フォードの考えた動機（目標）を別の面から考えてみると，こ
れらは，生きていくうえで必要なもの（生理的動機），私たちの内
面からわきあがってくるもの（内発的動機），社会的な関係のなか
で求めるもの（社会的動機）に分けることができるでしょう。や
や古典的ではありますが，本章ではこの流れに沿っていろいろな
動機を考えてみましょう。

動機づけとは

生理的動機

生理的動機 の多くが，体内の環境を一
定に保とうとする恒常性維持（ホメオス

表 5-1　フォードによる人間行動の目標一覧

	望まれる個人内の結果	
情 動 目 標	● 娯楽，平穏，身体感覚，身体的健康	
認 知 目 標	● 探求，理解，知的創造性，肯定的自己評価	
主観的達成目標	● 和合，超越	

	望まれる人−環境の結果	
自己主張的社会関係目標	● 個性，自己決定，優越，資源獲得	
統合的社会関係目標	● 所属，社会的責任，公平，資源提供	
課 題 目 標	● 熟達，課題創造性，マネージメント，物資獲得，安全	

（出典）　上淵，2004 より作成。

タシス）のメカニズムから生じています。生理的動機は近年の心
理学ではあまり重視されない傾向にありますが，実は心身の健康
と深い関係があります。

◆摂 食 動 機

　食欲，すなわちものを食べる動機は本来，血液のなかの糖分や
脂肪分の濃度を一定に保つために起こるもので，間脳の視床下部
がその役割を担っています（第15章参照）。しかし，私たちの日
常の食事がこうした栄養欠乏状態によって動機づけられているこ
とはむしろまれです。

　たとえば，昼休みを告げるチャイムは多くの人にとって「食
事」の信号になっているでしょう。あなたは本当はあまりおなか
がすいていないかも知れません。しかし，まわりの人たちが昼食
をとりに行くと，何か食べなければ気がすまないように思うので
はないでしょうか。

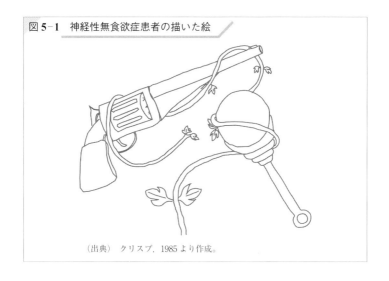

図5-1 神経性無食欲症患者の描いた絵

（出典）　クリスプ，1985より作成。

　食欲を調節する仕組みは想像以上に複雑です。だからこそ病的にやせるまで生理的な摂食動機を抑えてしまったり（神経性やせ症〔神経性無食欲症〕），衝動的なむちゃ食いがやめられなくなったりする（神経性大食症）こともあるのです。なぜこのようになってしまうのかはよくわかっていませんが，神経性やせ症の患者さんが描いた絵を見てみましょう（図5-1）。ピストルは強力な大人になりたい願望，ガラガラは無力な子どものままでいたい願望をあらわしていると考えると，両者がツタでからまっているところに成長に対する矛盾した思いがあらわれているのではないでしょうか。

◆睡眠動機

　眠ることは大脳皮質を休ませ，疲れた神経細胞を保護するために必要な行動です。一晩の睡眠の脳波を観察してみると，図5-2のように，入眠直後にまず深い眠りに入り，徐々に浅くなってレ

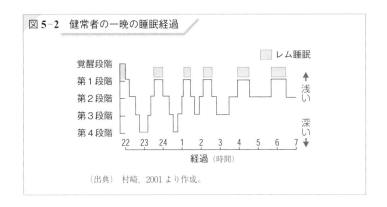

図 5-2 健常者の一晩の睡眠経過

レム睡眠

覚醒段階
第1段階
第2段階
第3段階
第4段階

浅い

深い

22 23 24 1 2 3 4 5 6 7

経過（時間）

（出典）村崎，2001 より作成。

ム睡眠と呼ばれる状態（脳波は覚醒しているが筋肉の緊張はほどけている。夢を見ていることが多いといわれる）になります。これを約90分のサイクルで繰り返し，睡眠の深さが徐々に浅くなって目覚めます。

　しかし，健康な睡眠動機が満たされている人はむしろ少ないでしょう。緊張の多い生活を送っていると，私たちの脳は覚醒を維持する信号を出します。このため，本来眠らなければならないときに眠れないのです。

　不眠には大きくわけて①入眠障害，②熟眠障害（何度も目が覚める），③早朝覚醒，の3つのタイプがあり，これらが組み合わさっている場合もあります。「眠れない」という訴えは多くの精神疾患で聞かれるものです。不登校やひきこもりは，体温の調節リズムがくずれる睡眠障害の一種かもしれません。生活の昼夜が逆転してしまうとひきこもりの予後は悪いといいます。くずれたリズムをもとに戻す操作を エントレインメント といいます。強い光を当ててエントレインメントを行う高照度光照射療法は臨床場面で応用されています。

性 動 機

性動機 は本来は種族維持のためのものです。生理的な欲求ではありますがホメオスタシス性ではなく，動物の世界を見ると，繁殖可能な時期にこの動機が高まる特徴があります。

　人間の性行動は繁殖の目的を離れて，快楽のために行われるという考えもありますが，実は生物学的な繁殖リズムの影響を受けています。たとえば女性の性動機は排卵周期と同期して上下します。これは性動機が 性ホルモン の支配を受けているからで，経口避妊薬を飲んでいる人にはこのような上下がみられません。（Adams et al., 1978)。

　動物には遺伝子の性とホルモンの性があります。遺伝子の性は受精の瞬間に決まりますが，母親の胎内で性器の形成が始まると，そこから性ホルモンが分泌されて，以後の発育に影響を与えます。性ホルモンは脳の発育にも影響を与えます。

　霊長類では性行動は個体間の社会関係を調整する役割をもっています。ボノボという比較的小型のチンパンジーは，排卵と関係なく交尾することがあり，交尾以外にも雌どうし，雄どうしの間でさまざまな性行動を示すことが知られています。

　豊かな情愛に満ちた性生活は私たちの 生活の質（QOL）を高めるために必要です。そのための心理的支援も大切です。たとえば体の性と心の性の不一致は，以前は性同一性障害と呼ばれたのですが，現在は 性別違和 といいます。この呼び方の変化にも多様な性のありかたを認め，その人なりの QOL の向上を尊重する考えが反映されています。

| 内発的動機 | 人間は感覚刺激が適度に変化していないと正常に生きていけません。今から |

50 年も前に行われた感覚遮断という実験では，被験者は半透明のゴーグルをかけて視覚を制限され，腕に筒のようなものをはめて触覚も制限されました。耳からは空調のノイズしか聞こえてきません。被験者に要求されているのは，こういう状況で単にごろごろ寝ているだけなのです。しかし，多くの被験者がこの要求に 2 日以上耐えられませんでした。落ち着きがなくなり，思考力が低下し，幻覚が見えた人もいました。

　動物は絶えず環境から情報を収集し，環境に働きかけてどんな変化が起こるかを調べます。こうした好奇心や遊びの動機は，危険の回避や新規の生息環境の獲得につながると考えられますから，動物の生存にとって不可欠といえるでしょう。このような動機を内発的動機と呼びます。内発的動機は体を動かしたいという 活動動機，環境の変化を知りたいという 好奇動機，手指を動かすことをおもしろがる 操作動機 などに分けて考えられます。スポーツや音楽が楽しいのは内発的動機を満たすからでしょう。図 5-3 では，右の大人のチンパンジーたちがオオアリ釣り（第 2 章の扉も参照）をする傍らで，中央の子ども（推定 4 歳）が細い小枝を使ってアリ釣りの練習をしています。この年頃の子どもはまだアリを釣れず食物報酬が得られるわけではありませんが，何年にもわたり小枝を巣穴に入れる操作に熱中します。

　内発的動機で維持されている行動に報酬を与えると，かえって動機が低下してしまう場合があることが知られています。内発的動機をいかに高めるかは教育現場にとっては重要な課題です。そのための 1 つの鍵が，自分の力で自分を取り巻く環境に変化を起

図5-3 チンパンジーの操作・好奇動機 (オオアリ釣りの練習)

こすことができるという感覚であり，自己決定理論 の基礎になりました。

社会的動機　私たちは他者との関係のなかで生きています。優越感，劣等感，嫉妬，友情，期待，裏切り，これらはすべて社会的な人間関係から生じ，動機となって私たちの行動をコントロールします。

◆親 和 動 機

　私たちは心細いとき，似たような境遇の人がいないかどうか探します。たとえ見ず知らずの人であっても，自分と似たような目にあう人がそばにいれば，気が楽になるでしょう。他人と一緒にいたいという動機が親和動機 と呼ばれる動機です。必ずしも一緒にいなくても，手紙，電話，メールなどでお互いのつながりを確かめ合う行動は親和動機から出ています。親和動機を相手に保護や援助をあげようという 養護動機 と，相手から援助や同情を

欲しがる 求護動機 に分けて考えることもあります。

　私たちになぜ親和動機が生じるかは，実はまだ明らかになっていません。似たような境遇の他人と一緒にいると不安が低減されるのだろうとか，他人の反応を見て自分の状態を確認しようとするのだろうとか，いろいろな説がありますが，十分な証拠がないままです。

　しかし，1人でいたくない，誰かとつながっていたいという動機は誰にでもあります。生きづらさを抱えている人にはまず，「あなたは1人ではない」というメッセージを送ってあげることが大事です。

◆達成動機

　ある意味で親和動機の対極にあるのが 達成動機 で，他人との競争に勝ち，高い目標を立ててそれを達成しようとする動機です。達成動機は失敗を回避しようとする動機と，成功をめざす動機に分かれるといわれています。理論的な仮定に基づいて考えると，失敗回避 の傾向が強い人は，成功の見込みが五分五分の課題を好まず，非常に難しいか，非常にやさしい課題を好むと予測されます。他方，成功志向 動機が強い場合は，難しすぎもせず，やさしすぎもせず，勝ち負けが半々の勝負を好むと予測されます。実際の実験でも，ある程度この予測が正しいことが確かめられています。

　ところで達成動機とは常に自分と他人とを比べるものでしょうか。それならば，たとえばクラス全体の成績が低かったら，自分の成績が低くても達成動機は満たされるのでしょうか。近年，とくに教育の分野では，達成ということを他者からの評価をよくしたいという 遂行目標 と，自分自身の能力を伸ばしたいという 学

習目標 とに分ける考えが有力です。たとえば，知的な水準があまり高くない子に遂行目標を押し付けると，学ぶ意欲を失ってしまうおそれがあります。そういうときには学習目標を重視して達成感を経験させることが大事なのです（上淵, 1995）。

◆動機間の葛藤と欲求不満

　私たちは常に複数の動機を抱えて生きています。複数の動機は，おいしいものは食べたいが，太るのは嫌だというふうに，お互いに拮抗してしまう場合があります。このような動機間の葛藤（コンフリクト）は，複数の対象のいずれにも惹きつけられるタイプ（接近－接近型），いずれをも避けたいタイプ（回避－回避型），また，いわゆる「怖いもの見たさ」のように，1つの対象に惹きつけられるが回避もしたいタイプ（接近－回避型）などに分類されます。意思を決定する場面で葛藤をどのように解決するかは重要な問題で，そのヒントは認知的不協和理論（第17章参照）にあります。

　また，動機から発生した欲求が常に充足されることは珍しく，私たちは何らかの 欲求不満 を抱えて生きています。欲求不満は何らかの形で心に傷を残します。その傷を修復するための手段の1つが 防衛機制 です。たとえば，欲しいものが手に入らなかったとき，「どうせあんなものはつまらないのだ」と思うのは合理化という防衛機制です。何種類の防衛機制があるのかはいまだに定まっていませんが，ひきこもり，暴力行為，ストーカー行為など，臨床的・社会的に問題となる行動の中には防衛機制の観点から理解できるものがあるかもしれません。

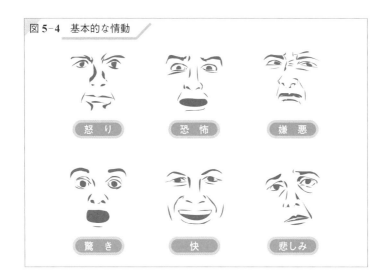

図 5-4　基本的な情動

怒り　　恐怖　　嫌悪

驚き　　快　　悲しみ

情動とは何か

動機づけは飢餓や興味など，自己の内面を重視した概念でした。それに対して情動とは，ある出来事が自分にとって好ましいか好ましくないかというように，対象の価値判断に関わる概念です。

情動は感情とほぼ同じ意味ですが，情動といった場合には，動悸が激しくなったり汗が出たりといった身体活動を伴う強い感情をいいます。

情動には喜怒哀楽のような主観的な 体験 の側面と，発汗，動悸，表情や姿勢の変化などにあらわれる 表出 という 2 つの側面があります。

動機づけと同じように，人間の基本的な情動には何種類あって，それらがどんな構造になっているのかはわかりません。エクマンは人間が生物としてもっている基本情動は民族や文化の違いを超えて共通で，6 種類あると主張しました（図 5-4）。ただし本当に

6種類かどうかはわからず，異論もあります。生物学的な観点からは，さまざまな情動は結局のところ快と不快，およびその強度という2次元で整理できるようにも思われます。しかし，生物学的な基本のうえに，生まれてからの経験や社会の影響を受けた多様な情動があるという考えは動機づけの場合と同じで，おおむね妥当と考えて良さそうです。

自分にとっての情動

山路を歩いていて細長い紐のようなものを見つけたら，とりあえず逃げておくのが安全です。それは本当に紐かも知れませんが，マムシかも知れないから。そしてあなたには「怖い」という情動が生まれるでしょう。

　ところでその情動は逃げる前に生まれるのでしょうか，逃げた後で生まれるのでしょうか。19世紀の心理学者 ジェームズ は逃げた後だと考えました。つまり身体反応が脳にフィードバックされて情動が生まれるという考え方（末梢起源説：ジェームズ＝ランゲ説）です。これに対して20世紀前半に活躍した生理学者 キャノン は両方同時だと考えました。情動反応が生じるような緊急事態には，大脳皮質が皮質下の神経活動にかけている抑制が解除されます。このとき情動の表出も体験も同時に脳のなかで作られるという考え方（中枢起源説：キャノン＝バード説）です。さらに，20世紀半ばに活躍した社会心理学者の シャクター は身体反応は漠然とした覚醒を起こすが，それをどのような情動，たとえば恐怖と感じるか怒りと感じるかは周囲の状況の認知によって左右されると考えました（二要因説）。以上3説の概略を整理すると図5-5のようになります。

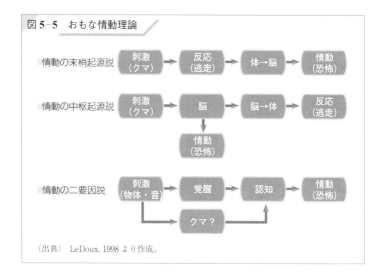

図 5-5　おもな情動理論

情動の末梢起源説　刺激（クマ）→ 反応（逃走）→ 体→脳 → 情動（恐怖）

情動の中枢起源説　刺激（クマ）→ 脳 → 脳→体 → 反応（逃走）
脳 → 情動（恐怖）

情動の二要因説　刺激（物体・音）→ 覚醒 → 認知 → 情動（恐怖）
刺激（物体・音）→ クマ？ → 認知

（出典）　LeDoux, 1998 より作成。

　ただし，情動の発生に認知が必要なのか，そうでないのかは議論のあるところです。生存を脅かすような圧倒的な出来事は認知を素通りして自動的に特定の情動反応を起こすと考えてよさそうですが（遠藤，2005），日常的には，ある出来事をどのように評価するか，すなわち悲観的にものを考えるか楽観的かといった認知の構えによって情動をある程度は左右できると思われます。同じ出来事を経験しても，たとえば試験で失敗したら，「もうダメだ」と思って落ち込む人もいれば，「何とかなる」と思ってがんばる人もいるでしょう。この考えは，認知行動療法が効果的な臨床技法として育ってきた基盤でもあります。

◆情 動 記 憶

　情動体験は記憶となってたくわえられ，再び似たような事態に出会ったときには初回よりも効率よく呼び出されます。

　こうした記憶のうち，少なくとも恐怖や不安に関係の深いもの

の貯蔵には，大脳辺縁系 の 扁桃体（第15章参照）が深く関わっています。扁桃体からは脳の各所に指令がとび，体がすくむ，ストレスホルモンが分泌される，血圧や心拍数が上昇する，驚きやすくなる，といった反応が起こります。

　情動記憶が呼び出されるメカニズムは，主に古典的条件づけによると考えられますが（第13章参照），ときにはその呼び出しのきっかけが何だかわからないときもあります。それが不安障害のなかでもパニック発作と呼ばれるものにつながります。

　情動体験の記憶は脳のなかでネットワークを作っていると考えられます。だから，不愉快な気分のときには嫌な出来事を次々と思い出し，逆に楽しい気分のときには愉快だった出来事が頭に浮かんできます。これを 気分一致効果 といいます。

他人にとっての情動

表情や身振りなどで表出された情動は他者にとって信号として作用します。こういう信号には自分がどのような人間で，いまどのような状況にあるかを他者に知らせる 情報付与機能，喜びを共有したいとか，怒っている自分に恐れを感じてほしいとかいう 感情誘発機能，さらにはそのことによって他者に特定の行動を起こさせたい 行為喚起機能 があるそうです（遠藤，2005）。

　情動の表出 を利用してこのような信号を発することは，生後の早い段階から発達します。赤ちゃんが泣いたり微笑んだりする意味を考えれば，そのことは明らかでしょう。赤ちゃんは周囲の人の表情を模倣することもできます（図5-6）。模倣した結果としてどんな出来事が起こったかを学習し（第13章参照），適切な場面で適切な情動を表出することを手段として利用するようにな

図5-6 親の表情を模倣している子ども

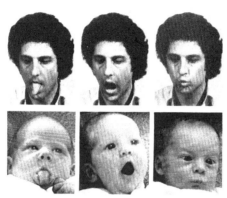

（出典） Meltzoff & Moore, 1977. Reprinted with permission from AAAS.

ります。

　他者が何に対して恐れや喜びを表しているのかを知り，その対象は自分にとっても怖いもの，あるいは楽しいものかも知れないと思う心の働きを 社会的参照 といいます。社会的参照は生後1年ごろには発達してくると考えられています。私たちにはこの能力があるので，危険なところに近づかないように用心することもできるし，多くの人が楽しんでいるところには自分も出かけてみたい気になるのです。

◆表情の認知

　他者が信号として発している情動をうまく認知できないと，その場に応じた適切な行動をとることができなくなります。

　実際，扁桃体に損傷のある患者ではこのようなことが起こります。図5-7に示すように，CGを使って幸福な顔から恐怖の顔ま

第5章　動機づけと情動　IOI

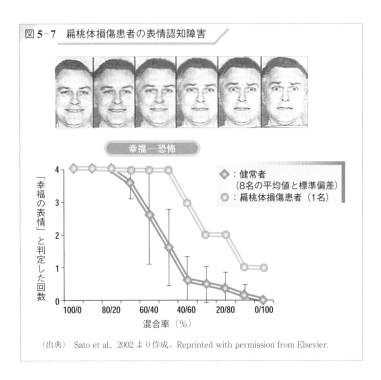

図 5-7　扁桃体損傷患者の表情認知障害

幸福—恐怖

◇：健常者
　（8名の平均値と標準偏差）
○：扁桃体損傷患者（1名）

「幸福の表情」と判定した回数

混合率（%）

（出典）　Sato et al., 2002 より作成。Reprinted with permission from Elsevier.

でいろいろな段階を作り，何の表情かを判定してもらったところ，
普通の人は半分あたりで「恐怖の表情になった」と判断したので
すが，扁桃体に損傷のある人は，表情が相当変化してもまだ「幸
福の表情である」と判定しました（Sato et al., 2002）。

　信号としての価値をもつ情動表出には表情ばかりではなく，音
声，姿勢，動作などさまざまな種類があります。それらを認知し，
他者が表出した情動から状況を読み取る能力は，共感や愛着など
の基礎になると思われます。

情動と心身の健康　昔から情動は理性よりも価値の低いもの，理性で抑制すべきものと考えられてきました。その証拠に，「感情的になる」といえば，その感情の中身は問わず，突然ぶち切れるようなはしたないこと，よくない意味とされています。

しかし，適切な状況で適切な情動を体験し，表現することは必要です。それができないと不安や抑うつ，依存症といったさまざまな病気につながります。また，情動を体験できない病態をアレキシサイミア（失感情症）といい，これも病気につながる兆候です。

これまでの情動研究は恐怖や怒りなど，どちらかというとネガティブなテーマを扱うことが多かったのですが，このような病気の研究が進むにつれて，楽しみ，喜びといったポジティブな情動体験に心身の健康を増進する効果があることもわかってきました。現在ではポジティブ心理学が大きな潮流になりつつあり，これからの発展が期待されています。

本章のサマリー　　　　　　　　　　　　SUMMARY

　この章では，生物としての基盤のうえに，経験の効果や社会文化的な要因が加わるという構造に基づいて，私たちを行動に駆り立てる力としての動機づけや情動について学びました。まず動機として摂食，睡眠，性，内発，社会をとりあげ，それらの生物学的な解説とともに病的な問題についても考えました。次に情動について，主な理論を解説し，自分にとっての機能，他者にとっての機能の両面から整理しました。いずれのトピックも心の健康と

関連の深いものです。

もっと詳しく学びたい人のための参考図書　BOOKS

上淵寿編著『動機づけ研究の最前線』北大路書房，2004

　1990年代以降の動機づけ研究の姿がよくわかります。教育分野の話題が多いのですが，自ら主体的に可能性を伸ばしていく人間という観点が貫かれています。

大平英樹編『感情心理学・入門』（有斐閣アルマ）有斐閣，2010

　生物学的な視点から心身の健康まで幅広い話題を要領よく整理した中身の濃い本です。

ディラン，E.（遠藤利彦訳／解説）『感情』（1冊でわかる）岩波書店，2005

　感情が進化の原動力と考えられるわけ，将来における人間と機械の感情的交流など，興味深い観点を軽妙な語り口で語っています。

デカタンザロ，D. A.（浜村良久監訳）『動機づけと情動』（現代基礎心理学選書第5巻）協同出版，2005

　進化生物学的な視点から摂食，覚醒などの基礎動機と愛や幸福といった応用問題まで論じられています。

濱治世ほか『感情心理学への招待――感情・情緒へのアプローチ』サイエンス社，2001

　情動について要領よくまとめられ，著者たちのオリジナルな研究成果も豊富に紹介されています。

第**6**章　性　　格

その人らしさとは

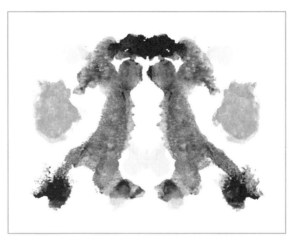

ロールシャッハ・テストの模擬図版

　このインクのしみを見て，あなたは何に見えますか。どんな点からそう見えますか。

　ロールシャッハ・テストでは，性格をはかるために，このようなインクのしみを用います。このテストを使いこなすには，かなりの熟練を要します。テストの絵は，1921年スイスの精神医学者ロールシャッハによって作られたもので，一般には公開しない原則です。上にのせたのは，実際のものに似せて作った模擬図版です。以前，あるミステリー映画のCMにロールシャッハ・テストの本物の図版がそのまま使われていたため，日本心理臨床学会で抗議したことがあります。ロールシャッハ・テストについては本文中で他の投映法とともに解説しています。

Chapter 6

本章では，性格について，記述・測定・変容という点から考えてみたいと思います。

性格の記述——類型論から因子論へ

　いろいろな人に接していると，そこには類似性があり，人をいくつかのタイプに分けることができます。一定の基準で人をタイプに分けて記述する方法を「性格の類型論」と呼びます。古くはギリシャ時代から，多くの類型論が出されています。ユングやクレッチマーの理論がその代表ですが，これについてはあとで述べます。

　しかし，性格は 1 人ひとり違いますから，性格を記述しようとすると，類型論では無理が出てきます。そこで，1 つや 2 つの視点ではなく，外向性・社交性・まじめさ・創造性・数学力・語学力……といった，数多くの視点から人をとらえる「性格の特性論」の考え方があらわれました。学校の成績表，企業の勤務評定，面接評価，各種コンテストなどでおなじみのものです。

　特性論で問題になるのは，特性をいくつ選ぶかということです。極端にいえば，あらゆる特性をリストアップすればよいわけですが，ある調査では辞書には性格をあらわす用語が 4500 もあるといいますから，これでは膨大すぎて実用になりません。そこで，たとえば外向性と社交性のように，似ているものをまとめて絞っていく必要があります。「因子分析」という数学的な手法を用いて，重複も漏れもなく，必要最小限の特性リストを作る方法が考えられました。因子分析を用いたものを「性格の因子論」と呼びます。性格の因子については，これまで多くの研究が行われました。たとえば，キャッテルという心理学者は 16 個以上の因子を

考え，アイゼンクは3因子で十分だと考えました。しかし，研究が蓄積されるにつれて，最近では，5つの因子によって性格をほぼ記述できるという5因子論に収束してきています。いろいろな文化圏でそのことが確かめられ，ビッグ5などと呼ばれます。

性格の記述――ビッグ5 代表的な ビッグ5の研究として辻平治郎らのものを紹介しましょう。辻らは，日本の文化に合わせて**図6-1**のようにあらわしています。

第1の因子は，外向性－内向性です。これは，人との関係などで，外界に積極的に働きかけるか，そうでないかという次元です。外向性の人は，積極的であり，常に強い刺激を求め，活動的ですが，極端になると無謀な面があらわれます。他方，内向性の人は，控えめで刺激を求めず，もの静かな生活を望みますが，極端になると臆病・気後れという面が強くなります。この因子は，後述するユングの向性理論に発するものということができます。

第2の因子は，愛着性－分離性です。これは，人との関係において，まわりの人に同調しやすいか，あるいは，自主独立の道を進むかという次元です。愛着性の人は，共感性や思いやりをもって，人と親和的な協調関係を結びます。極端な場合は，人に追従して，集団のなかに埋没し，自己を見失う危険をもっています。他方，分離性の人は，自分の独自性を押し出していきますが，極端になると，人に冷淡となり，敵意をもったり，自閉的になったりという危険をもっています。この次元は，後述するクレッチマーの同調性と内閉性という基本性格に対応するものです。

第3は，統制性－自然性の因子です。これは，はっきりとした目的や意志をもって物事をやり抜こうとするか否かの次元です。

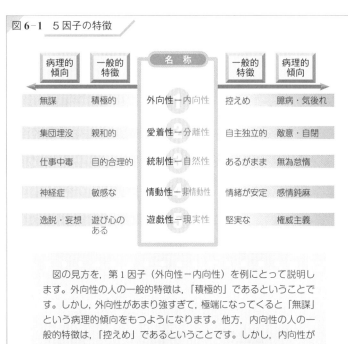

図6-1 5因子の特徴

病理的傾向	一般的特徴	名 称	一般的特徴	病理的傾向
無謀	積極的	外向性－内向性	控えめ	臆病・気後れ
集団埋没	親和的	愛着性－分離性	自主独立的	敵意・自閉
仕事中毒	目的合理的	統制性－自然性	あるがまま	無為怠惰
神経症	敏感な	情動性－非情動性	情緒が安定	感情鈍麻
逸脱・妄想	遊び心のある	遊戯性－現実性	堅実な	権威主義

　図の見方を，第1因子（外向性－内向性）を例にとって説明します。外向性の人の一般的特徴は，「積極的」であるということです。しかし，外向性があまり強すぎて，極端になってくると「無謀」という病理的傾向をもつようになります。他方，内向性の人の一般的特徴は，「控えめ」であるということです。しかし，内向性が極端になると「臆病・気後れ」という病理的傾向をもつようになります。②～⑤についても同様にみてください。5因子は，一方が望ましくて他方が望ましくないというわけではなく，どちらの極もプラス・マイナスの両面をもち合わせています。

（出典）　辻ほか，1997より作成。

統制性の人は，目的合理的に生きようとしますが，極端になると，強迫的で仕事中毒におちいりやすいとされています。他方，自然性の人は，環境や自分をあるがままに受け入れて，仕事にこだわりをもちません。これは東洋的な考え方といえるでしょう。しかし，極端な場合には，無気力で怠惰な人と思われるでしょう。

　第4は，情動性－非情動性の因子です。これは，危機に敏感に

表6-1 5因子性格検査（FFPQ）の質問例

①外向性－内向性	●いろいろな人と知り合いになるのが楽しみである。 ●にぎやかなところが好きである。 ●人から注目されるとうれしい。
②愛着性－分離性	●人には温かく友好的に接している。 ●気配りをするほうである。 ●他人が感じていることを自分のことのように感じとることができる。
③統制性－自然性	●几帳面である。 ●困難な課題に対しても，粘り強く取り組んでいる。 ●よく考えてから行動する。
④情動性－非情動性	●感情を傷つけられやすい。 ●よく緊張する。 ●陽気になったり陰気になったり気分が変わりやすい。
⑤遊戯性－現実性	●新しいことは，どんなことでも面白いと思う。 ●空想にふけっていると，楽しい。 ●感動しやすい。

（出典）　辻ほか，1997 より作成。

反応するか否かの次元です。情動性の人は，敏感であり，ストレスがあると不安や緊張などの感情的な反応をもちやすく，極端になると，神経症になることもあります。アイゼンクは，この因子が神経症になりやすい素質をあらわすとしています（神経症については表8-1参照）。他方，非情動性の人は，危機があっても動じることなく情緒が安定していますが，極端な場合は，感情が鈍麻していることになります。

　第5は，遊戯性－現実性の因子です。イメージや思考などが豊

饒か否かの次元です。遊戯性の人は，遊び心があり，新しいものに好奇心をもって近づきます。しかし，極端になると，社会から逸脱し，夢想や妄想をもったりします。他方，現実性の人は，堅実で地に足のついた着実な生き方をしますが，極端になると，権威や伝統にしがみつかずにはいられない権威主義者になったりします。なお，この第5因子については，知性や教養と解釈して，次章で述べる知能の個人差であると考えている研究者もいます。

　辻らは，この理論を調べるために，5因子性格検査（Five-Factor Personality Questionnaire：FFPQ）を作っています。**表6-1**には，その項目例もあげておきましたので，自分で当てはまるかどうかを考えてみてください。できれば実際にこのテストを実習してみるとよいでしょう。

面接法で性格をはかる

性格をはかる方法には，面接法・投映法・質問紙法などがあります。

　面接法は，その人と実際に会って話をしたり観察したりしながら性格をはかる方法であり，最も基本的な方法です。非構造化面接法と構造化面接法に分けられます。

　非構造化面接法とは，入学試験や就職試験の面接のような自由な面接のことであり，質問の順序や言葉づかいは面接者の自由に任されます。カウンセリングなどの臨床場面で性格を知るときには，おもにこの方法が用いられます。しかし，こうした面接法では，面接者の主観が結果を左右してしまうので，結果が客観的なものではないという批判が出てきます。そこで，構造化面接法が登場しました。

　構造化面接法は，あらかじめ質問票を作っておいて，同じ言葉

づかいと同じ順序で質問していく方法のことです。これだと，面接者の主観が入る余地が少なく，結果の客観性が高くなります。たとえば，ビネー式やウェクスラー式の知能検査（第7章参照）は構造化面接法の一種であるといえます。また，「診断面接基準」もその例です。これは，決められたマニュアルどおりに面接していくと精神医学的な診断に至るように作られたものです。代表的なものに，SCID（Structured Clinical Interview for DSM：DSM のための構造化臨床面接）があります。これは，DSM という診断基準（第8章参照）に基づいて作られた面接マニュアルです。

投映法で性格をはかる　投映法は，意味のあいまいな図版や言葉を示して，被験者の自由な反応を引き出す方法です。その人がどのように環境に適応していくか，ダイナミックに（力動的に），全体的にみることができます。種類としては，ロールシャッハ・テスト，TAT（Thematic Apperception Test：絵画統覚テスト），言語連想法などがあります。

　このうち，ロールシャッハ・テストは，本章の扉に示したような，インクのしみの絵を見せて，何に見えるかを答えてもらいます。答えは，①反応内容（何を見たか），②反応領域（絵のどこを見たか），③反応決定因（絵のどんな属性からそう見たか）といった観点から整理し，そこから性格を解釈します。日本の小説家21名にロールシャッハ・テストを実施した片口安史によれば，小説家は一般の人と比べて，①全体を総合的・構成的に把握する力，②豊かな想像力，③新鮮な感動性，④表現意欲の強さと，わがまま，⑤変化に富んだ観念内容と柔軟さがあるとしています。このように，性格のいろいろな側面を一度に調べられるのはロール

シャッハ・テストの大きな特徴といえます。

質問紙法で性格を
はかる

質問紙法は，あらかじめ用意した質問項目を渡し，被検者自身が自己評価する方法です。アンケート調査などでおなじみの方法です。あらかじめ質問項目や反応方法が決められている点は構造化面接法と近いものがあります。性格のいろいろな領域をはかる質問紙法が作られています。おもなものを表6-2に示します。性格因子をはかるものとしては，先ほどあげたFFPQのほかに，コスタとマクレーが5因子論に基づいて作成したNEO-PIがあります。5因子論以前のものとして，16PFやMPI，YGなどがあります。精神症状をはかるものとしては，MMPIやBDIがあ

表6-2　おもな質問紙法

はかる領域	通　称	正式名	著　者
性格因子	FFPQ NEO-PI 16PF MPI YG	5因子性格検査 NEO人格尺度 16人格因子質問紙 モーズレイ人格目録 矢田部・ギルフォード 　性格テスト	辻ら コスタとマクレー キャッテル アイゼンク 辻本ら
精神症状	MMPI BDI	ミネソタ多面人格目録 ベック抑うつ質問紙	ハザウェイら ベックら
パーソナリティ障害	MCMI PDQ	ミロン臨床多軸質問紙 人格診断質問紙	ミロンら ハイラーら
性格特徴	SCS ASQ	自己意識尺度 帰属スタイル質問紙	フェニグスタインら セリグマンら

ります。表6-2で，パーソナリティ障害とあるのは，DSMという診断基準において定義されたものです。DSMでは，臨床場面でみられる性格の偏りを10個ほどあげ，パーソナリティ障害と呼んでいます。これをはかる質問紙もあります。そのほかにも，いろいろな性格特徴をはかる質問紙がさかんに作られています。

大切な信頼性と妥当性

性格をはかる道具として大切なのは，信頼性と妥当性です。信頼性とは，再現性のことです。同じテストを同じ人に行ってみて，同じような結果が得られることが必要です。非構造化面接法は，信頼性が低いという批判が出たので，それを改善するために構造化面接法が工夫されたことはすでに述べたとおりです。また，投映法も信頼性がそれほど高くないことが知られています。質問紙法については，信頼性をはかる方法が確立しており，信頼性の高いものだけが使われる傾向にあります。

　また，妥当性とは，はかろうとする性質をそのテストがたしかにはかっているかどうかということです。妥当性が確かめられている他の測定法の結果と比べることが必要となります。妥当性のない測定法の代表としては，血液型による性格判定法をあげることができます。

性格は変わるか

性格は変えられるものなのでしょうか。それとも一貫して変わらないものなのでしょうか。

　人の性格は図6-2のような層をなしていると考えることができます。中心にあるのが「気質」で，これは生理的に決められた

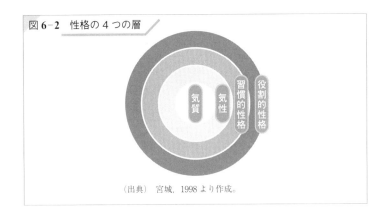

図6-2　性格の4つの層

役割的性格

習慣的性格

気性

気質

(出典)　宮城，1998より作成。

割合が大きい部分です。生まれてまもない新生児にも，扱いやすいタイプ・扱いにくいタイプなどの気質の違いがみられます。そのまわりにある「気性」は，幼年期に家族内の関係でつくられるものです。たとえば，長子と末子のような，出生順序によって性格も異なることが知られています。次の「習慣的性格」は，友人との生活や学校環境などによってつくられます。最も表面にあるのは「役割的性格」です。これは，学校で校長は校長らしくふるまい，教師は教師らしくその役割に従って行動するというような性格のことです。

　図6-2で考えると，内側のものほど，先天的・遺伝的に決められた面が強く，一貫性が高く，なかなか変わらないといえます。外側のものほど，その人の置かれた社会的な状況によって決められる面が強く，一貫性は低く，変えるのは容易であるといえます。

　カウンセリングや心理療法においては，多くの人は，自分の性格を何とか変えたいと思っており，性格変化の理論が求められます。ここでは，臨床から出てきたユングとクレッチマーの性格理

論をみてみましょう。

性格は変わるか──ユングの向性理論

ユングは，神経症の治療体験をもとに，「内向型」と「外向型」を区別しました。

内向型とは，関心や興味が，自分の内面や主観に向いている人です。外向型とは，逆に，自分以外の客観的な事物や他人に関心が向いている人のことです。たとえば何かを決める場合，内向型の人は自分の考えに従い，外向型の人は，常識・状況・他人の意見に従います。

ユングは，ただ性格を内向型・外向型にタイプ分けしただけではありません。性格を構造的にとらえ，性格がどのように変化するかを考えます。このように性格のダイナミズムを考える理論を「力動論」と呼びます。ユングによると，人は本来，内向性も外向性も両方もっていますが，内向型の人は，外向的な関心（現実や他者への関心）を意識下に抑圧してしまいます。だから，図6-3のように，内向型の人の無意識は，外向的になっています。つまり，意識と無意識で向性は逆になるのです。意識上の関心はよく発達していますが，無意識の関心は，原始的で未発達です。内向型の人は，意識上では確かに自分自身をよく知り，自己分析は洗練されています。しかし，意識下の対人的関心は未熟なため，権力欲求や他人への不安や恐怖が強いのです。そして，意識があまり内向に偏ると，バランスをとろうとして，不安や恐怖に満ちた無意識の外向性が顔を出します。こうして，内向型の人は，不安神経症や恐怖症になりやすい傾向があるというのです（神経症については第8章参照）。

他方，外向型の人は，内向的な関心（自分自身への関心）を意

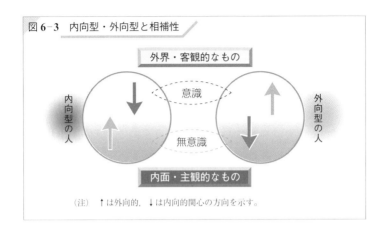

図6-3　内向型・外向型と相補性

外界・客観的なもの

内向型の人

意識

無意識

外向型の人

内面・主観的なもの

（注）　↑は外向的，↓は内向的関心の方向を示す。

識下へ抑圧しています（**図6-3**）。外向型の人は，意識上では人付き合いの技術や適応力がよく発達していますが，意識下の内向性は幼稚で自己中心的です。だから，意識があまり外向に偏ると，バランスをとるため，幼稚な自己中心性が顔を出し，肉体の障害を作り出して意識を内向させようとします。こうして，外向型の人は，神経症の転換症状（**表8-1**も参照）を出しやすいのです。

このように，ユングは「意識と無意識の相補性」を重視します。神経症から脱するには，意識があまりに内向・外向に偏らないよう，心の全体のバランスを回復することが大切です。人は，外の環境に適応するだけではなく，自分自身の内面にも適応していく努力が必要なのです。

性格は変わるか――クレッチマーの気質類型

気質の研究として有名なものに，クレッチマーの「循環気質」と「内閉気質」があります。

循環気質は図6-4のような構造をもっています。この気質の

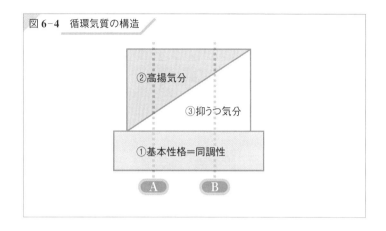

図6-4 循環気質の構造

②高揚気分

③抑うつ気分

①基本性格＝同調性

A　　　B

基本特徴は「同調性」です。これは，他者とうまく同調してい
く裏表のない性格です。こうした基本性格のうえに，「高揚気分」
と「抑うつ気分」という相反する気分が乗っています。循環気質
の人は，いろいろな割合で2つの気分を合わせもっています。こ
の図で，たとえば，AとBという2人を考えてみましょう。こ
の2人は高揚気分と抑うつ気分の比率が違っています。Aは高
揚気分が強く，抑うつ気分の弱い人です。つまり陽気で多弁な明
るい人といえます。Bはその逆で，抑うつ気分が強く，もの静か
で情趣豊かな人ということができます。AとBのほかにもいろ
いろな切り口があり，循環気質といっても，無数のバリエーショ
ンが出てくるわけです。ところで，AもBも，同調性は同じく
らいもっています。たとえ，Bのように静かな人であっても，決
して人を冷たく拒否するということがないのです。循環気質の人
の対人関係は，周囲の世界にとけこみ，愛想よく，裏表がありま
せん。

　さらに，一個人のなかの変動もあります。つまり，Aのような

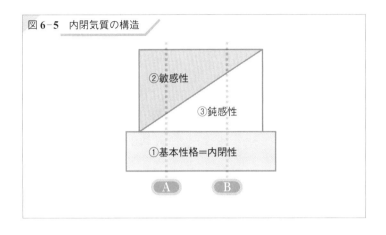

図6-5　内閉気質の構造

②敏感性

③鈍感性

①基本性格＝内閉性

A　　　B

高揚した状態と，Bのような落ち込んだ状態とを変動することが
あります。いわゆる躁とうつの波です。

　他方，内閉気質は図6-5のような構造です。基本特徴は「内閉
性」です。これは自分の内と外を分け，内面の殻に閉じこもりやす
い性格をいいます。対人関係は，自分の内にひきこもり，自己
と世界を対立させ，周囲から身を引く傾向が強いのです。このう
えに「敏感性」と「鈍感性」という相反する感性を同時にもって
います。同時にもつという点が大きな特徴であり，たとえば，外
からみると一見鈍感そうな人が，内面では非常に敏感な面をもっ
ていて，ある特定のことについてはとても敏感に反応したりしま
す。その落差に，まわりの人は驚くことがあります。

　敏感性と鈍感性の割合はさまざまです。図6-5で，Aは敏感
性が強く，感覚的で繊細な人ということができます。Bは，逆に
鈍感性が強く，おっとりした人です。AとBのほかにもいろい
ろな切り口があり，無数のバリエーションが出てきます。

　このように，クレッチマーは，ただ気質を2つにタイプ分けし

たのではなく，性格を構造的にとらえ，性格のバリエーションを明らかにし，性格変化の方向を考えています。クレッチマーの説も力動論と呼んでよいでしょう。

循環気質と内閉気質は，健常範囲のものです。これらの気質が極端に強くなると，それぞれ 躁うつ病質 と 分裂病質 と呼ばれ，躁うつ病と統合失調症（かつての精神分裂病）によくみられます。クレッチマーらは，6万人以上を対象とした多方面の研究から，気質や病質が，体格や体質と密接に関連することを明らかにしました。このことから彼は，気質や病質の基礎には，遺伝や内分泌などの生物学的過程があると考えています。

健康な性格とは何だろうか

理想的な性格とはどのようなものでしょうか。健康な性格 の人とは，どのような人なのでしょうか。単に精神病や神経症でないというだけで，健康といえるのでしょうか。多くの心理学者が，精神的健康について考察してきました。それらをみると，いくつか共通点が浮かんできます。つまり，精神的に健康な人は，自分の生活を意識的にコントロールでき，自分を客観的にみることができ，自らの運命を引き受け，仕事に没頭し，目標や使命をもち，創造的で，自ら内的緊張をつくりだそうとするのです。精神的健康とは，精神の障害をもたないといった消極的なものではなく，もっと積極的な意味があるようです。このため，カウンセリングや心理療法では，症状を取り去るだけでなく，さらに進んで，精神的健康に至ることを究極の目的としているのです。これについて，詳しくは第9章で述べます。

本章のサマリー

SUMMARY

　本章では，性格の記述・測定・変容について考えました。性格の記述には類型論と特性論があります。特性論は，5つの因子によって性格をほぼ記述できるという5因子論に収束してきています。性格を測定するには，面接法・投映法・質問紙法がありますが，信頼性と妥当性の高いものを用いることが大切です。また，性格がどのように変わるかについて考えたユングとクレッチマーの理論を紹介し，その先にある健康な性格について考えました。

もっと詳しく学びたい人のための参考図書

BOOKS

丹野義彦『性格の心理——ビッグファイブと臨床からみたパーソナリティ』（コンパクト新心理学ライブラリ5）サイエンス社，2003

　　性格の心理学をはじめて学ぶ人のためのテキスト。性格心理学の理論を，ビッグ5の枠組みによって統一的に理解できるように書かれています。臨床心理学，異常心理学，生物学といった観点も重視し，性格のすべての側面をレビューできるように工夫してあります。

辻平治郎編『5因子性格検査の理論と実際——こころをはかる5つのものさし』北大路書房，1998

　　ビッグ5についての新しい解説書です。ビッグ5についていろいろな側面から具体的に説明してあります。

ネトル，D.（竹内和世訳）『パーソナリティを科学する——特性5因子であなたがわかる』白揚社，2009

　　性格の5因子論（ビッグ5）について，生物・心理・社会のレベルからわかりやすく解説しています。

町沢静夫『ボーダーラインの心の病理——自己不確実に悩む人々』
創元社，1990

  あまり詳しく触れることのできなかった DSM のパーソナリティ
障害についての解説書です。臨床家の間では，境界性パーソナリティ
障害の人の治療が大きな話題となっています。臨床に興味をもつ人
におすすめします。

第7章　知　能

「頭がよい」とはどういうことか

「知能だけでは何の意味もないことをぼくは学んだ。あんたがたの大学では，知能や教育や知識が，偉大な偶像になっている。でもぼくは知ったんです，あんたがたが見逃しているものを。人間的な愛情の裏打ちのない知能や教育なんてなんの値打ちもないってことをです」

『アルジャーノンに花束を』より

　『アルジャーノンに花束を』を読んだことがありますか。若い人の間で絶大な支持を集めるこのSFの名作のなかで，知的障害をもつ主人公チャーリーは，手術によってIQが68から一気に165まで上昇します。それまで彼を馬鹿にしていた職場の仲間は，賢くなったチャーリーを畏怖するようになります。チャーリー自身の性格も変わってしまいます。かつての優しさを失い，ついには冷酷で皮相的にしか他人をみられなくなってしまうのです。しかし，彼の知能が再下降すると……。詳しい筋書きはこの小説を実際に読んでいただくことにしますが，この物語で頻繁に登場する「知能」や「IQ」といった概念の意味は，正確にいえばどのようなものなのでしょうか。知能と人間らしさの関係は，チャー

リーが体験したように背反するものなのでしょうか。本章では，性格とならんで，精神面での個人差をあらわす重要な概念である知能について説明していくことにします。

知能とは何か──知能の定義

日常語で 知能 といえば，「頭のよしあし」「聡明さ」「頭の回転の速さ」などのことをさしますが，それが意味する内容をきちんと説明しようとするとなかなか難しいことに気づきます。心理学者にとっても，知能の定義は難題で，その数は知能を扱う心理学者の数だけあるといわれるほどです。また，知能とは知能テストによってはかられるものである，という同義反復的な説明もよく耳にします。これでは，テストごとに知能の意味が違うことになってしまいます（その意味についてはあとで述べます）。

とはいっても，従来の諸説を整理すると，知能という概念は，大きく次の4つの能力のどれか（あるいはすべて）に対応するといえそうです。

(1) 経験から学習し，それを生かす能力
(2) 抽象的に思考・推論する能力
(3) 何が起きるかわからない不確実な世界に適応する能力
(4) 成すべき仕事を迅速に成し遂げるよう動機づける能力

(1)と(2)はアカデミックな知能，(3)と(4)は現実知能と呼ばれることもあります。これまで，心理学者が心理テストを使って測定してきたのは，おもに前者の知能でした。しかし，一般人が抱く知能のイメージはむしろ後者に近いものでしょう。

(1)と(2)をまとめて，知能を問題解決場面で必要とされる能力ととらえる見方もあります。もしもあなたが，タイムマシンのような時空間移動装置で無人島に放り出されたとしましょう。この何もない見知らぬ土地で，さてどうやって食物を見つけるか，いかにして住居を構えて外敵から身を守るかなどなど，あなたが解決すべき課題は山とあり，それに対して知性の総力をあげて対処しなければなりません。これはやや極端なたとえですが，知能はこのようなときにその真価が試されるというわけです。

歴史的に振り返ってみると，先史人類のヒトの脳容量は，氷河期と間氷河期が繰り返し訪れた時期に大きく増加しました。それは気候変動が激しく，人々をとりまく生活環境も著しく不安定な時代でした。この事実も，知能が人類にとって重要なサバイバル・ツールであるという見方を支持するものです。

知能は次の2つの側面からとらえることも可能です。

(1) 結晶性知能——これは以前の経験を通じて習得された専門的・個別的知識のことです。資格や免許，免状，学位などで公認されるような知識はそのよい例ですが，個人的な知識でもかまいません。釣りを趣味にしていた人ならば，無人島でもさっそくその知識を生かすことができるでしょう。

(2) 流動性知能——推論，思考能力，記憶力などは，どのような状況にも適用できる，より一般的な問題解決能力で，新しい状況への適応を要するときに動員されます。釣りをしたことがない人でも，一般知力を総動員して，魚をとるための独創的なワナや仕掛けを発明できるかもしれません。

知能のこれら2つの側面を厳密に分けることは難しいことですが，心理学者が伝統的に知能という言葉で思い浮かべるのは，

どちらかというと後者の能力のほうでした。すなわち，知能テストは個別的な知識に依存しない知的能力の測定をめざすものだといわれてきました。

　以上は個々人が単独で利用する能力ですが，最近では，知能のもつ社会的な側面にも目が向けられ，雄弁さや社会的有能さといった，従来見落とされがちであった 社会的知能 も，知能の重要な要素であるとみなされるようになりました。たしかに，無人島に仲間たちと放り出されてしまったならば，最も重要な課題は，人間関係をいかに調整するかということかもしれません。

　このように，知能はけっして1つの物差しだけであらわせるような概念ではありませんが，個別の能力が合わさって，新しい環境や不測の事態に適応する際に発揮される全体的な心的能力だといえるでしょう。

知能をはかる──知能検査

では，そのような知能の程度はどのようにして確かめる（＝測定する）ことができるのでしょうか。皆さんも一度は受けたことがあるであろう 知能検査 について，みていきましょう。

　世界ではじめて知能検査を開発したのは，フランスの教育心理学者のビネーでした。20世紀初頭，フランス政府は，普通のカリキュラムでは十分な教育効果が期待できない子どもたちに対して特殊教育を施すことを決め，そのような子どもを客観的かつ公正に選別する方法の開発をビネーに依頼しました。彼は数年間にわたって多くの健常児の発達を観察した末に，1905年，標準的な発達段階に応じた常識問題のリストを作成し，精神面での発達尺度を発表しました（表7-1）。この尺度を用いれば，知的障害を

表 7-1　ビネー式検査の質問項目例（1911 年版より抜粋）

年　齢
● 3　歳● 　姓を答える
　　　　　2 数字の復唱
　　　　　版画の説明「これは，何を描いた絵ですか」
　　　　　6 音節の文の復唱
　　　　　鼻，目，口を示す
● 4　歳● 　3 数字の復唱
　　　　　自分の性を答える
　　　　　鍵，ナイフ，貨幣の名を答える
　　　　　2 線の比較
● 5　歳● 　10 音節の文の復唱
　　　　　1 スー貨幣 4 枚を数える
　　　　　2 個のおもりの比較
　　　　　正方形の模写
　　　　　はめ絵遊び

もつ子どもは，同年齢の子どもが当然答えられるような問題に答えられず，尺度上ではもっと幼い健常児と同じレベルにとどまっていることが示せます。こうして彼は生活年齢とは別の 精神年齢 という概念を導入したのでした。

　彼の手法はすぐにアメリカに渡り，さらに改良されて，ビネー式知能検査 として広く利用されることになりました。スタンフォード゠ビネー式検査を世に広めたターマンは，精神年齢と生活（歴）年齢の関係から，知能指数（intelilgent quotient：IQ）を定式化しました。すなわち，

$$IQ = \frac{精神年齢}{生活年齢} \times 100$$

と定義しました（このように求めた IQ は比率 IQ とも呼ばれます）。ビネー式検査の日本版としては，鈴木゠ビネー式検査や田中゠ビ

ネー式検査がよく知られ，発達検査には欠かせない手法となっています。

　今日，発達診断や神経心理学検査など広い用途で，最もよく使われる知能検査に ウェクスラー式検査 があります。この検査の特徴は，幅広い年齢層を対象に，知能のさまざまな側面を体系的に測定できるところにあります。検査には成人用のWAIS（ウェイス），児童用のWISC（ウィスク），幼児用のWPPSⅠ（ウィピシー）の3種類があり，専用の用具や冊子を用いて個別検査として実施されます。長年にわたって改訂が重ねられ，現在，日本で使われている最新版は，WAIS-Ⅳ（16歳〜90歳11カ月を対象），

WISC-Ⅳ（5歳0カ月〜16歳11カ月を対象），WPPSI-Ⅲ（2歳6カ月〜7歳3カ月を対象）となっています。ウェクスラー式検査でも知能指数が計算されますが，ビネー式のIQとは違って，100を標準とする偏差知能指数（DIQ）として求められます。

　成人用のWAIS-Ⅳは，表7-2に示すような15の下位検査から構成され，このうち10の基本検査を実施することで，言語理解指標，知覚推理指標，ワーキングメモリ指標，処理速度指標と全体的な認知能力を表す全検査IQが算出されます。児童用のWISC-ⅣでもWAIS-Ⅳと同じ4指標と全検査IQが求められます。幼児用のWPPSI-Ⅲでは，ワーキングメモリ指標は測られませんが，言葉の理解や絵の名前を尋ねることによって語い総合得点が算出されます。

　ビネー式検査もウェクスラー式検査も個別に実施される検査で，検査時間も長く，検査者にも専門的スキルが必要です。そこで学校での職業進路指導などではより簡便に一斉に実施できる集団式の知能・適性検査も用いられます。たとえば厚生労働省編一般職業適性検査（GATB）では，15種類の下位検査から，一般的な学習力，言語，推理，空間判断など9種類の適性能力を測ることができます。この他インターネットで適性検査を検索すると，民間が開発したたくさんの検査が出てきます（おそらく就活経験のある読者にとってはお馴染みのテストでしょう）。

知能検査から派生する社会問題

　前項でみたように，知能は標準化した検査を用いて測定することができます。知能検査は，目的に応じた手段として利用される場合には，非常に有用なものだといえるでしょう。しかし，

残念なことに，知能検査を実施することが，さまざまな問題を引き起こすことがあります。

　当初ビネーがめざしたのは，学習障害のある子どもを見極め，その子らを支援するための大まかな指針をみつけることでした。ビネーは，自分の検査が普通の子どもの知能をはかるものではないことや，低い得点の子どもが生まれつき劣っていることを意味しないことを強調しています。ところが，この検査がアメリカに渡るや，知能検査は遺伝的な知的能力を数値化する便利な方法とみなされるようになりました。「この検査によって，知能欠陥度の高い人たちが社会の監視と保護のもとにおかれることになる。……多くの犯罪，貧困さらに産業上の非能率を取り除くことになる」（グールド，2008）。これはターマンの述べた言葉ですが，ここには知能（およびその指標である IQ）は生得的で不変なものであり，IQ の劣った人間が差別されてしかるべきであるという優生主義の考えが強くにじんでいます。もちろんこのように極端な考え方は，今日では受け入れられないものですが，知能がどれほど遺伝的に規定されるのかという問題は現代まで議論が続いています。

　この問題は，たんなる個人差の問題を超えて，知能の人種差や性差といったことにまで及びます。はたして知能は，肌の色や髪の毛の縮れ方，あるいは腕力といったような人間の身体的形質と同列に論じられるものなのでしょうか。以下にこの問題を考えていきましょう。

知能のモデルと知能指数の意味

知能が肌の色のように実体をもつという立場に立つ人は，個々の知的活動能力（例：言語の流暢性，計算能力，空間知覚など）すべてと相関するような普遍的要因があるとみなします。スピアマンはそれを「一般知能因子 g」と名づけました。この立場からすると，知能指数は一般知能因子 g を反映するものだと考えられます。

これに対し，知能とは便宜的な構成概念にすぎないという見方もあります。別の例で，身体能力を示す「体力」という単語の意味を考えてみましょう。これは便利な言葉ですが，体力という力を直接にはかる単独の方法は存在しません。体力は，腕力，瞬発走力，持久走力，俊敏性といったさまざまな身体運動能力の総称であり，体力テストは複数の個別能力のテストを組み合わせたものです。ですから体力テストの総合成績は，どのような個別テストをどのように重みづけをして実施するかにかかっています。

知能についても同様に考えると，知能はより個別的な精神能力の総称であり，IQ という合計得点は，和を求める式をどのように決めるかによって違ってくる，ということになります。この見方に立てば，定義の仕方によって変化する IQ 得点にこだわるのはあまり意味がないということになります。知能の多因子説を主張したサーストンは，知能を構成する主要因子として，空間，数，言語，知覚，推理，語の流暢性，記憶の 7 因子を指摘しています。

先に述べたように，IQ や一般知能因子 g が実体なのか，構成概念にすぎないのかに関する論争は，いまだに決着がついていません。

知能と遺伝の関係は，一卵性双生児を研
究することによって知ることができます。
受精卵が発生後に二分することによって
生じる一卵性双生児は，同一の遺伝情報を備えています（2組の
受精卵から生じる二卵性双生児の遺伝情報の共有度はふつうのきょう
だいの場合と同じです）。表7-3にみるように，IQに関して，二
卵性双生児や一般のきょうだいよりも，一卵性双生児の間の相関
関係は強い値を示し，遺伝が知能に大きな影響を与えていること
がわかります。しかし，同時に，遺伝情報のみが知能を規定して
いるわけではないこともこの表から明らかです（その理由は各自
考えてみてください）。

表7-3 家族におけるIQの相関

カテゴリー	遺伝要因だけ からの予測	実際の相関係数 （平均値）
一卵性双生児		
同時養育	1.00	0.86
分離養育	1.00	0.72
二卵性双生児		
同時養育	0.50	0.60
実のきょうだい		
同時養育	0.50	0.47
分離養育	0.50	0.24
親ー実子	0.50	0.40
親ー養子	0.00	0.31
いとこどうし	0.125	0.15

また，上に述べたように，IQ はいろいろな情報の雑多な集まりにすぎないという立場をとるならば，IQ の遺伝について細かい点まであれこれいうのは控えるべきでしょう。とくに人種差や性差まで論じる明確な根拠はないといえるでしょう。

　ただし個々の知的能力についていえば，その遺伝的バックグラウンドについて少しずつ研究が進んできました。たとえば，家系調査からある種の言語障害が遺伝法則に従ってあらわれることがわかりました。また，心的回転（図 12-2）のような空間処理課題は，一貫して女性より男性のほうがよい成績をあげるという報告があり，課題によっては生得的な性差が存在することが示唆されます。

創 造 性

　先に，知能とは一般的な問題解決能力であると説明しました。そして無人島のように道具が何もないところで，その能力の真価が問われるのだとも述べました。では，知能検査で日常場面での問題解決能力が本当にはかれるのでしょうか。

　一般の知能検査では，受検者はなるべくたくさん正解するよう努力しなさい，という教示を受けます。実際，問題は次々と（これでもかというほどに）出題されます。テストなのだから，与えられた問題を正解をめざして解く努力をするのは当たり前だ，と思われるかもしれませんが，日常生活（無人島でもよい）での問題解決場面を考えると事情はかなり違うはずです。普段の生活では，多くの場合，問題は自分自身でみつけるものであり，またその答えがたった 1 つに決まっているわけでもありません。

　通常の（受け身の）知能検査で試される能力は，1 つしかない

表7-4 創造性テストの例

代替利用問題	●「スイカ」は食べること以外にどんな使いみちがあるか
	解答例：スイカ割りに使う，染色する，重りに使う，お面を作るなど
アナグラム問題	●「トクガワイエヤス」という文字を使ってできるだけ多くの3文字以上の単語を作りなさい
	解答例：エイガ，ガクヤ，イエス，イガク，クワイなど
遠隔連想問題	●「腹，花，柱」を結ぶものは
	答　え：時計
	●「メガネ，赤毛，手長」を結ぶものは
	答　え：サル

正解をめざす思考活動で，これは 集中的思考 能力と呼ばれます。これに対し，与えられた情報から自ら新しい情報や問題を発見していく能力は，拡散的思考 能力と呼ばれます。

　創造性 とはこの拡散的思考によって独創的でかつ有用な結果を生み出す能力のことをさします。創造性は，さまざまな新しいアイディアの源泉であるともいえるでしょう。型にはまらない能力は，日々未知の謎に挑戦し続ける最先端科学の研究や，常識や因襲を乗り越えて独自の世界を創作する芸術活動などでとくに要求されます。

　このような一般解のない能力を測定するテストには，代替利用テスト，アナグラム検査，絵画完成テストなどの種類があります。その一部を表7-4 にあげておきました。

　冒頭で紹介したチャーリーは，知能の上昇とひきかえに人間ら

しい感情を失ってしまいました。SFですから，もちろん架空の話なのですが，それでもチャーリーの悲劇は，私たちに多くのことを教えてくれます。とくに，知能や性格といった心の複合体は，本来，時間をかけて築き上げていくものだという認識は大切でしょう。誰しも「もっと頭がよくなれば」「もっと勇気があれば」「もっと美人になれば」などなど，魔法の力を信じたくなることがあるはずです。けれども，魔法がかなってある能力を突然手に入れたとしても，その歪みは別のところで悪い効果を及ぼすのがおちでしょう（現実社会では麻薬や覚醒剤がその例です）。本当の自分をみつめ，自分自身を着実に形成していくこと——これが自己実現の過程なのです。

本章のサマリー SUMMARY

　知能は，学習能力，抽象的な思考・推論能力，不確実な世界に対する適応能力，作業の達成を動機づける能力，社会的調整能力などの集合体です。人間の知能はおそらく不測の自然環境や複雑な社会環境に適応するために進化してきたと考えられます。心理学者は，知能を測定するためにさまざまな知能検査を開発してきました。知能検査は，本来，よりよい公教育の助けとなるために作られましたが，しばしば，人の能力差を正当化する道具としても利用されてきました。知能は遺伝の影響を大きく受けますが，同時に環境要因の影響も無視できません。したがって，知能の遺伝については慎重に議論する必要があります。創造性は，型にはまらない独創的なアイディアを生み出す能力です。創造性は通常の知能テストではなかなかはかりにくいものですが，芸術や科学にとっては欠くことのできない重要な知的能力です。

キイス，D.（小尾芙佐訳）『アルジャーノンに花束を』早川書房，
1978

  SF 作品を通じて知能の意味を考えてみましょう。

グールド，S. J.（鈴木善次・森脇靖子訳）『人間の測りまちがい
——差別の科学史』上下巻（河出文庫）河出書房新社，2008

  知能の研究史とそこに生じた社会的問題を著名な古生物学者が
まとめた力作です。

安藤寿康『心はどのように遺伝するか——双生児が語る新しい遺
伝観』（ブルーバックス）講談社，2000

  双生児研究から身長や体重だけではなく，知能や性格への遺伝
的影響も明らかになってきました。日本の双生児研究のリーダーが
行動遺伝学へと誘う良書です。

ディアリ，I. J.（繁桝算男訳／松原達哉解説）『知能』（1 冊でわか
る）岩波書店，2004

  書名どおり，知能に関する説明がコンパクトにわかりやすく解
説されています。

ガードナー，H.（松村暢隆訳）『MI ——個性を生かす多重知能の
理論』新曜社，2001

  知能は IQ という 1 つの物差しではかれるものではなく，7 つの
別個の知能が多重に存在すると提唱する書です。知能のモジュール
性は，最近の知能研究の大きな潮流になりつつあります。

第8章　ストレスとメンタルヘルス

ストレスをどのように乗り越えるか

大学生にとって何がストレスか	
ストレッサー	ストレス度 （● 1つがマイナス5点）
犯罪にあった （窃盗や痴漢などを含む）	●●●●●●●●●
家族が亡くなった	●●●●●●●●
家族内の人間関係がうまくいかない	●●●●●●●
入院または自宅療養	●●●●●●
親しい友人が病気・けが・死亡	●●●●●●
恋人と別れた・失恋した	●●●●●
入学試験を受けて落ちた	●●●●●
アルバイト先でトラブルがあった	●●●●
友人と仲違いした・うまくいかない	●●●●
興味のもてない授業や課題の多い 　授業を受けるようになった	●●●
クラブ・サークルでトラブルがあった	●●●

（出典）坂本ほか，1995 より作成。

PSYCHOLOGY

　この調査は，大学1・2年生を対象として，過去1年のストレス体験について尋ねたものです。「ストレス度」は，その体験をした学生に対し，「これまでの生涯で最も悪い経験を−100点，最もよい体験を＋100点とした場合，その項目はどのくらいの体験だったか」を評定してもらった値の平均です。ストレス度が最も高いのは，犯罪にあったことであり，次いで，家族の問題や，病気などの順になっています。恋人と別れた体験とか，入学試験を受けて落ちた体験なども大きなストレスになっています。このように，人間にはさまざまなストレスがあります。人間には適度なストレスが必要です。しかし，強すぎるストレスはマイナスの作用をもたらします。

ストレスが極端に高くなった場合，どのようなことが起こるでしょうか。人はストレスをどのように乗り越えるのでしょうか。本章では，ストレスや心理病理の形成を中心として，心の健康（メンタルヘルス）について考えます。

ストレスを乗り越えるには

◆ストレッサー

ストレスのもとになる出来事を「ストレッサー」と呼びます。これには，「発達的ストレッサー」と，「偶発的ストレッサー」があります。前者は，たとえば，進学・就職・結婚・老化のように，成長の過程で誰もが必然的に直面するストレッサーのことです。これについては第4章で詳しく述べたとおりです。このような場合，人間は古い生活パターンを捨てて，新しい環境に適応しなければならないという危機的状況におかれます。他方，偶発的ストレッサーとは，たとえば事故・災害・病気・死別のように予期できない出来事によるものです。心理的な危機のなかで，人は危機をどのように受け止めるのでしょうか。これについては，臨死患者の心理，身体的障害を受けた人の心理，肉親を失った遺族の心理，カルチャー・ショックの心理，災害の被害者の心理など，さまざまな分野での報告があります。たとえば，キューブラー゠ロスは，死を宣告された末期疾患患者との面接を通じて，患者が死の受容に至るまでさまざまなプロセスを経ることを明らかにし，それぞれの時期に応じた援助が必要であると述べています。

◆危機状況・ストレス過程

危機は人にいろいろな作用をもたらします。たとえば，危機に

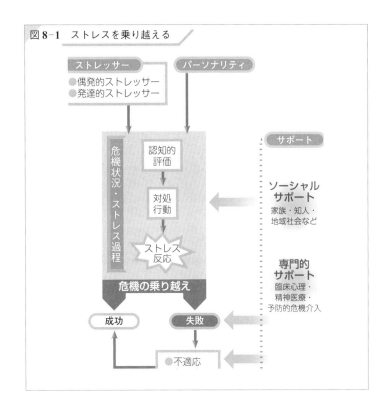

図8-1 ストレスを乗り越える

ストレッサー
●偶発的ストレッサー
●発達的ストレッサー

パーソナリティ

危機状況・ストレス過程

認知的評価

対処行動

ストレス反応

危機の乗り越え

成功 / 失敗

●不適応

サポート

ソーシャルサポート
家族・知人・地域社会など

専門的サポート
臨床心理・精神医療・予防的危機介入

直面してやる気がわいてきたり，世界が新鮮にみえて，ふだんなら見逃すような小さなことに新鮮な感動を覚えたり，といったプラスの作用をもたらすこともあるでしょう。その一方で，重圧感からやる気を失ったり，感情的に動揺したり，身体の調子が悪くなったり，といったマイナスの作用をもたらすこともあるでしょう。このようなマイナスの作用のことを「ストレス反応」と呼んでいます。図8-1を見てください。ストレス反応を決めるものは，「認知的評価」と「対処行動」であるといわれます。認知的評価

というのは，ストレッサーをどのように認知するかということです。目の前のストレッサーが，自分にとって脅威となるものかどうか，自分にとって対処できるものかどうかについて，どのような評価をくだすかによって，ストレス反応は違ってきます。また，対処行動というのは，ストレッサーに対して，どのように対処していくかということです。目の前の問題を積極的に解決しようとするのか，あるいは問題から逃避しようとするのかによってストレス反応は違ってくるのです。

◆危機の乗り越えの成功と失敗

多くの場合，人はストレッサーにうまく対処していき，その危機を乗り越えます。こうして人格的にいちだんと成長していくのです。しかし，なかにはうまく乗り越えられない場合も出てくるでしょう。あまりに大きすぎるようなストレッサーがあった場合とか，いろいろなストレッサーが続いた場合，もともとストレスに弱いパーソナリティをもっていた場合などです。そうなるといろいろな不適応や心理病理が起こってきます。これについては，次の項で詳しく述べます。

◆援　助（サポート）

危機状況にある人々に対して，その危機を乗り越えられるように，いろいろな形の援助がさしのべられるのがふつうです。家族・友人・地域社会などからの自然な援助を ソーシャルサポートと呼びます。他方，臨床心理学や精神医学などの専門家が行うサポートもあります。たとえば，臨床心理の専門家は，面接や心理テストを用いて心理的問題を明確にし，相談や心理療法を行い，危機を乗り越えられるように援助していきます。また，たとえば「いのちの電話」のように，問題が決定的になる前から援助して

いこうとする予防的危機介入なども行われます。

心理病理にはどのようなものがあるか

心理病理にはさまざまな種類があります。それらを体系的に分類し，客観的な定義をしたものに，「診断と統計のマニュアル」（DSM）があります。これはアメリカ精神医学会が作った診断基準であり，世界中で用いられています。診断基準は，病名のレッテルを貼ろうとするものではなく，臨床家間のコミュニケーションを高めて，治療と予防に貢献するためのものであることはいうまでもありません。DSM をみると，全体では 18 個ものカテゴリーに分けられています。

また，原因という点からみると，心理病理は大きく 3 つに分かれます。第 1 は外因性（器質性）の心理病理です。たとえば脳血管性精神障害のように，脳や身体における特定の原因によって生じるものです。第 2 は内因性の心理病理です。これは，統合失調症や躁うつ病のように，脳の生物学的な疾患によると考えられているものの，原因がまだ十分確定していないものです。第 3 は心因性の心理病理です。これは神経症や心身症のように，心理的・環境的要因によって生じるものです。このうち，ストレスと関係が深いものは心因性のものです。そのなかのいくつかについては，すでに第 4 章で触れました。ここでは，心因性の病理の代表的なものとして神経症を取り上げ，その症状を**表 8-1**にあげておきます。これらの症状は一般にそれほど珍しいものではなく，軽いものであれば一度は何かを経験したことがあるという人も少なくないと思います。

表 8-1　神経症の症状

主 観 面

不　　安　パニック発作（呼吸困難や心悸亢進などの身体症
状を伴う，理由のない突然の苦悶感）
慢性不安状態（不安発作が起こるのを予期し，不
安が慢性化した状態）

恐　　怖　特定の対象や状況で不安になり抑えられない（①
物理的空間に関係した高所恐怖や閉所恐怖，②対
人状況に関係した対人恐怖，③物体に関係した尖
端恐怖，細菌恐怖，不潔恐怖など）

強　　迫　無意味な考えや行為が自分の意志に反して繰り
返し起こる（繰り返し手を洗う洗浄強迫など）

抑 う つ　抑うつを訴えるが，躁うつ病のうつ状態よりは
軽く，不安や焦燥が目立つ

離　　人　外界，自分の身体，自分の存在に関して，生き
生きした現実感がなくなる

身 体 面

心　　気　ささいな身体の異常を重い病気と思い込みそれ
にこだわる

転換症状　身体的な異常がないのに，知覚や運動の障害を
示す（視力・聴力の減退，痛み，失立，失歩，失声，
けいれん発作など）

行 動 面

解離症状　一時的な人格の解体（二重人格，遁走，生活史健
忘など）

自己破壊行動　自殺，自傷など

攻撃的行動　児童や配偶者への虐待，暴力行為など

衝動行動　摂食障害（過食，拒食），薬物乱用，非行など

無気力的行動　アパシー，長期留年など

心因性の病理は心理的・環境的要因に
よって生じると述べましたが，いったい
どのようなメカニズムによって起こるの
でしょうか。

それにはストレッサーだけではなく，パーソナリティ（気質や
性格）が大きな役割を果たします。つまり，同じストレッサーを
体験しても，それをどのように認知するか，どのように対処する
かにはかなり個人差があります。それを決める大きな要因はパー
ソナリティです。ものごとをくよくよと考えやすい人は，小さな
ストレッサーでも大きなストレスと感じるでしょうし，逆に，あ
まり考え込まない人は，同じようなストレッサーを体験しても平
気でしょう。たとえば，抑うつ的帰属スタイルといって，いやな
ことが起こったとき，何でも自分のせいだと考えやすい人がいま
す。こうした人は抑うつにおちいりやすいことが知られています。

基本的にいうと，パーソナリティに一定の素因をもった人が，
何らかのストレッサーを体験した場合に心因性の病理が生じま
す。この考え方を「素因ストレスモデル」と呼びます。このこと
は，図8-1では，ストレッサーとパーソナリティの要因として
あらわされています。

次に，心因性の病理の原因論として最も
代表的である精神分析学と学習理論から
の説明を紹介しましょう。原因を考える
ことは，治療や対処を考えるためにも重要です。ここではフロイ
トの基本的な考え方を説明しましょう。

フロイトによると，心理病理は，抑圧された無意識の欲望のあ

らわれであるとされます。フロイトは，人の心をエス・自我・超自我の３つの領域に分け，図8-2のようにモデル化しました。

　エスとは，無意識の世界のことで，露骨な性的欲求，自分や物を破壊したい欲求など，本能的エネルギーのるつぼです。フロイトは，このうち，とくに性愛の欲求をリビドーと名づけ，人間が生きる基本的原動力であると考えました。エスは，外界の現実を考えず，道徳的規範を無視し，盲目的にただひたすら快感を求めようとします（快感原則）。自我というのは，おもに意識できる自分のことをさします。自我は，外界を知覚し，適当なときまで欲求満足を延期するなど，エスの欲求を効率よく満たそうとします（現実原則）。超自我というのは，両親からの要求や禁止が内面化された道徳的規範や良心，理想のことです。

　性的欲求は，満足を求め，無意識から自我にのぼろうとします。そのとき，超自我が欲求を検閲します。超自我が認めた欲求は自我に受け入れられるが，認められない欲求は意識下に閉め出されます。これを「抑圧」といいます。抑圧は，ごくふつうの現象です。たとえば，夢のなかでは，超自我の検閲が弱まるので，昼間には抑圧されていた欲求があらわれやすいのです。フロイトによると，夢は隠れた願望の表現なのです。

　ところで，自我は，外界と無意識と超自我を適切に折り合わせる調整役であることになります。しかし調整に失敗すると，自我は，これらによって脅かされます。第１に，危機的な状況におちいったり，欲求不満になったりすると，外界は自我に脅威を与えます。第２に，抑圧があまりに強すぎて，満たされない欲求が無意識にたまると，それは衝動となって，自我を圧倒しようとします。第３に，道徳的規範に反して行動すると，超自我によって

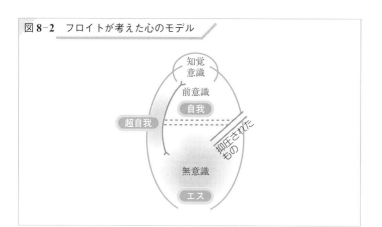

図 8-2　フロイトが考えた心のモデル

知覚
意識

前意識

自我

超自我

抑圧されたもの

無意識

エス

表 8-2　自我防衛機制のいろいろ

①	抑　圧	考えや感情を意識の外に閉め出すこと
②	逃　避	空想や病気に逃げ込むこと
③	退　行	精神発達のより未成熟な段階に逆戻りする
④	置換え	上司への怒りを子どもやペットに向けるなど，特定の人や物への感情を別の対象に向ける
⑤	投　射	自分の感情を相手のせいにすること
⑥	昇　華	反社会的な欲求を社会的なほうに向けること
⑦	反動形成	嫌いな相手を過度に親切に扱うなど，欲求や感情と逆に行動すること

非難されます。このような場合，自我は強い不安にさらされます。そこで，この不安を解消するために，自我は，無意識のうちにいろいろな手段をとります。これを「防衛機制」と呼びます。防衛機制のおもなものを表8-2にリストアップしておきます。

　防衛機制が成功すると不安はしずまりますが，失敗すると，不

安はさらに強まります。これが神経症の不安症状なのだとフロイトは考えます。この不安を抑圧するため，ほかの防衛機制がさらに病的に強まることもあります。つまり「置換え」の機制により，不安が，ほかの対象に置き換えられたものが 恐怖症状 です。また，自分の考えや行為に置き換えられたものが 強迫症状 です。さらに，身体症状に置き換えられたのが 転換症状 であると考えます。これらの症状については表8-1を参照してください。このように，フロイトは，神経症症状を，抑圧などの防衛機制によって説明しているのです。ケースをあげましょう。

●ケース● **1**

　フロイトの患者であった女性エリーザベト（24歳）は，足が痛んで歩けないという転換症状に悩まされていました。足の痛みは，彼女の姉が心臓病で死んで以来でした。彼女と面接するうち，以下のことが明らかになりました。姉が死ぬ間際，ある考えがエリーザベトにひらめいたといいます。「これで義兄（姉の夫）は身軽になって，私は義兄と結婚できるんだ」と。彼女は，義兄を内心愛していたのでしょう。この愛情は，道徳的に許されないことだったので，彼女は愛情と罪悪感の間で葛藤し，不安を感じました。その瞬間，彼女は，この考えを意識から閉め出しました。そして義兄への愛情を，無意識のうちに，足の痛みに転換しました。実生活では満たされなかった義兄への愛情が，足の痛みによって，代理的に満たされたことになります。彼女は，痛みによって，無意識に性欲を満たしていたことになるというのです。性的欲求（義兄に対する愛情）は，意識すると不安なので，意識から抑圧されました。しかし，性的欲求は，身体症状（足の痛み）に置き換えられて意識にあらわれ，いわば代理として満足を得ていました。これが彼女の症状の意味であるとフロイトは考えました。

そこで，フロイトはエリーザベトにこう指摘しました。「あなたは，前から義兄に恋をしていたのです」。はじめ，彼女は，この考えを拒否しましたが，フロイトの治療によって，結局は受け入れ，それとともに，足の痛みは軽くなったといいます。つまり，抑圧された無意識の欲求を意識化しようとすると，強い抵抗がありますが，意識化に成功すれば，症状は消えたのです。このためにフロイトが体系づけたものが精神分析療法ですが，これについては第9章で詳しく述べます。

心理病理はなぜ起こるか——学習理論の説明

学習理論では，心理病理の症状を，誤って学習された行動であると考えます。その基礎にあるのは学習の理論（古典的条件づけ，オペラント条件づけなど）と実験ですが，それについては第13章で詳しく述べられています。この説を裏づけるワトソンの古典的な実験があります。

●ケース● 2

生後11カ月のアルバート坊やは，はじめ白ネズミや白ウサギを怖がっていませんでした。ワトソンは，アルバートに，白

ネズミを見せながら，後ろで大きな音を出し，アルバートをびっくりさせました。これを何回か繰り返すと，アルバートは，白ネズミを見るだけで泣き出すようになったといいます。つまり，古典的条件づけによって，白ネズミは恐怖を引き起こす条件刺激に変わったわけです。このことは，恐怖という神経症の症状が，学習された結果であることを示しています。

図8-3　ワトソンの恐怖獲得の実験

①アルバート坊やは白ネズミと遊んでいる。

②白ネズミがあらわれると同時に金づちを叩いて大きな音を出す。

③アルバートは白ネズミを見ると恐れて逃げようとする。

　また，マウラーという心理学者は，不安や恐怖を，ワトソンの実験のように，古典的条件づけによって説明し，さらに，強迫症状などを，オペラント（道具的）条件づけによって説明しています（第13章参照）。つまり，苦痛な体験をしたとき，たまたま何かほ

かの行動によって苦痛が和らいだ場合，苦痛が和らいだこと自体が強化因子となって，オペラント条件づけが成立します。そして，今度は苦痛を感じそうな不安を予期するだけで，その行動をするようになります。これが強迫症状であるというのです。

さて，神経症が誰にでも学習できるものならば，逆に，神経症を消すこともできるはずです。これが行動療法と呼ばれる考え方なのですが，それについては第9章で詳しく述べましょう。

本章のサマリー

SUMMARY

本章では，ストレスを中心として，心の健康（メンタルヘルス）について考えました。さまざまなストレッサーがありますが，それを乗り越えることで人格的に成長します。しかし，なかには危機を乗り越えられないこともあります。そして，一定のパーソナリティの素因をもつ場合に，心理病理が発生します。心理病理にはさまざまなものがありますが，ストレスと最も関連の深いものは心因性の心理病理です。そのうちの神経症について，発生のプロセスを2つの側面から考えてみました。精神分析では無意識の衝動の抑圧を重視し，他方，学習理論では誤った学習を重視します。原因を考えることは，第9章で述べる治療においても大切です。

もっと詳しく学びたい人のための参考図書

BOOKS

丹野義彦・坂本真士『自分のこころからよむ臨床心理学入門』東京大学出版会，2001

🖋　心理テストの実習や臨床社会心理学の理論によって，自分の心のなかにある「異常」の芽をみつめるところから始める異常心理学のテキスト。抑うつ・対人不安・妄想という3つのテーマを扱っています。

下山晴彦・丹野義彦編『異常心理学Ⅰ』（講座臨床心理学 3），『異常心理学Ⅱ』（講座臨床心理学 4），東京大学出版会，2002

　　🖋　この講座は日本に新しい臨床心理学の研究を定着させることを目的として刊行されました。第3巻と4巻は，「異常心理学」ⅠとⅡと題され，不安・発達障害・パーソナリティ障害・抑うつ・統合失調症について，最近の臨床心理学研究を詳しく紹介しています。

坂本真士『自己注目と抑うつの社会心理学』東京大学出版会，1997

　　🖋　自分について考え込むことが抑うつを引き起こすもとになっていることを，社会心理学の手法を用いて解明したスリリングな本です。

カウンセリングと心理療法

心の危機を乗り越える

あなたはカウンセラー

　あなたはカウンセラーであると仮定します。29歳の女性が相談にきて，次のように訴えました。それに対する4つの答えのうち，あなたならどれを選びますか？
　「私は1人でいるのが怖いんです。とても怖いんです。自殺したくなるんじゃないかと思ったくらいです。自殺したくはないんですけど。でも，とてもゆううつなんです。外へ出ようと思っても，自動車の前に駆け出しはしないかと思って，外へ出るのも怖くなるのです。家にいるのも怖い。自分自身が怖い。医者に行って診察を受けるのも怖いのです。ガンだと診断されはしないかと思って。私の母も祖母も叔母も，ガンでした。ああ，何とかならないものでしょうか？」

答 ❶　あなたの恐怖心は別として，本当にガンではないか，と思わせる何かの徴候がありましたか？

答 ❷　そんな恐怖心におそわれたら，いつでも私に電話をかけ，私と話をしましょう。相談室へでも，私の家にでも。話をすれば平静な気持ちになれますからね。

答 ❸　この恐怖心をもう少し追求してみれば，あなたが考えているほど，現実的なものではないことがわかると思います。あなたは，何かを抑圧し，罪悪感を感じていて，そのために自分自身に罰を加えているんだと，私は思うんです。

答 ❹　こんな恐怖のために，1人でいることができなくなるんですね。

これはカウンセラーの態度をはかる質問紙の一部です（伊東，1966）。一般的には，❶ を選んだ人が多く，❷，❸ がそれに次ぎ，❹ は最も少ないでしょう。意外に思うかもしれませんが，カウンセリングを勉強した人は ❹ を選ぶことが多いのです。詳しくは本章の後半で解説します。専門家は，危機におちいっている人に対して，いろいろな手段で援助します。この章では，心理臨床家が用いる援助法のうち，代表的な 4 つの考え方を紹介していくことにしましょう。

フロイトと精神分析療法

　　心理療法 というものを最初に本格的に考え出したのはフロイトです。現代の心理療法やカウンセリングは，何らかの形で，フロイトの精神分析学の影響を受けています。

　　フロイトは，心理病理は抑圧された無意識の欲望のあらわれであると考えました。もう一度第 8 章の説明を思い出してください。とすれば，抑圧を取り去れば症状は消えるはずです。このためにフロイトが体系化した方法が 精神分析療法 なのです。

●ケース● 1

　　アンナは 21 歳の女性です。右腕の麻痺，言葉の障害などを訴えており，転換症状と診断されました（表 8-1）。フロイトらは，当時流行していた催眠法で治療を始めました。あるとき，催眠状態のアンナは，次のようなことを思い出します。以前，アンナの父が重病で看病をしているとき，彼女は居眠りをしてしまいます。そのときに悪夢をみます。大きな黒いヘビが出てきて父を咬もうとしているのです。アンナはそれを追い払おう

としましたが手が麻痺しているのです。自分の手を見ると，手の指がヘビになっているのでした。ここで居眠りから覚めると，右手を椅子と身体の間にはさんだまま居眠りをしていたのでした。だから，手がヘビになるといった夢をみたのでしょう。怖い夢をみてアンナは恐怖に打ちひしがれましたが，重病の父を起こさないようにと，声を立てませんでした。そのとき，ふと英語で習った聖書の句を思い出し，英語で祈っていると気が休まりました。以上のようなことをアンナは思い出し，右腕の麻痺や言葉の障害という症状はそれ以来起こってきたことに気づきます。そして，これまで抑えてきた恐怖の感情を発散させます。ここで催眠状態から覚めました。すると，右腕の麻痺や言葉の障害という症状はなくなったのでした。

◆精神分析療法のプロセス

　このようなドラマチックな治療体験から，フロイトは図 9-1 のようなプロセスを考えました。まず，なぜそのような症状が形成されたかについてですが，心の傷となる体験が核になります。アンナの場合，愛していた父親が重病であるという悲しい状況で，悪夢をみて強い恐怖を覚えます。そのときに，たまたま身体との連合が起こります。右腕をはさんで寝ていたのでしびれていたこ

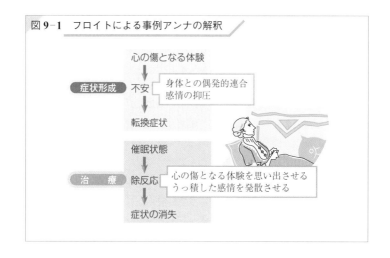

図 9-1　フロイトによる事例アンナの解釈

心の傷となる体験

症状形成　不安　身体との偶発的連合
感情の抑圧

転換症状

催眠状態

治療　除反応　心の傷となる体験を思い出させる
うっ積した感情を発散させる

症状の消失

とです。もし左腕をはさんで寝ていたら左腕の麻痺が起こっていたかもしれません。そして，そのときに強い恐怖を抑圧してしまいました。だから，右腕の麻痺といった転換症状が出てきたのだろうとフロイトは考えました。

　治療はこの逆のプロセスをたどればよいでしょう。つまり催眠状態において，意識の防衛をゆるめたあと，心の傷となった体験を思い出させます。そして，がまんしていた感情を発散させます。アンナは恐怖を発散させました。症状形成の時点に戻って，逆のプロセスをたどるわけです。そうして催眠状態から覚めると症状は消えるというのです。以上が，フロイトの基本的な考え方です。

◆自由連想法と転移分析

　その後，フロイトは催眠法をやめて，「自由連想法」を用いるようになりました。これは思いついたことを何の制限もなく自由に話してもらうものであり，抑圧を低めるための手段とされています。精神分析療法にはいろいろな技法がありますが，その 1 つ

に「転移分析」があります。治療中に，愛情や憎しみなど，患者は治療者に対していろいろな個人的感情を向けてきます。こうした感情は 転移感情 と呼ばれます。はじめフロイトは，治療を妨げるものとしてこれを避けていたのですが，しだいにあることに気づきます。それは，転移感情が，患者の父や母に対する未解決のまま持ち越された感情や願望をあらわしているということです。そこで，これを分析すると，患者の幼児期の親子関係を明らかにする手がかりが得られるわけです。このようにして，患者自身が不合理な抑圧や自我防衛機制を意識化（洞察）し，それらを取り去るのが精神分析療法なのです。

　フロイトの考え方は大きな影響をもたらしました。ユングやアドラーをはじめ，フロイトの影響を受けた多くの臨床家が治療理論を考え出しています。他方，批判も大きなものがあり，フロイトの精神分析を批判する形で生まれてきたのが，行動療法とクライエント中心療法です。

学習理論と行動療法

　学習理論では，心理病理の症状は誤った学習によると考えます。これは第8章で述べたとおりです。心理病理が学習されるとするなら，それでは，条件づけの原理に従って，消すこともできるはずです。これに関して，ジョーンズという心理学者は，2歳の少年ピーターの事例を報告しています。

●ケース● 2

　ピーターは，原因はわかりませんが，白ネズミや白ウサギなどに対して恐怖症をもっていました。これは第8章（**ケース2**）で述べたアルバート坊やと似たような症状です。ジョー

ンズは次のような手続きによって，ピーターの恐怖を消去していったのです。最初，ピーターにお菓子を食べさせたり抱いたりしながら，4m先にウサギを見せました。

それが平気になったら，ウサギを1mずつ近づけました。また，ほかの子どもが平気でウサギと遊んでいるところを，ピーターに見せました。ピーターがウサギに近づくと，実験者はほめます。この結果，ピーターはしだいにウサギに近づけるようになり，ついには手で触れて遊べるようになったということです。すなわち，ウサギに対する恐怖症状を消すことができたのです。

このように，適応的な行動を学習することによって，心理病理の症状を消去していこうとするのが，行動療法 の基本的な考え方です。その技法としては，古典的条件づけを利用した積極的条件づけ法，オペラント条件づけを利用したバイオフィードバック療法，社会的学習理論を利用したモデリング療法など，いろいろの技法があります。

ベックと認知療法　アメリカの精神科医ベックは，悩みや落込みの背後には，独特の「認知の歪み」があることを指摘しています。若い女性ゲイルの事例をみてみましょう。

●ケース● ③

　ゲイルは，対人関係に悩み，自分に自信がなく，友人に批判されはしまいかと絶えずおびえていました。彼女は，パーティのあとで，ちゃんと部屋を片づけてはどうかと友人に批判され，そのとき「私は友人から嫌われている，私には本当の友人が1人もいない」という考えが浮かび，落ち込んでしまいました。

　これは抑うつ的な認知過程の典型です。ここには，ものごとを白か黒かのどちらかで考え，少しでもミスがあれば完全な失敗と考える傾向が強くあらわれています。ベックは，抑うつ的になりやすい人がもっている認知の歪みを，表9-1のように列挙しています。上の若い女性の場合は，外的な事象そのもの（この場合は対人関係）によって苦しむというよりも，事象に対する認知の

表9-1　推論の誤り

恣意的推論	証拠もないのにネガティブな結論を引き出すこと
選択的注目	最も明らかなものには目もくれず，些細なネガティブなことだけを重視する
過度の一般化	わずかな経験から広範囲のことを結論してしまう誤り
拡大解釈と過小評価	自分の欠点は拡大解釈し，自分の長所は過小評価してしまうようなこと
個　人　化	自分に関係のない出来事を自分に関係づけて考えること
完全主義的思考	ものごとの白黒をつけないと気がすまないこと

第9章　カウンセリングと心理療法　**157**

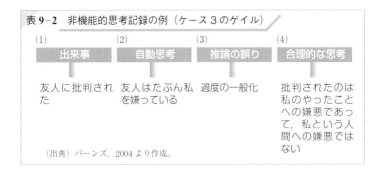

表9-2 非機能的思考記録の例（ケース3のゲイル）

(1) 出来事	(2) 自動思考	(3) 推論の誤り	(4) 合理的な思考
友人に批判された	友人はたぶん私を嫌っている	過度の一般化	批判されたのは私のやったことへの嫌悪であって，私という人間への嫌悪ではない

(出典) バーンズ，2004より作成。

仕方の歪み（この場合は全か無か思考）によって苦しんでいるということができます。

　したがって，こうした認知の歪みを正すことによって，抑うつの苦しみを軽くすることができると考えられます。これがベックの提唱する「認知療法」です。具体的には以下のような手順をとります（表9-2）。

　(1) 抑うつ感情をもった状況を書き出します。ケース3のゲイルの場合は，友人からちゃんと部屋を片づけてはどうかといわれたことがきっかけになっています。

　(2) 否定的な気持ちを生んだ思考過程を書きます。彼女の場合は，そのとき「友人はたぶん私を嫌っている」という考えが浮かび，これらが彼女を抑うつにおとしいれたのでした。

　(3) その思考過程が「推論の誤り」（表9-1）のどの形式に当てはまるのかを考えて記入します。

　(4) 最後に合理的な思考の仕方を考えます。彼女は，表9-2に示すような合理的な考え方をあげることができました。

　このように，否定的な認知を合理的・肯定的な認知に置き換えていく練習が認知療法の核をなしています。彼女の場合は，毎日

の練習のおかげで，少しずつ気分がよくなり始め，対人関係も改善したといいます。最近は行動療法と認知療法を統合して，認知行動療法と呼ばれることも多くなっています。

ロジャースとクライエント中心療法

次に，クライエント中心療法について述べます。

◆心理療法に共通するもの

これまで述べたように，心理療法にはさまざまな立場や技法があります。しかし，理論や立場は異なっていても，治療が成功する場合，そこには共通した特徴がみられます。それらを調べた研究によると，①治療者と患者の間に 感情移入 が成立している，②治療者と患者の間に ラポール（相互に信頼する関係）があり，人間関係がよい，③患者が何でも話したいことを話してよいと感じている，④患者が積極的役割を演じている，⑤患者はいつも治療者から理解されていると感じている，⑥治療者は患者の感情を理解しようと努力している，といった点です。熟練した臨床家になると，理論的な立場の差はあまりなくなるともいわれています。

◆カウンセラーの３つの条件とは

このようなことから，ロジャースという臨床心理学者は クライエント中心療法 を導きました。ここでは，患者という言葉を使わずに，相談にやってきた人という意味でクライエントと呼びます。そして，カウンセラーとの人間関係の質を何より重視します。ロジャースは，カウンセリングが成功するためには，以下の３つの条件が必要であるといいます。

第１はカウンセラー自身がクライエントに対する感情に正直

なことです。

　第2はクライエントに対して，カウンセラーが無条件の肯定的な配慮を体験することです。無条件の肯定的配慮とは，クライエントのありのままを受容することです。「あなたはこういう点ではよいが，こういう点では悪い」といった，条件つきの評価的態度は，むしろ有害だとされます。

　第3はクライエントに対して，カウンセラーが共感的理解を体験することです。共感的な理解とは，相手の立場に立って考え，相手の身になって感じることです。単なる同情とか，自分の気持ちを相手に投影することとは違うのです。つまり自分の側のものの見方・感じ方をとおして相手をみるのではなく，相手のものの見方・感じ方をとおして，相手を理解しようと努めることです。

◆カウンセラーの態度

　本章の扉にあげた質問を思い出しましょう。これはポーターが開発した治療者態度尺度の一部です。❶は診断的態度といわれ，相手の問題についてもっと知り，話し合おうとするものです。❷は支持的態度といわれ，相手に保証を与え，安心感を与えようとする態度です。❸は解釈的態度で，相手の心理や症状の意

味を教えようとするものです。❹ は 理解的態度 であり，相手の話の内容や感情，考え方やものの見方を，正しく理解していることを共感的に示そうとするものです。

　たしかに，❶ は冷静，❷ は親身，❸ は知的です。これに対し，❹ は一見すると頼りなく感じられます。ところが，カウンセリングを実際に勉強した人は，❹ を選ぶ場合が多いといいます。❶ 〜 ❸ が，あくまでカウンセラー自身の立場から発言するのに対し，❹ は相手の立場に立とうとします。カウンセリングとはけっして解答を与えることではないのです。長い目でみて，相手の生き方を建設的なほうに向けるためには，相手の主体性を重視する理解的態度が最も効果的だといいます。生き方が変われば，彼女は自ら医者へ行き，ガンに立ち向かうことでしょう。このような理解的態度を真の意味で身につけるには，専門的訓練と長年の努力が必要になります。

◆十分に機能する人間──自己実現への道

　さて，このような人間的な関係のなかで，クライエントに生じる建設的な人格変化の過程について，ロジャースは，以下のように記述しています。カウンセリングのはじめにおいては，クライエントは自己概念が狭く，自分の体験に対して閉じられ，他人との親密な交流をもつのを恐れ，いろいろな問題にも興味がもてません。カウンセリングが進むと，自己概念が柔軟になり，自分の体験や感情が，まさに自分のものだと実感するようになります。自分のなかのいやな感情に目をそむけなくなり，自分をありのままに見つめることができます。自由さや柔軟性が出てきます。このように，自分に対する認知が変化すると，日常生活での行動も変化して，神経症の症状や不適応行動は消えていきます。した

がって，この段階ですでに問題は解決されたといえるのですが，クライエントは，さらに次の過程に進むことが多いのです。体験の仕方は，さらに柔軟で流動的になり，「流れのなかを生きる」ように感じられてきます。他者との関係は開放的になります。そのことをロジャースは「十分に機能する人間」と呼んでいます。このように，クライエントは，自らの内的な力によって，神経症をもたないだけではなく，創造的な生活に向かうわけで，この力をロジャースは，自己実現傾向 と呼んでいます。神経症においては，自己概念と体験がずれてしまい，この自己実現傾向が妨げられていると考えたのです。このような現象に接して，古来，さまざまな臨床家が健康なパーソナリティについて論じてきました。これについては第6章の後半で述べました。

心理療法の効果を客観的にはかる

心理療法の効果は目に見えないものです。はたして本当に効果があるのでしょうか。単なる気休めにすぎないのではないでしょうか。心理療法はこのような批判を受けることもありました。そこで，メタ分析法 といって，心理療法の効果を客観的にあらわす方法が考え出されました。これは，治療前と治療後（あるいは治療しない群と治療した群）の効果を比較して「効果量」という値を算出するものです。効果量がマイナスの値ならば，治療によって悪化したことを示します。効果量が0ならば治療の効果はまったくないことを示します。効果量の値は大きいほど，治療の効果が高いことを示します。このような方法ではかると，たしかに心理療法には効果があるということが確かめられました。

さらに，この方法を使って，心理病理の種類と心理療法の技

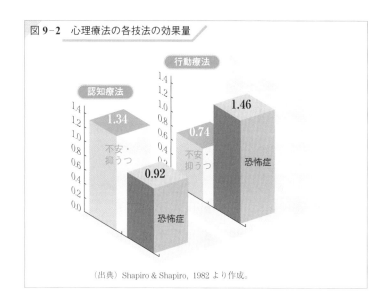

図 9-2　心理療法の各技法の効果量

行動療法

認知療法

不安・抑うつ

1.34

恐怖症

0.92

不安・抑うつ

0.74

恐怖症

1.46

(出典) Shapiro & Shapiro, 1982 より作成。

法の相性も調べられています。たとえば，図 9-2 のような研究
結果があります。認知療法は，不安・抑うつには，1.34 の効果
量がありますが，恐怖症には 0.92 の効果しかありません。つま
り，認知療法は，不安・抑うつの治療には大きな効果があります
が，恐怖症に対しては効果が少ないのです。これとは逆に，行動
療法は，不安・抑うつには 0.74，恐怖症には 1.46 となっていま
す。つまり，行動療法は，不安・抑うつには効果が少ないが，恐
怖症に対しては効果が大きいことになります。1 つの技法は万能
ではなく，特定の心理病理との相性があるようです。このように
治療効果を客観的に調べることも大切な仕事になってきます。

本章のサマリー

　さまざまな心理療法やカウンセリングの考え方がありますが，本章では代表的な4つの考え方を紹介しました。精神分析療法は不自然な抑圧の機制を取り去ることを重視します。行動療法は適応的な行動を学習することを重視し，認知療法は独特な認知の歪みを正すことを重視します。立場や技法はさまざまでも，成功した治療には共通したものがあります。それはカウンセラーとクライエントの純粋な人間関係です。この点を大切にするのがクライエント中心療法です。また，心理療法にははたして本当に効果があるのかという批判から，客観的に効果をはかって心理療法と心理病理の相性を調べる研究なども行われるようになりました。

もっと詳しく学びたい人のための参考図書 BOOKS

バーンズ，D. D.（野村総一郎ほか訳）『いやな気分よ，さようなら——自分で学ぶ「抑うつ」克服法』（増補改訂第2版）星和書店, 2004

　　 抑うつを自分でコントロールできるように，認知療法について具体的に自習できます。

ドライデン，W.・レントゥル，R. 編（丹野義彦監訳）『認知臨床心理学入門——認知行動アプローチの実践的理解のために』東京大学出版会，1996

　　 不安や抑うつなどの心理病理を，どのように診断しどのように治療していくかを解説した教科書です。

丹野義彦ほか『臨床心理学』（New Liberal Arts Selection）有斐閣, 2015

心理療法の科学的根拠（エビデンス）を重視する観点から，臨床心理学の全体像をていねいに解説しています。大学生のための入門書としてだけでなく，大学4年間繰り返し読める基本書として，また，一生使える実用書として書かれた本です。

プロチャスカ，J. O.・ノークロス，J. C.（津田彰・山崎久美子監訳）『心理療法の諸システム──多理論統合的分析』（第6版）金子書房，2010

　本章で紹介した精神分析療法，行動療法，認知療法，クライエント中心療法など20以上の心理療法の技法をとりあげて解説した労作です。各心理療法の創始者の人生観から始めて，治療過程，治療効果の科学的根拠（エビデンス），将来の方向性などについて，詳しく述べています。

レイヤード，R.・クラーク，D. M.（丹野義彦監訳）『心理療法がひらく未来──エビデンスにもとづく幸福改革』ちとせプレス，2017

　著者はイギリスの経済学者と臨床心理学者で，精神疾患に苦しむあらゆる人に適切な心理療法を無料で届けるという「心理療法アクセス改善」の政策を実現させました。本書はその科学的なドキュメントです。心理療法が国民の心の健康に大きく貢献できることを教えてくれる良書としておすすめです。

熊野宏昭『新世代の認知行動療法』日本評論社，2012

　心理療法の最先端に当たる「第3世代の認知行動療法」について解説しています。この分野の新しい知識をまとめて紹介してくれます。

鈴木伸一・神村栄一／坂野雄二監修『実践家のための認知行動療法テクニックガイド──行動変容と認知変容のためのキーポイント』北大路書房，2005

　行動療法と認知療法について，その具体的な方法をわかりやすくかみ砕いて教えてくれます。

心のしくみ

PART II

<table>
<tr><td>第10章</td><td>## 感　　覚</td></tr>
</table>

心 の 窓

　60年以上も前のことですが，アメリカのニュージャージー州にある映画館で，次のようなことが行われたと報告されています。広告主のジェームズ・ヴィカリーという人が，映画を上映中のスクリーンに，目にはまったく見えないほど瞬間的に，「ポップコーンを食べましょう」とか「コカコーラを飲みましょう」という広告メッセージを繰り返し投影したというのです。観客は誰もそのことには気づかなかったのですが，驚くべきことに，メッセージを投影し続けた6週間の間に，ポップコーンの売上げが57.5％，コカコーラの売上げが18％以上も伸びたそうです（McConnell et al., 1958）。観客は気づいていなくても，無意識的にメッセージの広告効果があったということなのでしょうか。

　このような，意識に上らないレベルで生じる効果のことは，一般に「サブリミナル（閾下）効果」と呼ばれています。ことの真偽は確認されて

いませんが，私たちをとりまく世界にある情報のうち，心の窓を通り抜け，さらに私たちの意識に上るものは，かなり限られた部分にすぎないことは確かです。ここでは，私たちの心の窓である「感覚」が，どのような性質をもっているのかについて解説します。

感覚の性質

私たちは，自分をとりまく世界（外界^{がいかい}）のことを，どのようにして知るのでしょうか。「目で見る」「耳で聞く」「手で触る」などは，それぞれ外界を知るための手がかりになります。このときの「見える」とか「聞こえる」とかいうような体験のことを，感覚 と呼んでおり，人間には外界を知るための感覚として，視覚，聴覚，嗅覚^{きゅう}，味覚，皮膚感覚という5種類が備わっています。さらに，自分自身の状態を知るための感覚として，運動感覚，平衡感覚，内臓感覚の3種類があり，全部で8種類の感覚を区別するのが一般的です。

それぞれの感覚には，視覚に対する眼や聴覚に対する耳のように，対応する特定の感覚器官が存在し，そのなかに光や音など特定の刺激を受け入れる 受容器 があります。受容器は，感覚刺激の情報を神経の信号に変換し，神経は脳の特定部位にその情報を伝達し，最終的に脳が情報を受け取ってはじめて感覚が成立します。そして，このような感覚を通さない外界の情報については，私たちは直接知ることができません。たとえば，電磁波のうちのほんの一部の波長のものが光として視覚的に受容されますが，それ以外の電波やX線などは受容器が反応しないため，人間には感じ取ることができません（図10-4）。

それでは，感覚刺激が存在すれば必ず感覚が生じるかというと，そうではありません。あまりに弱い光は見ることができませんし，あまりに小さな音は聞くことができません。刺激を感じ取るためには，ある程度の刺激の強さが必要とされます。感覚が生じるために必要な最小の刺激量のことを，刺激閾（または絶対閾）といいます。刺激閾を測定するためには，刺激量を少しずつ変えながら，感覚が生じるかどうかをテストしますが，人間の感覚判断は常に一定というわけではなく，同じ刺激量に対しても感覚が生じたり生じなかったりします。そこで，50％の割合で感覚が生じるような刺激量をもって，刺激閾の測定値とします。刺激閾の値は，測定する際の条件によって，さまざまに異なります。たとえば，夜空の星を眺めるときなどにわかるように，光の明るさの刺激閾は，しばらくの間明るい所にいたか，それとも暗い所にいたかによってまったく異なります。

　感覚の特性として，刺激量の違いを見分けることができるかどうかという側面も重要です。一般に，2つの刺激が異なると感じられるために必要な最小の刺激変化量を，弁別閾といいます。弁別閾の測定においても，刺激閾の測定と同じように，50％の割合で「異なる」と判断される刺激変化量を測定値とします。弁別閾は，比較する刺激の量そのものによって変化します。たとえば，100 g のものを持っているときに50 g を足したとすれば重さが違うことに気づきますが，5 kg のものを持っているときに50 g を足したとしても通常は気づきません。

　19 世紀半ばに，ドイツの生理学者ウェーバーは，弁別閾の値と比較する刺激量との比が一定になることを発見しました。たとえば，1 kg の重さに対する弁別閾が20 g だとすれば，100 g の重

さに対する弁別閾は2gになるというのです。このような関係は，感覚全般について成り立つとされ，ウェーバーの法則と呼ばれています。ただし，厳密に測定すると，この法則は刺激量の特定の範囲で近似的に成り立つものであることがわかっています。

　一般に感覚は，同じ刺激が継続して加えられると，その感度が鈍くなります。たとえば，風呂に入るときの皮膚の温度感覚では，入りはじめは熱く感じられても，しばらく入っているうちに熱さが感じられなくなります。また，部屋に入ったときのにおいはしばらくたてば感じられなくなりますし，甘いものを食べたあとは甘みに対して鈍感になります。このような現象を，感覚の順応といいます。

　視覚においても，たとえば暗い部屋から急に明るい外へ出ると，最初はまぶしくてよく見えないのが，すぐに順応して見えるようになります。この現象は明順応と呼ばれています。逆に，明るい所から急に暗い所へ移ると，はじめは暗くて何も見えないのが，徐々に見えるようになってきます。この現象は暗順応と呼ばれていますが，暗順応では明るさに対する感度が増大しますので，一般の順応とは意味が異なります。多くの場合，順応によって生じる感度の低下は，刺激が変化することにより急速に回復します。また，痛覚ではほとんど順応が生じないことがわかっています。

ものを見るしくみ

図10-1は，右眼を上から見たときの水平断面図です。ものが見えるためには，ものから反射した光が，角膜や水晶体，ガラス体を通り抜けて網膜にまで到達し，網膜上に像を結ぶ必要があります。水晶体はレンズの働きをしており，近くのものを見るときには厚みが増して，

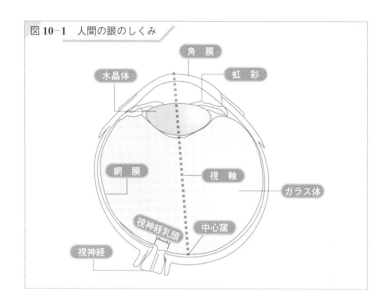

図10-1 人間の眼のしくみ

角膜

水晶体

虹彩

網膜

視軸

ガラス体

視神経乳頭

中心窩

視神経

焦点を合わせる機能をもっています。この働きのことを 調節 といいます。また虹彩は，瞳孔を広げたり狭めたりして，眼に入る光の量を調整する役割を果たしています。

　網膜には，光を神経の活動に変える働きをする 光受容細胞 があり，網膜上の像に関する情報は，この細胞から神経節細胞と呼ばれる細胞へと伝えられ，視神経を経由して後頭部にある脳の視覚中枢に伝えられます。光受容細胞には2種類あって，それぞれ錐体 と杆体（または 桿体）と呼ばれています。錐体は，色を区別することができ，杆体に比べて解像度が高いという性質がありますが，暗い所では働きません。これに対して，杆体は色を区別できず，解像度も低いのですが，錐体よりも感度がはるかに高く，暗い所でものを見るときに働きます。

　私たちがものを注視するときには，頭や眼を動かして，そこに

視線を向けるようにします。このとき，見たいものの像は，網膜の中心部にある 中心窩(か) と呼ばれる部分に結ばれます。中心窩には錐体が非常に多く密集しているため，高い解像度で鮮明に見ることができるのです。中心窩の周辺では錐体の密度が低くなり，杆体が多くなるので，注視している部分のまわりは不鮮明に見えますが，暗い所での感度は高くなっています。

なお，図10-1 からもわかるように，視神経が眼球から外へ出て行く部分には，網膜の光受容細胞がまったくありませんので，この部分に結んだ像は見えなくなります。このことを，図10-2 で体験してみましょう。左眼をふさいで右眼だけで手品師の顔を見ながら，ちょっと頭を前後に動かしてみてください。不思議なことに，ウサギが消えてしまいます。視野のなかのこの部分のことを，盲点 と呼んでいます。

眼球を出た視神経は，図10-3 のように外側膝 状 体(がいそくしつじょうたい) と呼ばれる部分で中継されてから，大脳視覚領野の一次視覚野に到達します。アメリカの2人の生理学者，ヒューベルとウィーゼルは，ネコやサルの脳の一次視覚野に微小電極を挿入して，網膜上に映ったパターンの像と，一次視覚野の1つひとつの神経細胞の活動とがどのように関係しているのかを調べました。その結果，ある神経細胞は，網膜上の特定の位置にある特定の傾きの線分の像に対してのみ強く反応し，別の神経細胞は，それとは位置も傾きも異なる線分の像に強く反応するというように，個々の神経細胞がパターンのもつ部分的な特徴に選択的に反応することが見出されました。1つひとつの神経細胞が，あたかも眼前にある視覚刺激の部分的な特徴を見つけ出しているかのようにふるまうのです。そこで，視覚神経系のこのような働きは，特徴検出 と呼ばれてい

図 10-2　盲点の体験

ONE…
TWO…

消えるんだゾ

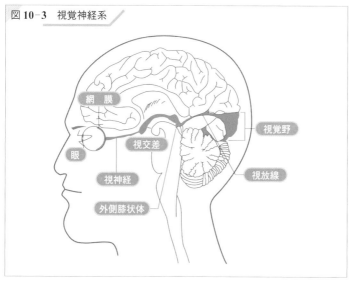

図 10-3　視覚神経系

網　膜

眼

視交差

視神経

外側膝状体

視覚野

視放線

ます。大脳視覚領野にある神経細胞には，このほかにも，網膜上
の位置に関係なく特定の長さや傾きのパターンに反応するものや，
特定の方向に動くパターンに反応するものなど，視覚刺激のもつ

さまざまな特徴を検出するものが見出されています。

| 色を見るしくみ | 私たちの眼に見える光は，**図 10-4** に示すように，電磁波のごく限られた波長の |

範囲にすぎず，それぞれの波長の光は対応する色として感じ取られます。太陽の光は，すべての波長を含んでいますので，私たちの眼には特定の色としては見えません（このような色のない光のことを白色光と呼びます）。しかし，プリズムを通すと，**図 10-4** のように色が連続的に分かれることが観察できます。これを，スペクトルといいます。それでは，畑の熟したトマトが赤く見えるのはなぜでしょうか。それは，トマトに当たっている太陽光にはあらゆる波長が含まれているのですが，トマトの表面では，そのうちの波長の長い赤い光が反射され，それ以外の波長の短い光が吸収されるからです。反射して眼に届く光の波長が長いために，赤く見えるというわけです。同様に，白い紙はすべての波長の光を反射するために白く見えます。

　もちろん，私たちが日常的に経験する色の種類は，スペクトルの色よりもはるかに多様です。それは，さまざまな波長の色が，さまざまな強さで混ざり合っているからです。一般に，異なる色の光が，眼の網膜上の同じ場所に同時に当たると，いずれとも異なる別の色が見えます。この現象は，混色と呼ばれます。たとえば，赤い光と緑色の光を白い紙の同じ場所に当てると，その部分が黄色く見えます。このような混色の例は，テレビやディスプレイの画像の色に見ることができます。テレビやディスプレイの画面は非常に小さな点（画素）が規則正しく並んでできており，個々の画素は赤と緑と青の光の点から成っています。そこで，た

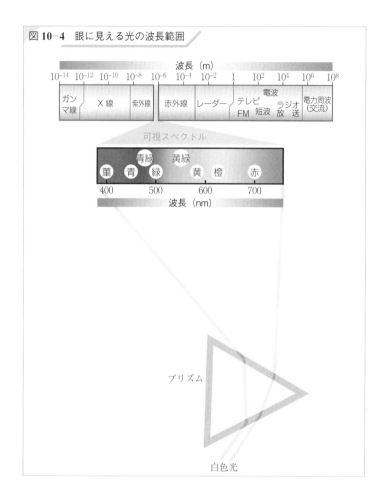

図 10-4 眼に見える光の波長範囲

波長 (m)

10^{-14} 10^{-12} 10^{-10} 10^{-8} 10^{-6} 10^{-4} 10^{-2} 1 10^2 10^4 10^6 10^8

| ガンマ線 | X線 | 紫外線 | 赤外線 | レーダー | テレビ FM 短波 | 電波 ラジオ 放送 | 電力周波 (交流) |

可視スペクトル

青緑　黄緑

菫　青　緑　　黄　橙　　赤

400　　500　　600　　700

波長 (nm)

プリズム

白色光

とえば画面上の黄色い部分を拡大して見てみると，その部分の画素は赤と緑の点だけが光っていて，青が光っていないことがわかります。また，白い部分の画素は3つの色がすべて光っています。人間の視力では，個々の小さな光の点は分離して見えませんので，混ざり合った色が見えるのです。

この例のように，色光を加えることによって生じる混色のことを，とくに 加法混色 と呼ぶ場合があります。それは，絵の具の色を混ぜ合わせたような場合と区別するためです。たとえば，赤い絵の具と緑色の絵の具を混ぜ合わせても，けっして黄色い色にはなりません。絵の具の色が見えるのは，絵の具が白色光から特定の波長以外の光を吸収するためで，絵の具を混ぜ合わせた場合には，それぞれの絵の具が吸収した残りの光が反射して眼に届くことになるのです。このようにして成立する混色のことを，減法混色 と呼びます。

　私たちに見える色には，3つの属性があるといわれています。1つは，赤や緑など，見える色の種類の違いで，色相 といいます。スペクトルのそれぞれの波長は色相に対応しており，波長の近い色どうしは互いに似た色に見えます。ところが，波長の最も遠い赤と菫（すみれ）も比較的似た色で，紫というスペクトルにない色を間に入れることにより，図10−5(a)のように似た色どうしを連続的に円環状につなぐことができます。これを 色彩円 といいます。色のもつ第2の属性は，色の鮮やかさや純粋度を表すもので，彩度（飽和度）と呼ばれます。一般に，彩度は他の波長の光が混ざることによって低下します。第3の属性は明度（明るさ）で，光のエネルギー強度に対応します。色の3つの属性を用いて，図10−5(b)のような3次元座標上にすべての色を位置づけることができると考えられています。

　色が見えるという体験，すなわち 色覚 は，どのようなしくみで成立しているのでしょうか。この問題については，19世紀以来2つの学説が提案されています。1つは 3色説 と呼ばれるもので，網膜にある錐体には3種類あって，それぞれの錐体は異なる

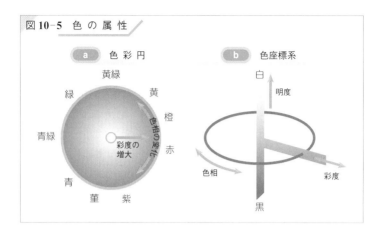

図 10-5 色 の 属 性

a 色 彩 円

黄緑
緑   黄
            橙
青緑   赤
    彩度の
    増大
青
    菫   紫

色相の変化

b 色座標系

白
  明度

色相

彩度

黒

波長の光に対して最も強く反応する性質をもっていると仮定します。反応のピークが長波長にある錐体は，赤い色に対して強く反応しますが，青い色にはほとんど反応しません。同様に，ピークが中波長にある錐体は緑色に，短波長にある錐体は青に強く反応します。網膜に到達した光に対して，それぞれの錐体がどの程度の強さで反応するかの組み合わせで，見える色が決まるというのです。

　これに対して，反対色説と呼ばれる説があります。この説では，視覚系のなかに赤－緑，黄－青，白－黒という反対の極をもつ3つの過程を考え，それぞれがどちらの方向に偏った反応を出すかに応じて見える色が決まると仮定しています。今日では，2つの説はどちらも正しく，網膜上では3色説に従う過程が存在し，その後の神経系のなかでは反対色説に従う過程が存在すると考えられています。

| 音を聞くしくみ | 音は，空気や水，物体などを伝わる振動です。音はさまざまな物理的な性質を |

もっていますが，とくに，1秒間に繰り返す振動の回数のことを周波数といい，ヘルツ（Hz）という単位であらわします。一般に，周波数が高くなるほど，私たちには高い音に聞こえます。人間の耳に聞こえるのは，約20Hzの低い音から，約2万Hzの高い音までの範囲で，それより低い音も高い音も聞こえません。ところが，他の多くの哺乳動物（イヌ，ネコ，コウモリなど）には，もっとずっと高い音まで聞こえているようです。他方，音の波の振幅の大きさ，すなわち音圧が，音の大きさに対応します。ただし，音の大きさをあらわすための物理量としては，音圧そのものではなく音圧レベルが用いられ，デシベル（dB）という単位であらわします。音圧レベルは，音の大きさの刺激閾に近い音圧（20μPa）を基準として0dBに設定し，この基準音圧との比を対数に変換して表現しています。図10-6に，さまざまな音の音圧レベルの目安を示します。音の感覚的な性質には，このほかに音色があり，ほぼ波形に対応します。

図10-7は，私たちの耳のしくみをあらわしたものです。音の波は，外耳道を通って鼓膜に達し，鼓膜を振動させます。鼓膜の奥には，耳小骨と呼ばれる3つの米粒大の骨があって，鼓膜の振動を蝸牛のなかのリンパ液に伝えます。このリンパ液の振動が，蝸牛のなかの基底膜にある有毛細胞を動かし，ここで神経の信号に変換されて，脳へと伝えられていくのです。したがって，蝸牛内のリンパ液の振動があれば，必ずしも音の波が鼓膜を振動させなくても音が聞こえることになります。実際，顔や頭の骨の振動が音として聞こえるという現象があり，骨伝導と呼ばれていま

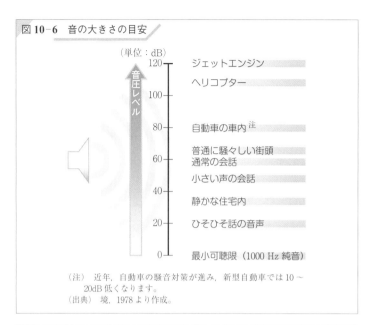

図 10-6　音の大きさの目安

（単位：dB）

音圧レベル

120　ジェットエンジン

　　　ヘリコプター

100

80　自動車の車内 注

60　普通に騒々しい街頭
　　通常の会話

　　小さい声の会話

40

　　静かな住宅内

20　ひそひそ話の音声

0　最小可聴限（1000 Hz 純音）

（注）　近年，自動車の騒音対策が進み，新型自動車では 10 〜
　　　20dB 低くなります。
（出典）　境，1978 より作成。

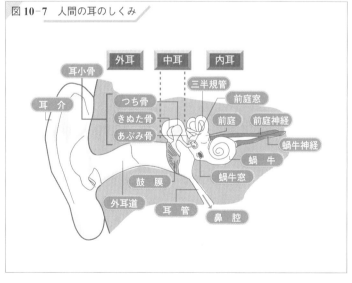

図 10-7　人間の耳のしくみ

外耳　　中耳　　内耳

耳小骨

三半規管

前庭窓

耳介

つち骨
きぬた骨
あぶみ骨

前庭

前庭神経

蝸牛神経

蝸牛

鼓膜

蝸牛窓

外耳道

耳管

鼻腔

す。自分の声を録音して聞いてみると，話しているときに聞こえていた声とかなり違って感じられるという経験があると思います。これは，話しているときには，自分の声が空気中を伝わって耳から入り鼓膜を振動させるのに加えて，骨伝導によって生じる音も混じって聞こえるからです。

　音がどこから聞こえてくるのかを知ることを，音源定位 といいます。音源がどこにあるのかが見えなくても，私たちには音がどの方向から聞こえてくるのかがある程度わかります。これには，音源から左右の耳までのわずかな距離の差が重要な役割を果たしています。たとえば，左のほうから聞こえてくる音は，左の耳のほうが右の耳より音源に近いので，左の耳にわずかに早く到達します。また，距離が近い分，左の耳のほうが右の耳よりわずかに強い音になります。私たちの脳は，このような両耳の間のわずかな時間差と強度差を手がかりにして，音の聞こえてくる方向を知る能力を備えているのです。

におい・味・皮膚の感覚

　におい を感じるのは，においの分子が気化して空中を伝わり，鼻腔の最上部にある嗅上皮と呼ばれる部分に到達して，そこにある嗅細胞が化学的な情報を神経の情報に変えて脳に伝達するためです。料理などで，食べ物を温めるとにおいが強くなるのは，多くのにおいの分子が蒸発して空中に散布されるためです。また，イヌの嗅覚は人間よりもはるかにすぐれていますが，これはイヌの嗅上皮の面積が人間よりもずっと大きくて，嗅細胞もはるかに多いためと考えられています。

　味覚 は，舌の表面に多く分布する味蕾と呼ばれる受容器にお

いて，化学物質の情報が神経の情報となって脳に伝わることにより生じます。私たちは，いろいろな食べ物の微妙な味を味わい分けたり，おいしさを感じたりしていますが，じつは味覚そのものは非常に単純で，甘味，酸味，塩味，苦味の 4 種類，あるいはこれにうま味を加えた 5 種類からなっていると考えられています。それにもかかわらず私たちが複雑な味を味わい分けることができるのは，食べ物から出るにおいの分子が，鼻腔を通ることによって生じる嗅覚の影響を強く受けているからです。また，味の感覚には，舌ざわりなどの触覚や温度の感覚，さらには色などの視覚も影響を与えているようです（同じ料理を開眼と閉眼で味わい分けてみてください）。

皮膚感覚 は，全身の皮膚に感覚点が点在していて，そこにある受容器に接触する刺激があると，神経の信号として脳に伝えられることにより生じます。皮膚感覚は，痛覚，温度感覚（温覚と冷覚），触覚，圧覚などに区別され，それぞれに対応する受容器があると考えられています。

このうち痛覚は，自身の体に生じている何らかの異常を感知するという重要な役割を担っています。しかし，もしもけがをした場合などに，いつまでも同じような痛みの感覚が続いていては，そのことに注意が集中してしまい，日常生活に支障をきたすことでしょう。最近になって，私たちの体には，痛みの感覚をコントロールする機能が備わっているらしいことがわかってきました。たとえば，体内で作られる β エンドルフィンという物質は，痛みの感覚を和らげ，快感をもたらす作用をもつことが知られています。長距離ランニングなど苦しい運動をしているときに，逆に陶酔感や幸福感が生じるという「ランナーズ・ハイ」の現象は，

この物質が多く分泌されることに原因があるといわれています。

本章のサマリー　　　　　　　　　　　　　　　　SUMMARY

　私たちが自分をとりまく外界のことを知るためには，感覚器官が外界の刺激を受容し，その情報が神経を通じて脳に伝えられる必要があります。そして，この過程には，たとえば特定の感覚器官は特定の刺激しか受容しないとか，ある程度の刺激の量がないと感覚が生じないなど，さまざまな質的，量的な制約があります。視覚は，網膜にある光受容細胞が光の刺激を神経の活動に変え，視神経が大脳の視覚野に情報を伝えることで成立します。その際に，パターンや色などに関する情報が処理されます。聴覚では，空気などの振動が鼓膜や耳小骨を経由して蝸牛内のリンパ液を振動させ，これが神経の信号に変えられて脳に伝わります。音の聞こえてくる方向を知る音源定位は，両耳の刺激のわずかなずれをもとになされます。嗅覚と味覚は化学的な情報がもとになり，また皮膚感覚は皮膚の感覚点への接触がもとになって，それぞれの情報が脳に伝えられることで成立します。

もっと詳しく学びたい人のための参考図書　　　　　　BOOKS

石口彰『視覚』（キーワード心理学シリーズ）新曜社，2006

　　☞　網膜や脳や視神経の知識から，ものの知覚・錯視のしくみ，工業デザインへの応用まで，視覚について平易に説明した1冊です。

重野純『音の世界の心理学』（第2版）ナカニシヤ出版，2014

　　☞　音の世界のなかで人間がどのように感じ，認知し，行動するの

かということを，心理学の観点から述べたわかりやすい概説書です。

海保博之監修／菊地正編『感覚知覚心理学』（朝倉心理学講座 6）
　朝倉書店，2008

　　🐾　感覚に関する科学的な知見がコンパクトにまとめられた書です。
　視覚を中心に知覚の基礎過程も含めながら，聴覚，触覚，嗅覚，味
　覚までもカバーしています。

太田信夫監修／行場次朗編『感覚・知覚心理学』（シリーズ心理学
　と仕事 1）北大路書房，2018

　　🐾　感覚・知覚心理学の研究内容を，具体的な「仕事」と結びつけ
　ながらわかりやすく解説しています。感覚の役割について，日常的
　な場面への応用という観点から知ることができます。

見えの世界を作り上げる

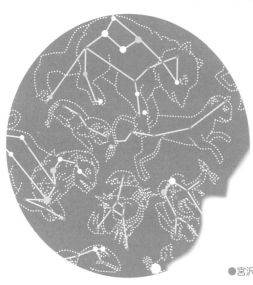

あかいめだまの　さそり
ひろげた鷲の　　つばさ
あをいめだまの　小いぬ,
ひかりのへびの　とぐろ。

オリオンは高く　うたひ
つゆとしもとを　おとす,
アンドロメダの　くもは
さかなのくちの　かたち。

大ぐまのあしを　きたに
五つのばした　　ところ。
小熊のひたいの　うへは
そらのめぐりの　めあて。

●宮沢賢治●「星めぐりの歌」

　満天にきらめく星は，1つひとつの光の点が集まったものですが，私たちはそのなかのいくつかの星をまとまったものととらえ，そこに何かの形を発見します。北斗七星のひしゃくやカシオペアのWなどは，誰でもすぐに見つけることができるものです。星ばかりでなく，地面に寝転んで見た雲が動物の形に見えたり，プラットホームに入ってくる電車が顔に見えたりといった経験は，誰にもあることでしょう。このように，私たちが何かものを「見る」という体験をするときには，必ずしも見えるままのものが実際に存在するとは限りません。「見る」という行為は，見えの世界を作り出す主体的な心の働きなのです。知覚とは，感覚をとおして入ってきた情報を主体的に処理し，何らかの意味をもつものとし

て認識する働きをさします。ここでは，入ってきた情報のなかから処理
する情報を選択する「注意」の働きを説明してから，主として視知覚を
取り上げて，知覚の働きについて説明します。

Chapter 11

注　意

日常生活を考えてみると，私たちは常に感覚をとおして，非常に多くの情報を同時に取り入れていることがわかります。たとえば本を読んでいる場合には，読んでいる部分以外の視野のなかにあるものも見えていますし，耳を澄ませば何かの音が聞こえていることでしょう。あるいは，本をもっている感覚や部屋のにおいの感覚なども生じているかもしれません。しかし，本を読むことに集中しているときには，そのような情報は無視され意識されません。他方，たとえば聞こえてくる話し声に耳を傾けると，読むことがおろそかになってしまいます。このように，感覚をとおして入力される多くの情報のなかから，特定の情報を選択する働きのことを注意といいます。人間の脳には，あらゆる感覚情報を同時に処理して理解するだけの能力がないので，注意という情報選択の機能が備わっているものと考えられます。

　注意に関する初期の実験的な研究は，聴覚を使って行われました（Cherry, 1953）。実験参加者はヘッドホンをつけて，左右の耳からまったく違うメッセージを同時に聞かされます。そして，片方の耳からの音声を聞きながらそのメッセージを追唱（シャドーイング）するという作業を行うと，もう一方の耳からのメッセージについては，人間の声かどうかとか声の高さ（男性か女性か）

などの物理的な特性しか区別できず，言葉の内容がまったく理解できないことがわかりました。追唱により片方の耳からの音声に注意が向けられた結果，注意を向けないほうのメッセージが無視されたわけです。大勢の人々が会話を交わしているパーティなどで，関係のない音声を無視して特定の会話相手の話し声を聞き取ることができるのは，このような注意の選択機能によるもので，カクテルパーティ効果と呼ばれます。

　他方で，私たちはいくつかの感覚情報を同時に処理することもできます。たとえば，車を運転しながら同乗者と会話を交わしている場面を考えてみると，道路や歩行者など目に見えているものに注意を向けると同時に，同乗者との会話にも注意を向けていることになります。このように，複数の情報に同時に注意を向けた状況のことを分割的注意と呼びます。このとき，もしも歩行者が飛び出してきて急ブレーキを踏んだとすると，会話は途切れることでしょう。この場合には，視覚や足の動きに多くの注意が向けられた結果，会話に向けられる注意の容量が少なくなってしまったと考えられます。注意には容量の限界があり，同時に行われる情報処理に対しては，有限の注意容量が配分されるという側面もあるのです。

形の知覚

真っ暗闇のなかや，深い霧に包まれたときなどには，「何も見えない」という状態が経験されます。そのような状態と，「何かが見える」状態との違いはどのようなことでしょうか。図 11−1 の絵は，白い部分が「盃」の形をしていて，黒い部分が「向かい合った 2 人の横顔」の形をしています。この絵をしばらく見つめていると，盃が見え

図 11-1　図－地反転図形

（出典）　Rubin, 1921 より作成。

たり横顔が見えたりと，2つの見え方が交代するのを体験できる
はずです。そして，たとえば盃が見えているときには，横顔の形
をした黒い部分は背景となって，あたかも盃の後ろにまで広がっ
ているように感じられることでしょう。このとき，盃が「図」と
して知覚されていて，黒い部分が「地」として知覚されていると
いいます。逆に，横顔が「図」として知覚されているときには，
白い部分が「地」となって横顔の後ろにまで広がっているように
見えることでしょう。

　通常の知覚体験では，図として見える部分と地として見える部
分は決まっていて，見えの世界は安定しているのですが，図 11-
1 のような特殊な場合に，図の部分と地の部分が交代する現象が
起こります。このような図形のことを図－地反転図形と呼びます。

　視野のなかでは，ひとまとまりの領域が何らかの「形」として
知覚されます。星座が見えるのも，いくつかの星がまとまって知
覚されるからです。このようなまとまりを形成する要因につい
て，20 世紀の前半に活躍したゲシュタルト心理学者の 1 人であ

るウェルトハイマーは，

(a) 近い距離にあるものどうしがまとまりやすい（近接の要因）

(b) 同じような性質をもったものどうしがまとまりやすい（類同の要因）

(c) 閉じた形を形成するものどうしがまとまりやすい（閉合の要因）

(d) 単純で規則的な形を形成するものどうしがまとまりやすい（よい形の要因）

(e) なめらかにつながるように配置されたものどうしがまとまりやすい（よい連続の要因）

というような法則性があることを指摘しました。これらは，群化の要因，あるいは ゲシュタルト要因 と呼ばれています。

　通常，視野のなかに見えるさまざまな形は，輪郭線を伴っています。いろいろな長さの縦，横，斜めの線，あるいは曲線の輪郭線が視野のなかに配置され，さらに角や面を形成しながら，それらが集まって形ができています。また，形を知覚するときには，それが「何であるか」という意味の理解も同時にできているのが普通です。「あれは窓」「これは本」「この字は何々という字」といった具合です。視野のなかで，ひとまとまりの形として知覚される対象のことをパターンと呼び，パターンを見つけ出してそれが何であるかを理解する過程のことを パターン認識 と呼びます。

　パターン認識は，まずパターンを構成する輪郭線や角，面などの部分的特徴をとらえ，それらの特徴をもつものが何であるかを，知識と照合することで成立するものと考えられます。「同じ長さの線分4本が，4つの直角な頂点を作っているから，これは正方形だ」という具合です。このように，パターンのもつさまざまな

図 11-2　トップダウン処理の例

（出典）　Arcimboldo, G. The four seasons, Summer.
（パブリック・ドメイン）

部分的特徴に関する情報を集め，それらを統合するように情報を処理しながら，最終的に知識としてもっている情報と照合して理解が成立する過程のことを，ボトムアップ処理といいます。

　ところが，私たちが経験するパターン認識の過程では，ボトムアップ処理では説明できないような現象も観察できます。たとえば，図 11-2 を見ていると「帽子をかぶった人の横顔」が見えるようになりますが，この絵の各部分だけを取り出してみると，目も鼻も口も眉も，そして帽子も服も，どれも単独ではけっしてそれとわかるような形をしていません。それにもかかわらず，ひとたび人の顔が見えると，それに伴って目や鼻など各部分の見え方が決まります。この場合は，私たちが知識としてもっている情報

図 11-3　主観的輪郭

（出典）　Kanizsa, 1976 より作成。

が先に利用され，全体としての意味のある見え方が成立してから，次に部分的特徴に関する情報の処理が行われていると考えられます。このような過程のことを，トップダウン処理といいます。もちろん，この場合でもボトムアップ処理がまったく行われていないわけではなく，線や形などの部分的な特徴の処理が全体の見え方に影響を与えていることは明らかです。パターン認識は，ボトムアップ処理とトップダウン処理とが同時に働いて，複雑に相互作用しながら成立する過程であると考えられています。

　形の知覚においては，このように知識の影響を受けて成立する側面もあるのですが，知識や経験とは独立な法則に従う側面もあることが指摘されています。

　たとえば，図 11-3 を見てみましょう。中央に白い三角形が見えませんか。あまり見つめ続けていると消えてしまうのですが，全体を眺めていると，周囲よりもやや明るく，輪郭があり，手前に重なって置かれているような実体感のある三角形が見えるのではないでしょうか。実際には輪郭線は存在しないのに，あたかも

図11-4 ミュラー・リヤーの図形

輪郭線があるかのように知覚されるというこの現象は，主観的輪郭と呼ばれています。輪郭線が存在しないことを知識としては知っていても，存在するように見えてしまうのですから，これは知識に依存しない知覚現象であると考えられます。

　このような現象のほかの代表例として，錯視があげられます。図11-4は，有名なミュラー・リヤーの図形ですが，中央の線分に物差しを当ててみて，同じ長さであることを何度確かめたとしても，やはり異なる長さに見えてしまいます。このように，長さや角度，形態といった図形のもつ客観的な性質が，実際とは異なって知覚されるという例は数多く見出されており，幾何学的錯視と総称されています。

　一般に錯視現象は，知覚の誤りではなく，視知覚の法則に従って生じるものと考えられています。私たちの知覚は，自身をとりまく世界の物理的な性質をそのまま模写しているのではなく，何らかの変換をほどこしながら，自らの知覚世界を主体的に構成するようにして成立しています。視知覚におけるそのような過程は，何らかの一般的な法則に従っているはずなのですが，その詳細はまだ明らかではありません。錯視現象について調べることは，視知覚の法則を解明するための1つの方法といえましょう。

　近年研究が進んでいる錯視図形のいくつかを口絵ページに紹介しました。錯視の不思議さを実際に体験してみてください。ただ

し，見え方には個人差があることが知られています。

奥行きの知覚　　私たちの眼前に広がる風景は，ほとんど
の場合に奥行きのある 3 次元の空間と
して知覚されます。それは，当たり前のことのように思えるかも
しれませんが，視知覚が成立する過程は，眼の網膜の面上に光の
像ができることから始まりますので，その時点では 2 次元の画像
でしかありません。そのような画像から奥行きが知覚されるのは，
さまざまな 奥行きの手がかり が利用されているためと考えられ
ています。奥行きの手がかりには，左右の眼の網膜上にできる 2
つの像をもとにして働く両眼性の手がかりと，片方の眼の像だけ
でも働く単眼性の手がかりとがあります。

　両眼性の手がかりとしては，両眼視差 が重要です。これは，奥
行きのある対象の網膜上の像が，左右の眼でやや異なったものに
なることを利用します。たとえば，両手の人差し指をそれぞれ上
に向けて両眼の前に立て，どちらか一方を遠くに離してみましょ
う。そして，左右の眼を交互に閉じて片方の眼だけで見ると，2
つの指の間隔が違って見えることがわかるはずです。このような，
左右の眼の像に生じる相対的な位置のずれが両眼視差です。

　図 11-5 は，両眼視差の生じるしくみを示しています。この図
で左眼像と右眼像として描かれているような画像を，それぞれ
左右の眼に別々に提示すると，2 つの画像が融合して 1 つに見え，
さらに中央の正方形の領域が手前に浮き出て見えます。両眼に
別々に提示すると奥行きが見えるような 1 組の画像のことを，ス
テレオグラム といいます。

　図 11-6 は，黒い点と白い点がランダムに配置された図形で，

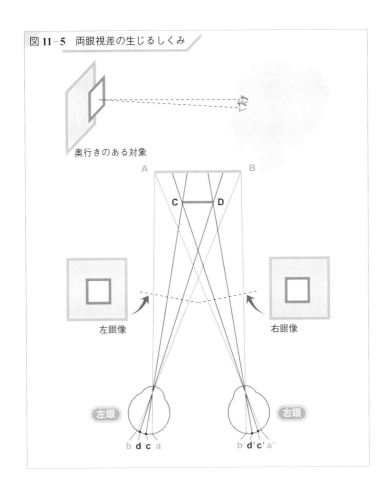

図 11-5　両眼視差の生じるしくみ

奥行きのある対象

A　B

C　D

左眼像　　　右眼像

左眼　　　右眼

b d c a　　b′d′c′a′

同じように中央の正方形部分のパターンの位置にずれがあるように作られています。それぞれの画像のなかには正方形領域は見えませんが，これらの画像を両眼に別々に提示すると，正方形部分が浮き出て見えます。アメリカの心理学者ユレシュによって考案されたこのような画像は，ランダムドット・ステレオグラム と呼

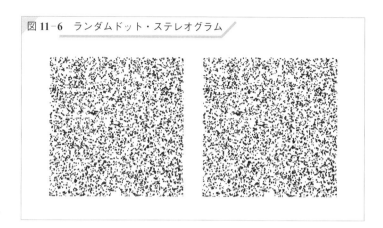

図 11-6 ランダムドット・ステレオグラム

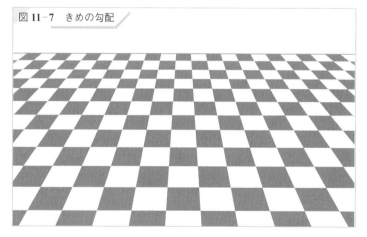

図 11-7 きめの勾配

ばれています (Julesz, 1971)。

　他方，奥行き視が生じるための単眼性の手がかりには，さまざまなものがあります。たとえば，ある対象のほうが別の対象の一部を隠しているように見える場合には，隠されている対象のほうが遠くにあるように見えます。また，遠くにあるものほど網膜に

映る像は小さくなることから，図11-7に示すような対象の面を構成する「きめ」（テクスチャー）が，遠くにあるものほど細かく密になるという きめの勾配 の効果や，同じ幅や高さが遠くに向かって続く場合に，像が1点に向かって収束するという 線遠近法 の効果が，奥行きの手がかりとして重要です。

　物体に光が当たったときにできる陰影の効果や，遠くにある対象がかすんで見えるという 大気遠近法 と呼ばれる効果も手がかりとなります。

　さらに，もしも観察者の視点が動くような場合には，非常に大きな奥行きの手がかりが得られます。たとえば，電車に乗っていて外を眺めていると，注視しているところより近くにある対象は，自分の移動する方向と逆方向に，近いものほど速く移動するように見えることがわかります。逆に，注視しているところより遠くにある対象は，自分の移動する方向と同じ方向に，遠くにあるものほど速く移動するように見えます。このような，奥行きの違いによって生じる相対的な動きのずれのことを 運動視差 といいます。運動視差は，観察者が頭を動かすだけでも生じるので，日常生活では奥行きの手がかりとして有効に利用されています。

　このほかに，近くを見ようとするときに眼の水晶体の厚みを増す調節の作用や，両眼を内側に回転させようとする輻輳の作用に伴う筋肉の感覚も，奥行きの手がかりとして利用されています。

動きの知覚

　人間に限らず，動物一般において，対象の動きを検出する知覚は鋭敏で，視野内のどこで動いたとしても気づきやすいものです。「動き」の知覚は，対象の形が知覚されてからそれが動いているとわかるのでは

なく，形の知覚とは独立に生じる過程であると考えられています。

　動きを知覚するためには，もしも空間内の1点を注視している場合には，動く対象の網膜上の像が動きますので，それを手がかりにすることができます。ところが，眼や頭を動かした場合には，静止した対象の網膜上の像が動くことになります。それでも，私たちには静止した対象は静止して見え，動く対象は動いて見えるのはなぜでしょうか。それは，動きの知覚においては，眼や頭を動かしているという情報が常に利用されていて，網膜上の像の動きと眼や頭の動きとを総合した結果として知覚が成立しているためと考えられます。

　動きの知覚は，実際には対象が動いていない場合にも生じることがあります。このような現象は，一般に 仮現運動 と呼ばれています。ゲシュタルト心理学者のウェルトハイマーは，2つの光点や2つの線分を異なる位置に置いて，適当な提示時間と時間間隔で交互に点滅させると，一方から他方へのなめらかな動きが知覚されることを示しました。同じような例としては，町のネオンサインなどで，並んだ電球が次々に点滅をしていくと，1つひとつの電球はただ点滅を繰り返しているだけなのに，動きが見えるという体験をしたことがあると思います。

　他方，視野のなかで安定して静止していると知覚されやすいものが動いた場合に，それが動いたとは知覚されず，実際には動いていない他のものが動いているように見えることがあります。遊園地などで見かける「びっくりハウス」では，自分自身は静止しているのに，まわりの壁などが回転を始めると，自分の体のほうが逆方向に回転するように感じてしまいます。夜空の月を眺めていると，雲が動いているのにもかかわらず，あたかも月のほうが

動いているように見えるという例も同様で，このような現象は誘導運動 と呼ばれています。

　真っ暗闇のなかに，1つの光点だけがあったとしましょう。この光点をしばらく見つめていると，動いていないはずの光点がいろいろな方向に動いて見えるようになります。これは，自動運動と呼ばれる現象で，視野のなかに安定した枠組みとして見えるものがないために生じると考えられています。

　また，動いている対象をしばらく見つめたあとに静止している対象を見ると，静止しているはずの対象が動いて見えるようになるという現象があり，運動残効 と呼ばれています。たとえば，滝をしばらくの間見つめたあとに，そばの岩や木に目を移すと，それらがゆっくりと上昇していくように見えます。この現象は，特に滝の錯視 とも呼ばれています。

知覚の恒常性　向こうから人が近づいてくる場面を考えてみましょう。その人の姿が網膜に像を結びますが，その網膜像の大きさは，図 **11**-**8** に示すように，観察者との距離が半分になるとほぼ2倍になります。つまり，10m の距離から5m の距離まで近づいたときに2倍，さらに2.5m まで近づくとその2倍というように，網膜像の大きさは，人が近づくにつれてどんどん大きくなっていくことになります。しかし，私たちの体験では，それほど大きくなるようには感じられず，むしろ人の大きさはほとんど変わらないように見えます。

　このように，対象との距離が変化しても，対象の見えの大きさが比較的一定に保たれる現象を，大きさの恒常性 といいます。一般に，ある対象がどの程度の大きさに見えるのかは，その対象の

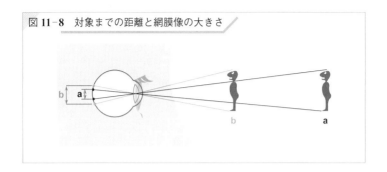

図 11−8　対象までの距離と網膜像の大きさ

網膜像の大きさだけでなく，対象までの見かけの距離の情報も合わせて決まります。そして，もしも網膜像の大きさが同じであれば，見えの大きさは見かけの距離にほぼ比例する（遠いものほど大きく見える）という関係が成り立ちます。

　地平線の近くにある月が，上空にあるときよりもかなり大きく見えることは，誰でも経験していることと思います。この現象は月の錯視と呼ばれており，古くからさまざまな理由が考えられてきました。重要なことは，月が地平線の近くにあるときも上空にあるときも，その網膜像の大きさは変わらないという事実です。そこで，考えられる理由の1つとして，月が地平線の方向にあるときのほうが，上空にあるときよりも，遠くに見えているのではないかということが指摘されています。網膜像の大きさが同じで見かけの距離が大きいわけですから，見えの大きさが大きくなるというわけです。

　次に，テーブルの上に丸い皿がのっている場面を考えてみましょう。真上から見た場合には網膜像は円形ですが，横のほうから角度をつけて見た場合には楕円形になります。しかし，そのときの皿の見え方は，網膜像そのものよりはずっと円形に近くなる

ことがわかっています。このような現象を 形の恒常性 といいます。この場合にも，皿の近い部分と遠い部分を見分けるような奥行きの手がかりが使われていると考えられています。

第10章で，トマトの色が赤く見えるのは，すべての波長を含む太陽光のなかの赤い光だけが反射されて眼に届くからだということを説明しました。ところが，トマトの色の見え方は，反射して網膜に届く光の波長だけで決まるわけではありません。たとえば，家のなかの照明のもとで見る場合，照明に含まれる波長は太陽光とは違っていて，トマトの表面で反射してくる光の波長成分も，太陽光の場合とは異なります。しかし，トマトの色は，そのような照明の違いによる波長の変化によらず，同じような赤に見えます。このように，物体の色が，照明条件の変化によらず一定の見え方を保つ現象のことを，色の恒常性 といいます。また，通常は家のなかの照明は太陽光よりもはるかに暗いため，反射してくる光の強度もずっと弱くなりますが，トマトの色の明るさがそんなに暗く見えることはありません。このような現象は，明るさの恒常性 と呼ばれます。

これまで，恒常性という名で呼ばれるいくつかの現象を見てきましたが，恒常性はなぜ生じるのでしょうか。恒常性に共通の性質として，私たちのものの見え方が，網膜像の性質のみによって決まるのではなく，対象の実際の特性に近いものになるということがあげられます。これは，知覚の役割が，自分自身をとりまく外界のことを知ることにあるということを考えれば，当然のことといえるかもしれません。もしも私たちの脳が，外界を網膜像のとおりに解釈していたならば，さぞかし変化の激しい環境のなかにいると感じられることでしょう。恒常性のおかげで，私たちを

とりまく外界が安定して知覚されるのです。

本章のサマリー

知覚は，私たちをとりまく外界のなかで，注意を向けた部分を意味のあるものとしてとらえる働きです。目の前に何らかの形が見えるのは，図と地の知覚やまとまりの知覚，パターン認識などの過程を経た結果です。しかし，主観的輪郭や錯視の現象にみられるように，網膜像として得られた情報が，必ずしもそのまま知覚されるとは限りません。形の知覚においては，知識や経験の効果だけでなく，形そのもののもつ性質によって見え方が決まるという側面も重要です。奥行きの知覚も，網膜像は2次元であるにもかかわらず，さまざまな手がかりをもとに3次元の見え方を作り出した結果です。動きの知覚は，網膜像の動きと，自身の眼や頭の動きとを総合して成り立っていますが，実際には動いていないものが動いて見えるという現象も多くみられます。知覚の働きの一般的な特徴として，網膜像の性質ではなく対象の実際の特性を反映するという傾向があり，恒常性と呼ばれています。知覚は，さまざまな手がかりをもとにして，適応的に見えの世界を作り上げる過程であると考えることができます。

もっと詳しく学びたい人のための参考図書

三浦佳世『知覚と感性の心理学』（心理学入門コース 1）岩波書店，2007

視知覚の研究成果を，新しい知見も含めてわかりやすく概説するとともに，絵画を鑑賞する際などに生じる感性的な心の働きとの関連を追究している意欲的な書です。

大山正ほか編『新編　感覚・知覚心理学ハンドブック』誠信書房，1994／『新編　感覚・知覚心理学ハンドブック Part2』誠信書房，2007

　　🔖　大著ですが，感覚と知覚に関する諸問題について詳しく知りたいときには，役に立つハンドブックです。

北岡明佳『だまされる視覚——錯視の楽しみ方』（DOJIN 選書 1）化学同人，2007

　　🔖　本書に掲載した口絵の錯視図形に驚嘆する読者も多いことでしょう。現在，錯視研究の第一人者であり，錯視図形をアートにまで高めた著者による錯視の科学への誘いの書です。

中村浩・戸澤純子『ポテンシャル 知覚心理学』（テキストライブラリ 心理学のポテンシャル 2）サイエンス社，2017

　　🔖　知覚心理学の標準的なテキストで，さまざまな知覚現象の具体例を絵や写真を用いてわかりやすく説明しています。

第12章 記 憶

覚えることと忘れること

PSYCHOLOGY

犯罪捜査や裁判において，目撃者の証言が重要な役割を果たすことはよく知られています。また同時に，そのような証言がどの程度まで信用できるのかについても，たびたび議論になっています。多くの心理学者が，目撃証言に影響を与えるさまざまな要因を明らかにしてきました。それらの研究によれば，目撃者の記憶がいろいろな条件によって変化してしまうことが示されています。

たとえば，アメリカの心理学者ロフタスら（Loftus et al., 1974）の行ったある実験では，参加者は2台の車が衝突する場面の映像を見せられ，そのあとで，2台の車がどれくらいのスピードで走っていたかを尋ねられました。このとき，参加者によって質問の表現が変えられました。ある参加者は，「2台の車がぶつかったとき，どれくらいのスピードでしたか」と尋ねられ，また別の参加者は，「2台の車が激突したとき，どれくらい

のスピードでしたか」と尋ねられたのです。その結果，前者の答えの平均は時速54.4kmだったのに対し，後者の答えの平均は65.3kmとなり，10km以上も差が出てしまいました。さらに，同じ参加者に対して1週間後に，「割れたガラスを見ましたか」と尋ねたところ，実際には割れたガラスは映っていないにもかかわらず，「見た」と答える参加者がいて，前に「激突」という言葉で尋ねられた参加者ではとくにそのような答えが多くみられました。一般に，目撃証言における記憶の誤りは，本人が気づいていない場合がほとんどで，自分の記憶に対する確信度と記憶の正確さの間には，あまり関係がないという指摘も多くなされています。

記憶の過程

「去年の夏休みには何をしましたか」と聞かれたとき，あるいは少し前に紹介された人の名前をいおうとするときのことを想像してみましょう。きっと，すぐに思い出せる場合もあれば，どうしても思い出せない場合もあることでしょう。あるいは，思い出したつもりでも，実際には違っていたという場合もあるかもしれません。なぜこのようなことが起こるのでしょうか。私たちの記憶は，どのようなしくみをしていて，どのように働いているのでしょうか。

　記憶の役割は，ある時点で得られた何らかの情報を，時間がたってから利用することができるという点にあります。たとえば，前もって試験勉強をしてから試験に臨んだら，首尾よく勉強したところが出て，正しく答えることができたという場合を考えてみましょう。このように記憶を役立てるためには，どのような条件が必要でしょうか。まず，勉強の仕方が悪くて何も覚えることができなければ，思い出せるはずがありません。情報が正しく記憶のなかに入る必要があります。次に，勉強したときから試験まで

の間，記憶のなかにある情報が正しく保存されていることが必要です。そして最後に，試験の場で情報を正しく記憶から取り出す必要があります。

　この例から，記憶には3つの段階があることがわかります。第1の段階は，情報を記憶に貯蔵するときの過程で，符号化 と呼ばれています。なぜそのように呼ばれるかというと，情報は貯蔵されるときに形を変えると考えられるからです。試験勉強で本を読んでいる場面を想像してみましょう。もしも，情報がすべてそのままの形で貯蔵され，目の前にある本のページが，写真のように見たままの姿で記憶されたとすると，はたして試験のときに役に立つでしょうか。おそらく，ページ全体がありのままに思い出されたとしても，もう一度読み直さなければならなかったり，必要のない細かい情報まで含まれていたりして，けっして便利ではないはずです。本を読むときには，内容を理解しながら要点だけを覚えていられるように，記憶は効率的に働くのです。つまり符号化の過程では，重要な情報を残して不要な情報が排除されるように，情報が縮減され変換されるのです。

　第2の段階は貯蔵 で，情報を記憶に保持する過程です。おそらく多くの人が，忘れること，すなわち忘却 の原因は，貯蔵した情報が消えてしまうためと考えているのではないでしょうか。一般に，記憶の痕跡が時間経過とともに消失していくことを崩壊 といいます。しかし，忘却の原因としては，もう1つの重要な過程が考えられています。それは，他の情報を貯蔵したことによる妨害効果で，干渉 と呼ばれています。干渉には，以前に貯蔵された情報が，新しい情報の記憶を妨害するという順向干渉と，後から貯蔵された情報が，以前からの記憶を妨害するという

逆向干渉 とがあります。

　記憶の第3の段階は，思い出すときの過程で，検索 と呼ばれています。たとえ情報の符号化が効率的に行われ，また正しく貯蔵されていたとしても，検索に失敗すれば忘れたことと同じです。「確かに覚えているのに，どうしても思い出せない」という体験は誰にもあることでしょう。それどころか，私たちが体験する忘却の大部分は，貯蔵の段階での情報の消失ではなく，検索の失敗によると考えられています。すっかり忘れてしまったと思われていた記憶でも，何かのきっかけで突然よみがえるという場合が非常に多いのです。検索の過程では，貯蔵されている多くの情報のなかから，求める情報を見つけ出して意識化する必要があります。ところが，それがうまくいかず「あと一息なのに思い出せない」という状態になってしまうことを，「喉まで出かかる（tip-of-the-tongue）現象」とか TOT 現象 と呼んでいます。

感覚記憶

　図 **12-1** にある3行4列のアルファベットの配列を，一瞬だけ見てから目を閉じてみましょう。そして，何の文字があったか，できるだけたくさん思い出してみてください。何文字思い出せるでしょうか。このような実験を行ってみると，多くの人はだいたい4文字か5文字しか思い出せません。このことは，私たちが瞬間に見て覚えていられる範囲が4文字から5文字ということを意味しているのでしょうか。

　アメリカの心理学者スパーリング（Sperling, 1960）は，このときの記憶の働き方を調べるために，次のような 部分報告法 と呼ばれる実験を工夫しました。まず，図 **12-1** のようなアルファ

図 12-1　感覚記憶を調べる実験の刺激

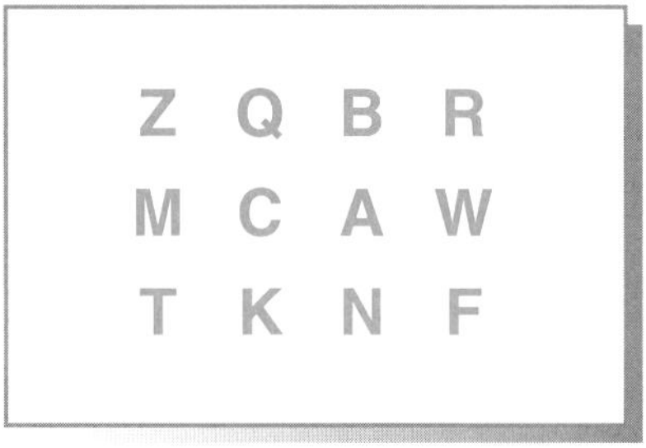

```
Z Q B R
M C A W
T K N F
```

ベットの文字配列を 1/20 秒間だけ見せ，それが消えた直後に高い音，中位の音，低い音のいずれかを鳴らします。実験参加者は，その音が高い音ならば一番上の行を，低い音ならば一番下の行をというように，音の高さに対応した行にある文字だけを答えます。どの行を答えればよいのかは，文字配列を見るときにはわかりませんので，参加者は文字配列全体を覚えようとしなければなりません。

　このような実験を行ってみると，参加者はどの行でも大部分の文字を思い出すことができました。つまり，配列のなかにあるほとんどすべての文字を覚えていたことになります。ところが，音を鳴らすタイミングを遅らせてみると，成績は急に悪くなりました。文字配列が消えてから 1 秒後に音を鳴らした場合には，音を鳴らさずにすべての文字を答えさせる 全体報告法 の成績と変わらなくなってしまいました。この実験の結果は，見えた情報を数分の 1 秒という短い時間だけ，すべてそのまま貯蔵しておくような記憶の存在を示しており，アイコニックメモリ と名づけられています。同じような記憶の存在は，耳で聞く音響情報の処理過程

でも認められており，総称して 感覚記憶 と呼ばれています。

　感覚記憶は，非常に短い時間の情報の貯蔵であるため，日常生活で意識されることはほとんどありません。しかし，私たちが感覚器官を通じて取り入れた情報を処理し，認識や理解といった高次の過程へと処理を進めていく際の，第1段階にある記憶システムとして位置づけられます。

短期記憶

　スパーリングによる部分報告法の実験では，答えるべき文字数を4文字以内に制限したために，ほとんどすべての文字を答えることができました。このことは，見えたままの情報が貯蔵される記憶と，覚えている文字を答えるために使われる記憶とが，異なるシステムであることを示しています。後者の，文字を答えるために使われる記憶は，短期記憶 と呼ばれています。全体報告法の場合でも部分報告法の場合でも，答えることのできた文字というのは，感覚記憶に貯蔵された文字の情報のうち，数分の1秒の間に短期記憶へと転送された情報であったと考えられます。短期記憶は，必要に応じて情報を短時間貯蔵しておくための記憶システムで，たとえば電話番号を見てから電話をかけるときに，ボタンを押し終わるまで電話番号を覚えておくといった場合にも使われています。

　また短期記憶は，このような「見たものや聞いたものをしばらくの間覚えている」というときだけでなく，私たちが何かを考えているときに常に使われています。たとえば，会話をしているときに相手の話を理解するためには，話されている言葉そのものをしばらくの間記憶しておく必要がありますし，暗算をするときには，計算が終わるまで途中の数を記憶しておく必要があります。

つまり，心のなかで行われるさまざまな情報処理の作業では，情報を一時的に貯蔵しておく場が必要とされるのです。短期記憶は，そのような役割を果たしていると考えられ，とくにそのような機能に注目した場合に，ワーキングメモリ（作業記憶または作動記憶）と呼ばれることがあります。

　短期記憶の重要な特徴は，貯蔵できる情報の容量に限界があるということです。感覚記憶は，見えたままの情報をすべて貯蔵できるという意味で，容量にはほとんど限界がありませんが，短期記憶の容量限界はかなりはっきりしています。たとえば，4桁の数字「4725」を1回読んでから目をつぶって，すぐに復唱してみてください。おそらく，簡単に正しく復唱できたと思います。それでは，12桁の数字「814065287394」を1回読んでから目をつぶって，復唱してみてください。今度は，とても難しいと感じたのではないでしょうか。通常は，個々の数字の間にまったく関連がない場合，覚えていられる数字の個数は7桁前後が限界とされています。このことは，数字に限らず，どのような材料を使ったとしても同様で，短期記憶にしばらくの間貯蔵しておける情報の限界は，7±2項目の範囲内になるといわれています。ただし，この場合の「項目」は，意味的にまとまった単位を1つとして数えます。たとえば，「41262816」は8桁の数字ですが，「よい風呂に入ろう」と覚えたとすると，これで1つの意味をもつとみなされますので1項目となります。アメリカの心理学者ミラー（Miller, 1956）は，このような意味的なひとまとまりの項目のことをチャンクと名づけました。短期記憶の容量限界は，チャンクを単位として決まりますので，見かけ上は多くの項目であっても，まとめて意味づけることにより情報をチャンク化すれば，貯蔵で

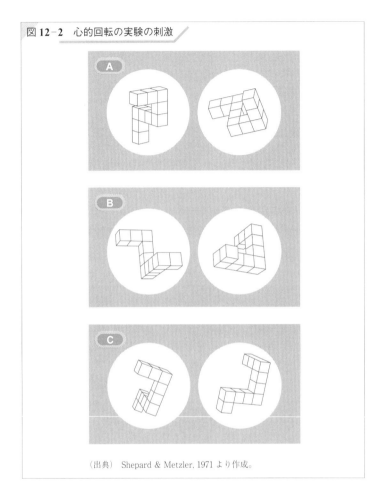

図12-2　心的回転の実験の刺激

（出典）　Shepard & Metzler, 1971 より作成。

きる情報の量を増やすことができるのです。

　電話番号を見てから電話をかける場合，通常私たちは，電話を
かけるまでの間に数字を忘れないようにするために，頭のなか
で，あるいは口に出して，覚えた数字を繰り返すという作業を行
います。このような作業は，リハーサルと呼ばれます。このとき，

短期記憶内の情報は，数字のもつ形態的な性質ではなく，発音するときの音声のような性質をもっていると考えられます。これは，本を読んでいるときや考えごとをしているときなども同様で，情報が音韻的に符号化されているものと考えられています。

　他方，電話をかける相手の顔や行動をイメージとして思い浮かべるときなどには，あたかも見たままの情景を再現するように，情報は視覚的・空間的に符号化されているように思われます。アメリカの心理学者シェパードらは，図 **12-2** のような図形を使って，このようなイメージのもつ性質を調べました。参加者の課題は，左右に並んだ 2 つの立体の片方を回転させれば，もう片方の立体に一致するかどうかを，できるだけ速く判断するというものです。このとき，2 つの立体の間の回転角度をいろいろに変えてみると，判断に要する時間は回転角度と直線的な関係になり，角度が大きいほど判断に時間がかかることがわかりました。これは，頭のなかで立体のイメージを空間的に回転させてから，一致するかどうかの判断を行っていることを示唆しています。このような現象は，心的回転（メンタル・ローテーション）と呼ばれています。

長期記憶

　過去に経験したことがら，あるいは過去に覚えたことがらを，長い期間，場合によっては一生の間覚えているのが 長期記憶 です。試験勉強をしているときには，覚えたいことがらがきちんと長期記憶に貯蔵されれば，試験中に思い出すことができてよいのにと思うことでしょう。ところが，長期記憶に貯蔵されていたとしても，試験に正しく答えられるとは限りません。出題のされ方によって，思い出しやすさに違いがあることは，誰でも経験しているはずです。

一般に，記憶を調べるための方法にはさまざまな種類があり，方法によって成績が異なることが知られています。最も難しいと考えられるのは，覚えたことがらをそのまま再現することで，再生と呼ばれています。また，再生の際に何らかの検索手がかりが与えられる場合を 手がかり再生 といい，このほうが容易になります。図 **12-3** の(a)は再生を求める問題の例，(b)は手がかり再生の例です。他方，図 **12-3**(c)では，示されているものが覚えたものと一致するかどうかの確認が求められています。このような思い出し方のことを 再認 といい，一般に再生よりも容易に行うことができます。

　再生も再認も行えないような場合でも，長期記憶にまったく情報が保持されていないとはいえません。たとえば，あることがらを覚えるのに30分かかったとして，1カ月後にはまったく再生も再認もできなくなったとしましょう。そこでもう一度覚え直したら，15分で覚えることができたとします。この場合，学習時間が半分に節約できたということは，何らかの情報が保持されていたことを意味します。このような記憶のテスト法を，再学習法といいます。19世紀後半のドイツで，実験心理学の基礎を築いたエビングハウスは，子音－母音－子音の3文字からなる無意味音節のリストを記憶材料として，さまざまな時間経過の後に再学習でどのくらい時間が節約できるかを調べました。図 **12-4** は実験の結果を示しており，グラフの縦軸の「節約率」は，最初の学習に要した時間に対する，節約できた時間の割合を意味しています。グラフを見ればわかるように，学習後数時間以内で節約率は急激に下がるものの，1日以後は1カ月を経過しても節約率がゼロにはならず，記憶が保持されていることがわかります。このよ

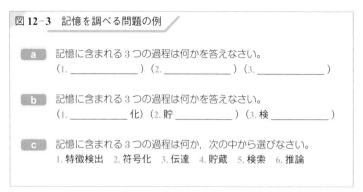

図 **12-3** 記憶を調べる問題の例

a 記憶に含まれる3つの過程は何かを答えなさい。
(1. ＿＿＿＿＿＿＿) (2. ＿＿＿＿＿＿＿) (3. ＿＿＿＿＿＿)

b 記憶に含まれる3つの過程は何かを答えなさい。
(1. ＿＿＿＿＿化) (2. 貯＿＿＿＿＿＿) (3. 検＿＿＿＿＿＿)

c 記憶に含まれる3つの過程は何か，次の中から選びなさい。
1. 特徴検出　2. 符号化　3. 伝達　4. 貯蔵　5. 検索　6. 推論

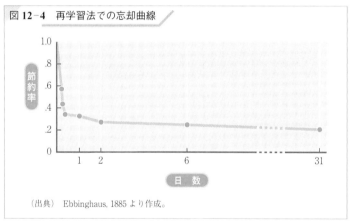

図 **12-4** 再学習法での忘却曲線

節約率

1.0
.8
.6
.4
.2
0

日　数

1　2　　　　6　　　　　　　　　31

（出典）　Ebbinghaus, 1885 より作成。

うなグラフのことを 忘却曲線 といいます。

　長期記憶に情報を貯蔵するために，符号化の過程ではどのような作業が必要でしょうか。覚えなければならないことを，何度も繰り返しリハーサルすればよいかというと，必ずしもそうとはいえません。リハーサルには，単に短期記憶に情報をとどめておくだけの効果しかない 維持リハーサル と，長期記憶に情報を貯蔵するように働く 精緻化リハーサル の2種類があると考えられて

います。そして，精緻化リハーサルを行うには，情報の意味を解釈したり，他の情報と関連づけたりする作業を伴う必要があります。情報に対してどの程度の深さの処理を行うかによって，長期記憶に貯蔵される程度が決まるとする 処理水準説 によれば，単に形を調べるだけとか，発音してみるだけとかいうような浅い処理を行った場合よりも，意味を考えるというような深い処理を行った場合のほうが，記憶の成績がよいとされています。

　長期記憶は，貯蔵される情報の種類によって，少なくとも3種類に分けることができます。1つは，過去の個人的な体験を再現するような記憶で，エピソード記憶 と呼ばれます。たとえば，「去年の夏はカナダへ旅行した」とか，「小学生のときに習字で賞をもらった」など，体験したときや場所が特定できるような種類の記憶です。2つ目は，過去の経験に基づいて形成された一般的な知識で，意味記憶 と呼ばれます。たとえば，「カナダはアメリカの北にある」とか，「日本では6歳から小学校に通う」など，体験したことの再現ではなく，いつどこで覚えたかも特定できないような事実や情報の記憶です。3つ目は，車の運転の仕方や箸の使い方など，動作や習慣が身についているという記憶で，手続き的記憶 と呼ばれます。自転車に関する記憶を例にとれば，はじめて自転車に乗れたときの記憶はエピソード記憶で，自転車とは何かを知っているのが意味記憶，そして自転車の乗り方を知っているのが手続き的記憶です。

知識とスキーマ

　長期記憶は，私たちの日常生活のさまざまな場面で，知識として利用されています。たとえば，レストランで食事をしようとしたときに，入り口

を入ってからの行動は次のようなものでしょう。

　　席に案内してもらう → メニューを見る → 料理を注文する
　　→ 食事する → 　レジで勘定を払う

　ところが，過去にレストランに一度も入ったことのない人は，その場その場でどうすればよいのかわからず，戸惑うことでしょう。一連の行動をスムーズに行うには，レストランでの行動に関する知識が必要とされるのです。このような知識は，通常はレストランに入るという経験を通して記憶されるのですが，1つひとつの場面での行動としてではなく，一連の行動として体系づけて記憶されていると考えられます。ですから，多少違った店構えのレストランでも，とくに意識することなく一連の行動をとることができます。ところが，外国旅行などでシステムの異なるレストランに入ったときには，おおいに戸惑うことになります。自分で料理を取りに行くカフェテリアや，テーブルにチップを置くレストランにはじめて入ったときには，1つひとつの場面で注意を払いながら行動しなければなりません。

　私たちは，日常生活で利用することのできる膨大な量の知識をもっており，必要な場面ごとに必要な知識が取り出され，利用されます。このような知識は，断片的な記憶の集まりとしてではなく，意味的にまとめられ，体系化されて貯蔵されていると考えられています。一般に，ものごとを理解したり，一連の行動をとったりする際に利用される体系的な知識のことを，スキーマ と呼んでいます。私たちが，日常生活のなかで，正しくものごとを理解し，適切な行動をとることができるのは，膨大な知識のなかから適切なスキーマを取り出し，利用することができるからです。ところが，適切でないスキーマが利用されたり，スキーマが取り

出せなかったりした場合には，正しく理解したり適切に行動したりすることができません。たとえば，次の文章を読んでみましょう。

> 手順はまったく簡単である。まず，ものをいくつかの山に分ける。もちろん，全体量によってはひと山で十分である。もしも設備がないために，ほかの場所へ行かなければならないとしたら，それが次の段階であるが，そうでなければこれで準備完了である。一度にたくさんやりすぎないことが大切である。多すぎるよりは，少なすぎるほうがましだ。これがいかに重要かは，すぐにはわからないかもしれないが，やっているうちに面倒なことが起こるし，かえって高くついてしまう。はじめのうちは，複雑な手順のように思えるかもしれないが，すぐに生活の一部となるはずだ。この作業が必要でなくなるのが，近い将来とは思えないし，いつなのかは誰もいえないだろう。手順が完了したら，材料を再びいくつかの山に分け，それぞれを適当な場所にしまえばよい。それらはまた使われ，同じサイクルを繰り返さなければならないのだが，これは生活の一部なのだからしかたがない。
>
> （出典）　Bransford & Johnson, 1972 より筆者訳。

　この文章が何を意味しているのかが理解できますか。理解できない場合には，適切なスキーマが利用されていないものと考えられます。この場合に必要とされるのは，「洗濯」に関する体系的な知識の利用です。

　20世紀の前半に，イギリスの心理学者バートレット（Bartlett, 1932）は，実験参加者にさまざまな文章や絵を覚えてもらい，しばらくたってから再生してもらうという実験を行いました。その

結果，参加者の記憶は，個人的な解釈や経験などによってさまざまに変化してしまうことが見出されました。たとえば，「幽霊の戦い」と題する北アメリカ先住民の民話についての記憶は，時間とともに文章が省略されて短くなり，自分なりの解釈に従って合理化され，内容が置き換えられていきました。バートレットは，一連の実験の結果をふまえ，人間の記憶は単に覚えたことがらを再現するようなものではなく，過去の経験から形成されたスキーマに従って再構成されるものであると主張しました。なお，バートレットの実験の参加者も，冒頭に紹介した目撃証言の実験の参加者と同様に，自分の記憶が変化したという意識はありませんでした。

本章のサマリー SUMMARY

　記憶には，符号化，貯蔵，検索という3つの過程が含まれます。忘却の原因としては，符号化過程の欠如，貯蔵における情報の崩壊と干渉，検索の失敗などが考えられます。感覚器官を通じて取り入れた情報の処理の第1段階は，感覚記憶への短時間の貯蔵です。その後，短期記憶に情報が転送され，さまざまな処理が行われます。短期記憶に貯蔵できる情報の容量には限界があり，チャンクを単位として7項目前後とされています。短期記憶では，音韻的な符号化に基づく処理と，視覚的・空間的な符号化に基づく処理が行われると考えられています。長期記憶は，長期間覚えていることのできる記憶ですが，再生や再認，再学習など，課題の種類によって検索の難易度が異なります。また，長期記憶は貯蔵される情報の種類によって，エピソード記憶，意味記憶，手続き的記憶の3種類に分けることができます。一般に，知識は断片的

な記憶の集まりではなく，スキーマと呼ばれる体系的な記憶として取り出され，利用されます。

もっと詳しく学びたい人のための参考図書　BOOKS

太田信夫編『記憶の心理学と現代社会』有斐閣，2006

　　記憶の心理学の研究を幅広く取り上げ，わかりやすく解説するとともに，それらが日常生活や現代社会の諸問題とどのように関係するのかを具体的に説明しています。

高野陽太郎編『記憶』（認知心理学 2）東京大学出版会，1995

　　記憶に関するさまざまなトピックや研究成果が紹介されています。各章に読書案内がついています。

日本認知科学会監修／太田信夫・厳島行雄編『記憶と日常』（現代の認知心理学 2）北大路書房，2011

　　記憶に関する基礎的な研究と，日常生活との関連や臨床的な問題を扱う応用的な研究が，テーマごとにわかりやすく説明されています。

第13章

学習・言語

経験を生かし，人間らしく生きる

PSYCHOLOGY

　親子で楽しく読書している写真にも見えます。でも，この年代の子ど
もにはまだ字は読めないのです。けれども人間の子どもは「ここから言
葉の能力が育ってくるのかなあ」と思われるような遊びをたくさんしま
す。その遊びを育てるのはまわりの人々の仕事。そこには暖かい眼差し
と心のふれあいが欠かせません。そうした土台の上にさまざまな能力が
育っていきます。そのプロセスを考えると，そこには人間以外の動物と
も共通する行動変容の原理が働いていることがわかります。この章では
その原理とその応用について学ぶことにしましょう。

学習とは何か

私たちは新しい行動を身につけて環境に適応します。そのために必要なのが学習の能力です。心理学でいう学習とは学校の勉強のことではありません。経験の結果による，比較的長続きする行動の変化のことをすべて 学習 といいます。

人間の柔軟な学習能力は私たちの生活を豊かにしてきましたが，それは長い進化の過程で身につけてきたものです。学習の原理を探るためには人間以外の動物の研究が大きな役割を果たしてきました。

馴化——学習の原点

最も単純な学習として，慣れること（馴化）があります。馴化とは，同じ刺激を繰り返して提示したときに，その刺激に対する反応が低下していく現象です。たとえば，部屋に入ると時計がカチカチ時を刻む音が耳に入るとします。最初は気になりますが，そのうちどうでもよくなるでしょう。あまりに単純な現象なので，ふだん私たちが馴化について意識することはほとんどないかもしれません。学習の一種だということも自覚していないと思われます。しかし，先に述べた学習の定義には見事に当てはまります。馴化ができるからこそ，私たちは，当面の課題に関係のない無害な刺激にいちいち反応するというエネルギーの浪費を抑えることができるのです。

馴化による反応の低下は運動器官の疲労によるものではないかと思われがちですが，脱馴化 と呼ばれる現象があることから単なる疲労ではないことがわかります。脱馴化とは，馴化が生じたところで最初の刺激とは違う刺激が提示されると再び反応が起こる現象です。

図 13-1 a 馴化−脱馴化の実験

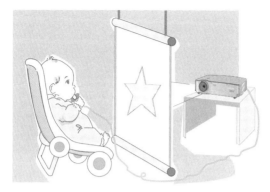

（出典）下條，2006 より作成。

図 13-1 b 馴化−脱馴化の実験結果の模式図

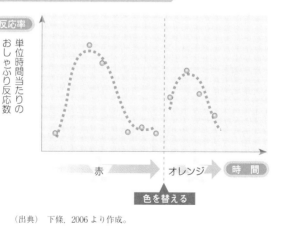

（出典）下條，2006 より作成。

この馴化−脱馴化は，いろいろなことを調べるために利用できますが，乳幼児の心の世界を知ることもその1つです。ここでよく用いられる実験は赤ちゃんに何かを見せて，おしゃぶりを吸ってもらうものです（図13-1 a）。同じ画像が続くと赤ちゃんのおしゃぶり反応は馴化し，だんだん間隔があいて小さくなります。しかし，ここで絵柄を替えると赤ちゃんの反応は再び強くなります（脱馴化：図13-1 b）。こういう実験から，まだ言葉を話せない赤ちゃんも外界の出来事の違いがかなりわかっていることが証明されました（下條，2006：第3章も参照）。

刻印づけ（インプリンティング）

鳥類では発達の初期におもしろい学習が起こります。これは動物行動学でノーベル賞に輝いた ローレンツ が発見した現象です。生後まもない（生後15〜30時間）アヒルのヒナは，この時期にはじめて見た自分よりも大きな動く物体を追いかけるようになるのです（図13-2）。自然界ではその物体はまず間違いなく母親と一致するわけなので，これはアヒルのヒナにとっては生存に有利な行動です。また，これは経験の結果として起こる永続的な行動変化なので学習です。ところがこの現象には，①発達初期の限られた時期（鋭敏期という）にのみ生じる，②特別な報酬や罰がいらない，③いったん成立した反応は後々まで残る，④成立する反応の種類が限られている，といった特徴があります。特別な学習と考えられ，刻印づけ（インプリンティング，刷り込み）と呼ばれています。

人間にこんな現象があるかどうかは明らかではありません。しかし，親への愛着形成（生後6カ月前後）や言語の獲得，味覚の

図 13-2　ローレンツの刻印づけ

好みの形成などには，多かれ少なかれ刻印づけと似た特徴が当て
はまるように思われます。

| 古典的条件づけ |

たえず変化する環境に適応するには，こ
れから何が起こるかが予測できれば有
利です。そのメカニズムの1つが 古典的条件づけ です。またの
名をレスポンデント条件づけ，あるいはパブロフ型条件づけとい
います。その名の通り，この原理を明らかにしたのはロシアの生
理学者 パブロフ です。

　有名なパブロフの実験は，ご存知の方も多いでしょう。パブ
ロフは図 13-3 のように，イヌの唾液腺にちょっとした手術をし
て，唾液の分泌量を測定できるようにしました。イヌの口に肉の
粉を入れてあげると唾液の分泌が起こります。これは生まれつ
き（生得的）の反射で，いつでも必ず（無条件に）起こることで

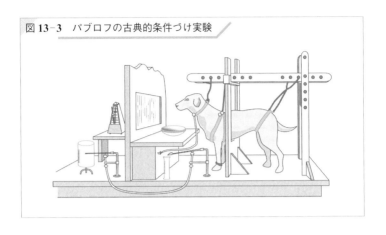

図13-3 パブロフの古典的条件づけ実験

すから，肉粉を 無条件刺激（unconditioned stimulus: US），唾液分泌を 無条件反応（unconditioned response: UR）といいます。ここで，メトロノームをカチカチ鳴らしてから肉粉を与えます（対提示）。刺激の対提示を繰り返すと，音の提示直後，肉粉を与える前に唾液が分泌されるようになります。この唾液分泌は対提示を経験したならば（if），起こる（then）というわけで，メトロノームの音を 条件刺激（conditioned stimulus: CS），音に対する唾液の分泌を 条件反応（conditioned response: CR）といいます。パブロフは US と CS の対提示を 強化 と呼びました。

また，CR としての唾液分泌量は図13-4のようにだんだん増えていきます。こういう現象を 獲得 と呼んでいます。強化されないと CR は弱くなります。これを 消去 といいます。しかし，消去といっても，消しゴムで字を消すように CR が消えてしまったわけではありません。その証拠に時間がたつと CR はやや復活します。これを 自発的回復 といいます。

ご承知のように，メトロノームはテンポを変えることができま

図 13-4 古典的条件づけの図式とその形成過程（学習曲線）の模式図

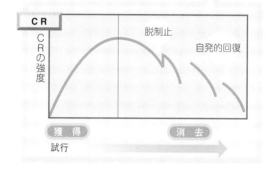

　獲得の過程では，対提示の反復に従って CR の強度が増大していきます。学習は当初は急速に進みますが，やがてその向上速度が鈍化し頭打ちになります。CS のあとに US を対提示せずに，CS のみを繰り返し提示する手続きを一般に消去といいますが，その結果，CR の強度が徐々に減少し，ついに CS に対して CR が生じなくなる現象のことも消去と呼びます。ある程度消去が進んだあとに，しばらく時間をおき再び CS を提示すると，CR の強度がある程度回復します（自発的回復）。また，消去試行中に CS 提示の途中で別の刺激を提示すると（たとえば，メトロノームの音を聞かせながらベルを鳴らすと），やはり CR の強度が一時的に回復します（脱制止）。この 2 つの回復現象から，消去過程は単純な CR の減衰過程ではなく，条件づけ過程を反対方向に制止する過程であることが示されます。

（出典）　山本，1984 より作成。

す。パブロフは強化に使ったテンポとは違うテンポの音を聞かせたらどうなるかを調べました。そうすると，テンポの違う音にもある程度のCRが見られ，オリジナルのテンポから遠ざかるにつれてCRは弱くなりました。これは行動の柔軟性を示す現象で，刺激般化 といいます。

　私たちの日常生活では，古典的条件づけは主に身体の反応と関わっています。朝，学校や仕事に出かけなければならないときにお腹が痛くなる，これから面接だと思うと冷や汗をかく，ふと灰皿が目に入ったために禁煙に失敗する。こういうことが起こる秘密はおそらく古典的条件づけです。何がCSで何がCRか，USとURは何だったか，考えてみてください。

オペラント条件づけ

古典的条件づけでは，URやCRは特定の刺激に 誘発（emit）されて起こるものでした。しかし，人間も動物もさまざまな行動を 自発（emit）しています。そのなかから，あるものが頻繁に起こるようになり，別のものはだんだん起こらなくなる，それは特定の行動をしたときにどんな結果が起こったかによって変わっていくわけです。この現象を徹底的に考えた原理が オペラント条件づけ です。

　オペラント条件づけには「ソーンダイクの問題箱」という先駆けがあります（図13-5 a）。ソーンダイクは仕掛けをはずさないと外へ出られない箱に少しお腹のすいたネコを入れて，外に餌を置き，ネコが脱出する過程を記録しました。はじめて問題箱に入れられたネコは，周囲のものを引っかいたり咬みついたりし，またわずかな隙間を強引に押し通ろうとします。しかしそのうちに偶然，紐や輪といった仕掛けに足がかかり，脱出に成功します。

図 13-5 a　ソーンダイクの実験に用いられた典型的な問題箱の略図

図 13-5 b　ネコが問題箱から脱出するまでの時間を 5 匹の被験体
　　　　　　ごとに試行を追って示したもの

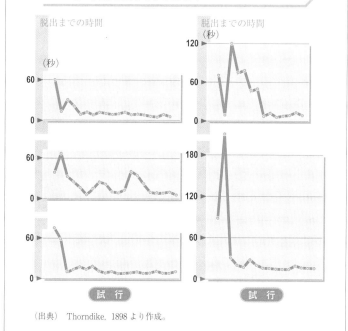

（出典）　Thorndike, 1898 より作成。

図 13-6　ラット用オペラント実験箱

（ラベル）音提示用スピーカー　照明光　グリッド　餌トレイ

無駄な行動は経験を重ねるうちに減っていき，脱出に要する時間も短くなります（図13-5 b）。このような学習を試行錯誤学習と呼びます。その後，スキナーがこれを発展させてオペラント条件づけの手続きと概念を確立しました。スキナーがよく使った実験装置は図13-6に示したような箱で，小さなスイッチがついています。動物がこのスイッチを押すと壁の後ろにある給餌装置から錠剤型の餌粒が出ます。

　オペラント条件づけではある行動をした後に何かが起こり，その後その行動の頻度が増えたら，そのような操作を強化といいます。パブロフの用語法とは違うので注意しましょう。逆に，後にその行動の頻度が減るような操作を弱化（または罰）といいます。また，「何かが起こる」といいましても，何かがあらわれる場合と消える場合があります。あらわれる場合には「正の」，消える場合には「負の」という修飾語をつけます（図13-7）。

　勉強したら100点がもらえた，その後よく勉強するようになっ

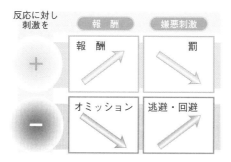

図 13-7 強化の種類と操作

反応に対し
刺激を

	報酬	嫌悪刺激
＋	報酬 ↗	罰 ↘
−	オミッション ↘	逃避・回避 ↗

　矢印の方向は反応が増加するか，減少するかを示す。
　報酬訓練（正の強化）の例：お手伝いをすると小遣いがもらえる。
またお手伝いをする。
　罰訓練（正の弱化）の例：いたずらをするとしかられる。次に
はいたずらをしない。
　オミッション訓練（負の弱化）の例：職務に違反して，減給処
分を受ける。次回は違反行為をしない。
　逃避訓練（負の強化）の例：A 店に入ると B 店のようなひどい
接客がない。次からは A 店に行く。
　回避訓練（負の強化）の例：ヘッドホンをつけるとまわりの雑
音が聞こえない。同じ状況ではヘッドホンをつける。

（出典）　山本，1984 より作成。

た，それならば 100 点をあげることは正の強化，頭痛薬を飲んだ
ら頭痛が消えた，その後その薬を飲む頻度が増えたら，頭痛を消
すことが負の強化です。いたずらをしたら叱られた，その後いた
ずらの頻度が減ったら正の弱化，いたずらをしたらおやつをもら
えなかった，その後いたずらの頻度が減ったら負の弱化です。単
純に「よいことが起こる」「悪いことが起こる」と考えたら間違
いです。あくまでもその後の行動の頻度が問題です。非常に多く

の人が「負の強化とは何か」を間違えるので注意しましょう。

行動の形成と維持　オペラント条件づけで新しい行動を訓練するには，いくつかのコツがあります。まず，現在の状態から目標の状態に至る道筋を細かい中間段階に分けること（スモールステップ），途中で急に難しくなることがあってはいけません。目的とする反応が起こったらすぐに正の強化を与えること（即時強化），その反応が起こったことを学習者が確認できるようにすること（フィードバック），あくまでも学習者のペースで進めること（自己ペース）などです。

　ある程度行動が形成されたら維持の段階に進みます。ここでは反応に対して毎回正の強化を与える必要はありません。ときどき（部分強化 または 間欠強化 といいます）のほうが行動が安定します。ときどきといっても適当にやってよいわけではなく，反応回数に基づく間欠強化，あるいは前回の強化からの時間経過による間欠強化など，いろいろなバリエーションがあります。これを 強化スケジュール といいます。

　オペラント条件づけはあくまでも個体ベースの訓練です。集団ではありません。言い換えれば「落ちこぼれ」を作らないのです。1人ひとりに必ず最適の方法があるはずです。学習がうまくいかないのは，学習者にとって最適の強化法と強化スケジュールがまだ見つかっていないだけだと考えます。

般化と弁別　オペラント条件づけにも刺激般化が起こります。たとえば，ランプが黄色いときにキーをつつくように訓練されたハトは，多少黄緑がかった色

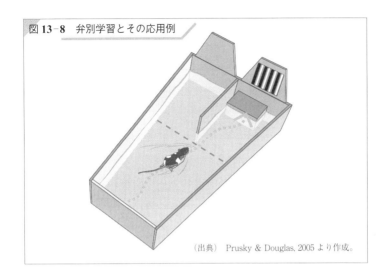

図 **13-8** 弁別学習とその応用例

(出典) Prusky & Douglas, 2005 より作成。

に変わってもある程度はキーをつつきます。ですが，黄色いとき
にはキーをつつけば餌がもらえるが，黄緑ではもらえないといっ
た手続きを使えば，黄色と黄緑が違うことを学習させられます。
違いがわかることを 弁別 といいます。私たちは「青は進め，赤
は止まれ」ということを知っています。これも弁別訓練による学
習の成果です。

　弁別学習は人間や動物の心の世界を知るために利用できます。
図 **13-8** に示す実験では，ラットが縦縞のほうに泳いでいくと，
水から外に出ることができます。この訓練をした後で縦縞をだん
だん細かくして，どこまでの細かさなら灰色と弁別できるかを調
べます。するとこれは一種の視力検査になるわけです。考えたら
視力検査も「〇」と「〇」が弁別できるかどうかの検査ですね。

　さて，青信号−交差点を渡る−無事に向こうに着く，このよ
うな弁別刺激−行動−強化または弱化という３つの関係を 三項

随伴性 といいます。随伴性という言葉には説明が必要でしょう。たまたま，伴う，ということです。私たちは神様ではないので，本当にそれらの間に因果関係があるのかどうかはわかりません。頭痛薬を飲んだら頭痛が消えたのは他の理由によるのかもしれません。ですが経験から「こうではないか」と思っている，だから随伴というのです。私たちが日常生活でどのような随伴性を認知しているかはとても大事なことです。たとえばあなたは課業での「努力」と「成果」の随伴性をどのように認知していますか。それはきっとあなたの今後の「努力」の頻度に影響を与えることでしょう。

| 洞察学習 |

条件づけは非常に強力な学習原理です。しかし学習という行動の現象は多彩で，単なる条件づけの積み重ねとはいえないものもあります。その1つがゲシュタルト心理学者のケーラーによるチンパンジーの実験です（**図13-9**）。天井につるしたバナナを取るためには，床から棒でつついただけではダメで，箱の上に乗っただけでもダメです。これらを組み合わせる必要があります（ケーラー，1962）。そこに到達するまでに試行錯誤がないわけではないでしょうが，少なくとも見た目には突然正解に達したように見えます。しかも，正解に達するまで途中の段階で正の強化を受けることはありません。さらに，一度正解に達したら「できない」状態に逆戻りすることもないのです。このような学習を 洞察学習 と呼んでいます。私たちも，たとえば幾何学の問題を解くときに，よい補助線が引けるまではどうしたらよいのかさっぱりわからないが，補助線が引けたとたんに「わかった！」ということがあったでしょう。洞察

学習には何らかの 認知構造の変化 が重要だと考えられています。

| 社会的学習 | 「他者から学ぶ」ことも重要です。たとえば，迷路を走って餌を拾い集めるラッ |

トの学習課題があるのですが，他のラットが餌を集めるところを見ていると，学習の効率がよくなります。おもしろいことに，見られているラットの行動は下手でもよいのです。動物は他者のエラーからも何か学んでいると思われます（Takano et al., 2017）。

こういう学習を 観察学習 といいます。観察学習の一種に 模倣 があります。バンデュラは大人がおもちゃの人形に乱暴するところを子どもに見せると，子どもも人形をけったり，たたいたりするようになることを示しました（図 13-10）。これが「暴力的な映像を子どもに見せてはいけない」というポリシーの根拠になっているのですが，この学習には観察者（この場合は子ども）がモデルの行動に注意を払っていること（注意過程），それを覚えていること（保持過程），後にその行動

図 13-9　チンパンジーの洞察学習

図 13-10　攻撃行動（らんぼう行動）の観察学習

モデル

男の子

女の子

（出典）　Bandura et al., 1963 より作成。

を再生すること（運動再生過程），その後の行動に対する動機づけ
があること（動機づけ過程）という 4 つの条件が必要です。

　のちにバンデュラはこの考えを学習一般に拡張し，そもそも学
習が成立するためには「何が起こるか」という結果の予期に加え
て，「自分にはそれができる」という効力の予期も必要だと考え
ました。これは随伴性認知の一種といえるのですが，効力の予期
という観点は重要です。それを生む心を 自己効力感 といいます。
自己効力感を育むことは教育にも臨床にも大事です。そのために
はオペラント条件づけのテクニックが有効です。

| 言語の習得 | ◆言葉とは何か，言葉をどのように研究するか |

私たちは学習によって言葉を覚えました。日本に育ったから日本語が使えます。言語の習得が学習の成果であることは明らかなのですが，それだけではないようです。

あらゆる言語行動が学習されたものだと考えるには，訓練経験があまりにも不十分なのです。このことにはすでにプラトンが気づいていました。また，言語の習得には刻印づけほどはっきりしていないものの，臨界期 があるようです。

言葉はシンボルです。「リンゴ」という言葉は赤くて甘酸っぱい果物をあらわす，これがシンボルです。シンボルを操る能力はチンパンジーにも訓練できます。しかし念入りな訓練が必要です。

言葉そのものの研究すなわち言語学には，単語と単語をつなげる規則としての文法（統語論），シンボルとその意味の関係（意味論），コミュニケーションの道具の言葉の使い方（語用論）といった研究課題があります。しかし心理学では言葉を行動の一種と考えます。そこで，言葉を注意，記憶，思考といった一般的な認知能力の反映と考える 認知言語学 や，社会や文化との関わりで言葉によるコミュニケーションの原理や多様性を考える 社会言語学 といった分野が育ってきました。

◆人間は言葉をどのように覚えていくか

多くの子どもがたどる成長の過程（これを 定型発達 といいます）を観察すると，だいたい何歳ぐらいでこんなことをする，という標準のようなものが見えます。しかし，標準にあまりとらわれないでください。発達の早い子も遅い子もいます。その子なりに以前よりも成長していることが大事なのです。

発声・発話に注目すると，その成長は**図13-11**のような経過をたどります。生後数カ月の赤ちゃんは規則的に腕や足を振って屈伸運動のようなことをしますが，やがてこのリズムに呼吸が同期します。そうして，「うー」「えー」といったような母音を発声するようになります（クーイング）。やがて唇の運動が伴い，「まんまん」「かあかあ」といった子音を伴う発声が起こります（喃語，バブリング）。

　ほぼ1歳前後には発声に意味がつながり，「まんま」は食べ物，「かあか」はお母さんを示すシンボルとして機能を始めます（一語文）。1歳から2歳にかけて，子どもは「あらゆるものに名前がある」ことを覚えるようで，話せる言葉の数が急速に増えてきます（語彙爆発）。ある研究によると，1歳半ぐらいまではほぼ10日に1語ぐらいの割合で新しい言葉を覚えるようですが，この時期を過ぎると1日1語の割合で語彙が増えるといいます（小林ほか，2012）。

◆言葉らしさの発育

　語彙が増えるのと並行して，言葉が構造をもつようになります。筆者の子の場合，最初に見られたのは「まいにー（自分のこと）・の」というように助詞がつくことでした。「これは自分のおもちゃだ」という意味です。それから「あーしー・ばいばい」というように2つの単語を並べるようになりました（二語文）。これは「握手をしてからさようなら」という意味です。二語文もランダムに単語を並べるわけではなく，「じゅー（ジュース）・おいしい」というように規則的な順序をもちます。文法が獲得されてくるわけです。

　獲得されるとはいうものの，意味が通るように言葉を並べるこ

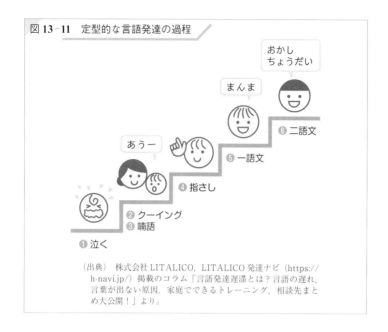

図 13-11　定型的な言語発達の過程

おかし
ちょうだい

まんま

あうー

❻ 二語文

❺ 一語文

❹ 指さし

❷ クーイング
❸ 喃語

❶ 泣く

（出典）　株式会社 LITALICO，LITALICO 発達ナビ（https://
h-navi.jp/）掲載のコラム「言語発達遅滞とは？言語の遅れ，
言葉が出ない原因，家庭でできるトレーニング，相談先まと
め大公開！」より。

と，たとえば主語があって，目的語があって，述語があるという
ような構造をもつ発話は丹念な訓練をしなくてもできるようにな
ります。そのためチョムスキーは文法の原型のようなもの（深層
構造）は人間の脳に生得的に作りつけられていて，この深層構造
を変形することによって人間は無限に文（表層構造）を作り出す
ことができると考えました（図 13-12：変形生成文法：第 14 章も参
照）。深層構造がブローカ領野（第 16 章参照）にたくわえられて
いることを示唆する研究もあります（Sakai et al., 2002）。

　文法の基本は人間が生まれつき脳のなかにもっているのかもし
れません。とはいえ，言葉の発達を促すのは身体の発育による運
動能力の増進，その増進に伴う生活空間の拡大，拡大した空間に
おける周囲の人々との交流といった環境要因であることは確かな

図13-12　変形生成文法（深層構造図）

ようです（お茶の水女子大学子ども発達教育センター，2004）。

◆言葉の心理学と臨床問題

　言葉が順調に発育しているかどうかは養育者にとってたいへん気になるところです。発達障害（表3-1）とされるさまざまな問題の多くが言葉の発育の遅れを伴うと考えられています。「学習障害（LD）」のなかには読むこと，読んだものの意味を理解すること，書くことといった言語能力の苦手なものが含まれており，とくに字を読むことが苦手な場合をディスレクシアと呼ぶこともあります。

　ただし，「障害」という言葉に注意しなければなりません。これはある基準を当てはめてみたときに，統計的な平均から隔たっている可能性がある，という意味です。心理学では「障害」という言葉を使わず，非定型発達ということもあります。学習心理学の観点からすれば，個人差は個性です。必ずその人に合った環境があります。その環境を整え，心理学で学んだテクニックを駆使して，相手も自分も個性をもった人間として接することによって，あらゆる人のQOLを向上させることができるのです。

本章のサマリー

SUMMARY

　学習とは経験を通じて行動に持続的な変化が生じる現象です。私たちは学習によって環境条件の変化に合わせて行動を適応的に調節することができます。単純な学習といえる馴化にも不要な情報には反応しないという働きがあります。代表的な学習として刻印づけ，古典的条件づけ，オペラント条件づけなどを解説しました。学習には多彩な現象がありますが，一般的な原理に立ち返って私たちの行動を振り返ることが重要です。言葉をあやつることも学習の一種ですが，そこには人間ならではの特徴があります。

もっと詳しく学びたい人のための参考図書

BOOKS

今田寛『学習の心理学』（現代心理学シリーズ 3）培風館，1996

　　学習心理学の代表的なテキストで，とくに歴史を追った学説や研究の流れをつかむのに適しています。

内田伸子『発達の心理――ことばの獲得と学び』（コンパクト新心理学ライブラリ 4）サイエンス社，2017

　　言語の発達について，母子のコミュニケーションや認知能力の発達もふまえ，生物学的な基盤にも言及しながらわかりやすく解説されています。児童虐待，学力格差などの問題にもオリジナルな視点から切り込んでいます。

実森正子・中島定彦『学習の心理――行動のメカニズムを探る』（コンパクト新心理学ライブラリ 2）サイエンス社，2000

　　学習の原理とその基礎となる実験事実を丁寧にわかりやすく解説した本です。

山内光哉・春木豊編著『グラフィック学習心理学——行動と認
　知』サイエンス社，2001

　　☙　豊富な図解を使って学習心理学の原理がわかりやすく解説され
　ています。多彩な話題が盛り込まれ，認知科学との接点や言語の獲
　得にも配慮されています。

第 **14** 章　思　　考

論理と直感

$$x_i \in X_i,\ R_j(x) \in Y_j\ (i = 1, 2, \cdots, n;\ j = 1, 2, \cdots, v).$$

$$\xi f_d = -\eta g_d = -_d f v g_d$$

$$(\xi, \eta) = \left(-\left(\frac{v}{b}\right) g_d,\ \left(\frac{v}{b}\right) f_d \right)$$

$$\psi_1 f_1 + \psi_2 f_2 + \cdots + \psi_m f_m = 0$$

$$R(f, d) = O_d \cdot \psi_{1,d} + \cdots + O_d \cdot \psi_{r,d}$$

PSYCHOLOGY

　「大学卒業後，留学前の時期に下鴨の植物園前に住んでおり，植物園の中を歩き回って考えるのが好きだった。5 月ごろだったが，何かのことで家内と口論して家を飛び出し，大学の近くにあった行きつけの中国人経営の理髪店で耳そうじをしてもらっているときに，数学上のある事実に気がつき，証明のすみずみまでわずか数分の間にやってしまった。

　その次は夏休みに九州島原の知人の家で 2 週間ほど滞在し，碁を打ちながら考えこんでいたあとのことで，帰る直前に雲仙岳へ自動車で案内してもらったが，途中トンネルを抜けてそれまで見えなかった海がパッと真下に見えたとたん，ぶつかっていた難問が解けてしまった。自然の感銘と発見とはよく結びつくものらしい」（岡，1963）

　数学者の岡潔は，自身の数学的発見の経験についてこのように語っています。彼は，このほかにもさまざまな発見の体験を紹介していますが，

ある問題について考え込んでいるときには解けなかったものが，まったく関係のないことをしているときに突然解けてしまうということは，一般的によく起こることのようです。しかも，その際に思いついた答えについては，正しいかどうかを確認するまでもなく，「正しい」という確信を伴う場合が多いようです。このような，「あっ，わかった！」という体験のことを，英語では「aha!」という言葉で表現することから，「アハー体験」と呼ぶ場合があります。ギリシャ語では「heúrēka（ユリーカ）」という言葉を使いますが，アルキメデスが王冠の金の純度を調べる方法を浴場で思いついたとき，この言葉を叫んで裸のまま外へ飛び出したという話はよく知られています。

推　論

日常生活を営むうえで，経験が重要であることはいうまでもありません。私たちは，過去のさまざまな経験を記憶しており，その記憶を利用して，場面に応じた適切な行動をとっているのです。たとえば，SNSでの投稿の方法は，経験してみてはじめてわかることといえるでしょう。では，経験したことのない場面に出会ったとき，私たちはどうするのでしょうか。おそらく，そのときの状況の知覚と，さまざまな経験の記憶を利用して，どうするべきかを「考える」のではないでしょうか。このように，知覚や記憶の働きだけでは不十分な場合に，どのように理解し，また行動するべきかを考える働きのことを 思考 といいます。

　私たちが思考を使う場面にはさまざまなものがありますが，ここではやや抽象的な思考について考えてみましょう。たとえば，ある推理小説で，探偵が次のような推理をしたとします。

　●被害者が帽子をかぶっていたことを知っているのは犯人だけです。

●あなたは被害者が帽子をかぶっていたことを知っていました。

●だからあなたが犯人です。

「なるほど，探偵の推理は正しい」と思うことでしょう。探偵は，最初の2つの事実から，最後の結論を導き出したわけです。このように，いくつかの前提となることがらをもとにして，何らかの結論を導き出す過程のことを 推論 といいます。推論には，論理的に正しいものとそうでないものとがあります。たとえば，探偵による次のような推理はどうでしょうか。

●犯人はそのとき帽子をかぶっていました。

●あなたはいつも帽子をかぶっています。

●だからあなたが犯人です。

誰でも，「それはおかしい」と思うことでしょう。実際に犯人であるかどうかは別として，推論そのものが誤りであることが，私たちにはわかるのです。最初の例でも，もしも前提が正しくなければ（たとえば，実際には犯人でなくても被害者が帽子をかぶっていたことを知っていたとすれば），結論は必ずしも正しくないのですが，推論の過程自体は正しいのです。つまり，論理的な正しさは推論の形式によって決まるものであり，たとえば

●すべてのAはBである。

●CはAである。

●だからCはBである。

という推論は，A，B，Cに何を入れても正しいということになるのです。

このように，私たちは推論の働きによって，前提となる経験的な知識をもとに，経験していないことがらについても理解することができます。ところが，私たちの行う推論が，必ずしも常に論

図14-1　ウェイソンの4枚カード問題

　　次の4枚のカードには，いずれも片面にアルファベット文字，もう片面に数字が書かれています。この4枚について，

「片面が母音であるならば，もう片面は偶数である」

という規則が成り立っているかどうかを調べるためには，少なくともどのカードを裏返してみる必要があるでしょうか。

E　　K　　4　　7

（出典）　Wason, 1966 より作成。

理的に正しいとは限らないということが，さまざまな具体例をもとに指摘されてきました。たとえば，図14-1はウェイソンが提起した 4枚カード問題 と呼ばれているもので，正答率が非常に低くなることが知られています。皆さんも，答えを考えてみてください。

　この問題の正解は，「E」と「7」を裏返すというものですが，多くの人が「E」を裏返すことはわかるものの，「4」を裏返すと答えたり，「7」を裏返すと答えなかったりという誤りを犯します。問題文にある規則によれば，片面が子音の場合には，もう片面は偶数であっても奇数であってもかまわないことになります。そこで，「4」の裏面には，母音が書かれていても子音が書かれていても，いずれの場合にも規則に反していないので，裏返して調べる必要がありません。これに対して，もしも「7」の裏面に母音が書かれていたとすると，母音の裏側が奇数であることになり，規則に反していることになりますので，「7」のカードは裏返し

て調べてみる必要があるのです。この問題で誤りが多くなる原因については、さまざまな説が提案されていますが、私たちが日常的に行う推論が、形式的・論理的な正しさのみを反映するものではなく、意味内容に強く依存していることは確かなようです。それは、次の問題を考えてみればわかると思います。

　4人の若者が何かを飲んでいます。1人はビールを飲んでいて、1人はコーラを飲んでいます。他の1人は22歳であることがわかっていて、あと1人は16歳であることがわかっています。「アルコール飲料を飲んでいる人は20歳以上でなければならない」という規則が守られているかどうかを調べるためには、どの人の年齢または飲んでいるものを調べる必要があるでしょうか。

　（出典）　Griggs & Cox, 1982 より作成。

　正解は、ビールを飲んでいる人の年齢と、16歳の人が飲んでいるものを調べることです。この問題は、4枚カード問題と同じ形式の推論を求めているのですが、はるかに容易だと感じられるのではないでしょうか。この例から、たとえ論理的に考えることが困難な問題であっても、日常的な知識を利用して問題の意味することが理解できたならば、正しい推論が容易に行える場合があることがわかります。

確率の推定

　日常生活のなかで、経験的な知識をもとにして、出来事の起こりやすさや事実の確からしさを推定するという場面は多くみられます。たとえば、空を見上げて「今日は雨が降るかなあ」と考えたり、SNS上の

投稿を読んで「本当かなあ」と考えるときには，絶対にどちらか
であると結論づけるのではなく，大まかな確率を推定しているも
のと考えられます。そして，事象によっては，客観的に確率がど
のくらいであるかを示すことができる場合があります。コインを
投げたときに，表の出る確率と裏の出る確率はそれぞれ2分の1
であるとか，サイコロを振ったときに1の目が出る確率は6分の
1であるとかいうようなことは，ほとんど常識といってもよいで
しょう。ところが，これまでのさまざまな研究によると，私たち
の行う 確率の推定 は，客観的に計算される確率とくい違う場合
が多いことが指摘されています。たとえば，コイン投げを続けて，
毎回表が出るか裏が出るかを予想するという場面を想像してみま
しょう。もしも表が4回続けて出たとすると，次に表が出る可能
性はどの程度だと思いますか。何となく，「そろそろ裏が出そう
だ」と考えて，2分の1より小さいと予想するのではないでしょ
うか。実際には，毎回のコイン投げで表と裏の出る確率は，それ
以前の結果とは無関係に2分の1になるのです。このような確率
の推定における誤りは，賭け事の場面でしばしば犯すものだとい
うたとえで ギャンブラーの誤り と呼ばれています。

　カーネマンとトヴェルスキーという2人の心理学者は，確率
の推定にかかわるさまざまな問題を考案して，誤りを犯す原因を
探ろうとしました。たとえば，彼らの行ったある実験では，次
のような問題が1つのグループの実験参加者に与えられました
（Kahneman & Tversky, 1973）。

　　70人のエンジニアと30人の弁護士の計100人に対して，心
　理学者がインタビューを行い，パーソナリティ特性を個人別に

記述したリストがあります。このなかから，ランダムに取り出
したいくつかのものを読んで，それがエンジニアのものである
確率を推定しなさい。

記述には，エンジニアらしいものや，弁護士らしいもの，また
どちらともいえないものが含まれていました。たとえば，どちら
ともいえない記述の例は，次のようなものです。

ディックは30歳の男性。結婚しているが子どもはいない。
能力もやる気も十分で，この分野で成功する可能性はきわめて
高い。同僚からも，とても好かれている。

さて，この実験ではもう1つの実験参加者グループがあり，こ
ちらの参加者には，問題のはじめの部分が「30人のエンジニア
と70人の弁護士の計100人に対して……」というように置き換
えられていて，それ以外はまったく同じという課題が与えられま
した。実験の目的は，2つのグループの参加者が推定した確率を
比較することでした。客観的には，最初のグループではエンジニ
アのほうが多いのですから，後のグループよりもエンジニアと推
定する確率が全体として高くなるべきです。ところが，得られた
結果では，どちらのグループも同じような確率の推定を行ったの
です。どちらともいえない記述に対しては，どちらのグループも
約50%と推定しました。つまり，実験参加者は個々のパーソナ
リティ特性の記述のみをもとに確率を推定し，もともとどちらの
可能性が高いかという情報（これを事前確率といいます）を無視し
てしまったものと考えられます。

上述のコイン投げの場合とこの実験の場合とで，誤りに何か共通する特徴を見出すことはできるでしょうか。コイン投げの例を考えてみると，「表と裏が出る確率はともに50％で，ランダムにどちらかが出るはず」だから，「実際に何回か投げた場合にも，そのときの表と裏の出方は半々で，ランダム順に近いものになるはず」だと予想してしまったのではないでしょうか。つまり，何回かのコイン投げの結果が，「確率50％でランダム」という事象を「代表」すると見なしてしまうための誤りと考えることができます。他方，職業を推定する実験では，個々のパーソナリティ特性の記述が，それぞれの職業である可能性を「代表」していると見なしてしまい，事前確率を無視してしまったものと考えられます。カーネマンとトヴェルスキーは，一般に対象AがBに属する確率や，事象AがBに起因する確率については，AがBを代表する程度，あるいはAとBの類似の程度が高いほど高く推定される傾向があることを指摘し，代表性のヒューリスティックと名づけました。ヒューリスティックとは，厳密な手順をとらない直観的な解決法のことをさし，人間が問題を解く場合にしばしば採用される手段です。

問題解決

　「問題を解く」というと，試験などで与えられた問題に答えようとする場面を想像するかもしれませんが，心理学ではもっと広い意味で問題解決という言葉を使います。たとえば，家に帰る途中で雨が降ってきたけれども，あいにく傘を持っていなかったとしましょう。なるべく濡れずに家に帰りたいが，どうすればよいだろうかと考えます。「やむまで雨宿りして待つ」「傘を買う」「電話をして迎

えに来てもらう」「タクシーで帰る」など，さまざまな解決法が頭に浮かぶことでしょう。一般に，何らかの目標とする状況（この場合は，「なるべく濡れていない状態で家にいる」）があって，現在の状況（「雨が降っているが，家には着いていない」）から目標とする状況に至るための手段が直接には与えられていない（「傘を持っていない」）ときに，目標に至るための解決法を見つけ出す過程のことを問題解決といいます。

　たとえば，**図14-2**のような問題を解く場合を考えてみましょう。少し難しいかもしれませんが，皆さんも試してみてください。「何だかわからないから，適当に数字を入れてみよう」という解き方をした人はいるでしょうか。問題解決の場面で，解決法の糸口が見つからないような場合には，とにかくいろいろな行動を試してみて，偶然にうまくいく可能性に賭けるという方法が考えられ，試行錯誤と呼ばれています。試行錯誤は通常は効率的な方法ではなく，解決に至る可能性は低くなります。それでは，別の方法として，あらゆる可能性を尽くしてしまうことを考えてみま

しょう。D＝5はわかっていますので，残りのA，B，E，G，L，N，O，R，Tに，5を除くすべての数字を順に当てはめていくのです。このようにすれば，もしも正解があるのならば，必ずそれを見つけ出すことができます。問題解決において，ある手順に従って解いていけば，必ず答えにたどり着くことができるような方法のことを アルゴリズム といいます。これは，コンピュータのように規則的な手順を高速で繰り返すことを得意とするシステムでは有効ですが，人間が用いる場合には効率的な方法とはいえません。

そこで，もう少し工夫してみましょう。たとえば，以下のような順序で考えてみてはどうでしょうか。

① 下から1桁目で，D＝5ですから，T＝0であることがわかります。

② 上から2桁目で，Eは0ではありませんので，E＝9でくり上がりがあることがわかります。

③ 下から3桁目で，A＝4で，ここにくり上がりがあることがわかります。

④ 上から1桁目で，D＝5でくり上がりがありますから，Rは7以上ですが，9ではありませんので，7か8ということになります。

⑤ 下から2桁目にくり上がりがありますので，Rは奇数ということになり，R＝7で，L＝8であることがわかります。

⑥ 上から1桁目で，G＝1であることがわかります。残りの数字は，2と3と6です。

⑦ 上から3桁目で，R＝7ですから，N＝6，B＝3であることがわかります。そこで，O＝2となります。

このような手順による解き方は，アルゴリズムと違って，必ず

図 14-3　DONALD＋GERALD＝ROBERT 問題における，ある被験者
　　　　のプロトコル

1.　　それぞれの文字が1つの数だけを示すってことかな……。
2.　　（実験者：1つの数です。）
3.　　10個の文字がある。
4.　　それぞれが1つの数を示すってことか。
5.　　つまり，わかった，**D** が2つあって，
6.　　両方とも5だから，
7.　　つまり，**T** は0だ。
8.　　この問題を書き直してみよう。
9.　　**T** と書いて，**T** は0だ。
10.　ほかに **T** はあるかな。
11.　ない。
12.　でも，もう1つ **D** がある。
13.　反対側にも5があるってことか。
14.　**A** が2つあるぞ。
15.　**L** も2つある。
16.　それぞれが違う数で，
17.　どこかに何か。
18.　この **R** が問題だ。
19.　**R** が3つある。
（321個まで続く）

（出典）　Newell & Simon, 1972 より作成。

答えが見つかるという保証はありませんが，この例のようにうま
くいけばとても効率よく解決に至ります。一般に，必ず解決でき
るという保証はないけれども，うまくいけば効率的に問題を解く
ことのできるような直観的な解決法のことを ヒューリスティック
といいます。

　問題解決の過程を研究するために，実験参加者に考えているこ
とを声に出して報告してもらうという方法がしばしば用いられま

す。このようにして得られた言語データのことをプロトコルといい，人間の思考の特性をとらえるための貴重なデータを得ることができます。人工知能を研究していたニューウェルとサイモンは，プロトコルの分析をもとにして，人間と同じようにヒューリスティックによる方法で問題を解くコンピュータ・プログラムの開発を試みました。図14-3は，図14-2の問題を解こうとしているある実験参加者のプロトコルの一部を示しています。このような同時報告のデータは，問題を解き終わってから報告を求める場合と異なり，思考活動の際に短期記憶にある情報を取り出すことができるので，信頼性が高いと考えられています。

　問題解決においては，うまく解決できないからといって，必ずしも問題が難しすぎることが原因とは限りません。たとえば，図14-4はドゥンカーが行った実験をあらわしたものです。問題は，テーブルの上にあるものを使って，ロウソクを扉に取り付けて火をつけ，3つのランプを作るというものでした。この実験には2つの条件が用意されていて，一方の条件では画鋲，ロウソク，マッチがそれぞれ箱に入れられて，台の上に置かれていました。もう一方の条件では，画鋲，ロウソク，マッチは直接テーブルの上に置かれていて，箱は空になっていました。この問題の答えは，箱を画鋲で扉に取り付けて，その箱の上にロウソクを立てるというものでしたが，箱が空の条件の実験参加者は全員が正解できたのに対し，箱に入れられた条件では半数以下の参加者しか答えられませんでした。この問題を解けなかった参加者は，箱の機能を「入れ物」と限定して解釈してしまったために，ロウソクの台として利用することを考えつかなかったものと思われます。このように，私たちは問題の解決に利用できる事物を，習慣的な利用の

画鋲・ロウソク・マッチが箱に
入れられてテーブルの上に置か
れている。

画鋲・ロウソク・マッチは，箱
から出されて直接テーブルの上
に置かれている。

（出典）　Duncker, 1935 より作成。

際の機能に限定してとらえてしまう傾向があることが知られてお
り，機能的固定性 と呼ばれています。

　問題を解く過程では，解決法を見つけることが重要であること
はいうまでもありませんが，それ以前に問題をどのように理解し
たかが解決できるかどうかに大きく影響します。ドゥンカーの実
験では，物が箱に入れられていた条件の参加者は，問題を理解す
る段階で，箱を単なる入れ物としてしか理解していなかったため
に，箱を台として使うという解決法を見出せなかったと考えられ
ます。問題解決の場面には，問題が文章で示される場合や図で示
される場合，あるいは事物で与えられる場合など，さまざまな状
況があるでしょうが，いずれにおいても場面のなかから本質的な
情報を取り出し，頭のなかで問題を表現し直す過程が存在する
と考えられます。このようにして，頭のなかに形成された問題の
表現のことを 表象 と呼んでいます。表象が形成される過程では，

第 14 章　思　考　　255

問題そのものから抽出された情報に加え，すでにもっている知識がさまざまな形で付け加えられます。その際に，必要な情報が抜け落ちたり，適切でない情報が付け加えられたりすると，解決に至ることができなくなるのです。箱問題が解けなかった実験参加者の表象では，「箱は入れ物である」という余計な知識が利用されてしまった結果，「台として利用できる箱」が表現されていなかったものと考えられます。

概念と言語

概念 とは，ものごとに共通する性質をもとに，一般化して理解するために使われる知識をさしています。私たちは，たとえばネコを見た場合に，過去にまったく同じ種類のネコを見たことがなくても，通常はネコの一種であると判断できます。それは，私たちがネコの概念をもっているからだと解釈されます。そして，ネコやイヌといった概念の上位概念として，動物という概念があることもわかります。概念のもつこのような特性は，カテゴリー としてとらえられます。たとえば，ネコというカテゴリーに属するさまざまな動物のことを，私たちはネコと総称して理解しているのです。また，あるカテゴリーに属する個々の対象のことを 事例 といいます。

ロッシュら（Rosch & Mervis, 1975）は，私たちが日常生活で用いているカテゴリーの性質を，さまざまな視点から調べました。たとえば，カテゴリーに属する事例には，典型的なものとそうでないものがあることや，カテゴリーに属するか属さないかを決めるような性質を明確にすることは通常は困難で，カテゴリーの境界はあいまいであることなどを示しました。自動車は典型的な乗り物ですが，飛行船は典型的な乗り物とはいえず，また馬を乗り

物と呼ぶべきかどうかは状況によるといえるでしょう。一般に，カテゴリーの中心となるような最も典型的な事例の存在を想定して，プロトタイプ と呼びます。カテゴリーの構造は，プロトタイプを中心として，互いに属性を共有するような類似した事例が同じカテゴリーに属するようになっていると考えられます。しかし，典型性の低い事例どうしはまったく類似していない場合もありえることから，カテゴリーは事例ごとの局所的な類似性から成り立っているものと考えられます。たとえば，乗り物というカテゴリーにおいて，自動車とバスは多くの属性を共有していて，互いに類似しているといえますが，三輪車と飛行船とに共通する属性を見つけることは困難です。このような構造のことを，親子や兄弟は似ているが遠い親戚は似ていないという関係にたとえて，家族的（または親族的）類似性 といいます。

　通常，概念には対応する言葉（語）が存在します。そして，日本語ではネコという言葉であらわす概念が，英語では cat とあらわされるというように，同じ概念でも言語が違えば表現も異なります。概念は，私たちがものごとを考えたり記憶したりするときに重要な役割を果たしていますが，それでは言葉は私たちの思考にどのような影響を及ぼすのでしょうか。たとえば，極北に住むイヌイットは，私たちが雪という 1 語であらわすものについて，その状態に応じて数種類の語を使い分けています。イヌイットの生活にとっては，雪の状態の違いは重要な意味をもつために，別々の言葉で表現する必要があると同時に，そのことが雪に関する思考を豊かにしているのではないかと想像できます。文化人類学の立場から言語を研究していたサピアとウォーフは，西欧社会の言語とはまったく異なる体系をもつ言語を使用している民族に

ついて調べ，それらの民族の思考様式が言語の特性に依存していると結論づけました。そして，人間の思考や認識の様式は，使用している言語によって規定されるとする言語相対性仮説を唱えました（Whorf, 1956）。しかし，あることがらに対応する言葉がないからといって，それについての概念をもてないわけではないことが指摘されており，言語がどの程度まで思考や認識を規定するのかについては，まだ十分に解明されていません。

　世界にはさまざまな種類の言語がありますが，語が一定の規則に従って集まって文を構成するという点では共通です。言語学者のチョムスキーは，どのような言語においても文を作り出すための一般的な規則が存在すると考え，生成文法の理論を提唱しました（Chomsky, 1957）。ここでいう文法とは，私たちが母語を使って正しい文を作ることができるための知識をさしています。たとえば，「私は心理学の勉強している」という文がなぜおかしいのかを，学校で習うような「文法」の知識を使って説明することは難しいかもしれませんが，私たちが日本語の文法の知識をもっているからこそ，おかしいことが直観的にわかるのだと考えられます。チョムスキーは，正しい文の生成にあたっては，文の意味を反映するような構造と，それが実際に文として話されたり書きあらわされたりする際の構造とが別々に存在すると考え，前者を深層構造，後者を表層構造と呼びました。深層構造では，文が構成要素に書き換えられるための規則が存在し，図 **14-5** のような句構造として表現できるとされています。そして，深層構造から表層構造への変形の規則も存在し，たとえば深層構造での「The girl hit the boy.」という文から，表層構造での「The boy was hit by the girl.」という受動文を生成することができるように

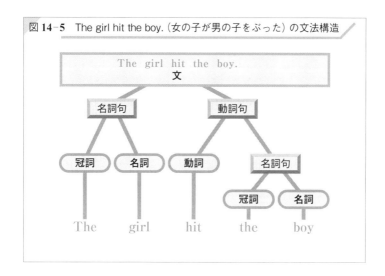

図 **14−5** The girl hit the boy.（女の子が男の子をぶった）の文法構造

The girl hit the boy.
文

名詞句　　　　　　動詞句

冠詞　　名詞　　動詞　　　　名詞句

冠詞　　名詞

The　　girl　　hit　　the　　boy

なっています。このような言語学の理論は，正しい文を生成する
ための規則を記述するものですが，私たちが実際にコミュニケー
ションの手段として言葉を発したり，理解したりする過程を研究
する心理学の立場にも大きな影響を与えました。

本章のサマリー　　　　　　　　　　SUMMARY

　私たちは，たとえ過去に経験したことのないような場面に出
会ったとしても，経験したことの知識をもとにして考え，その場
面を理解し，最適な行動をとろうと計画します。その際の，心の
働きのことを思考といいます。思考を必要とする場面によって
は，論理的あるいは客観的にみて，どうすることが正解であるの
かを記述できる場合があります。論理的な推論においては，通常
は前提となることがらが正しい場合に結論が必ず正しいといえる
かどうかを客観的に示すことができますし，確率の推定において

も正しい確率を客観的に計算することができる場合が多くあります。ところが，人間が行う推論や確率推定では，そのような正解とは違った結論を出してしまう場合が多くみられます。その原因としては，人間の思考が必ずしも論理を前提としているのではなく，状況の意味の理解に基づく直観的なものである場合が多いためと考えられます。問題解決においても，問題をどのように理解したかが，直観的に解決できるかどうかに影響を与えます。思考において使われる経験的な知識は，さまざまな概念として一般化されていると考えられますが，概念に対応する言語が重要な役割を果たしていることはいうまでもありません。人間のもっている言語の知識には，正しい文を生成できる文法の知識が含まれます。

 もっと詳しく学びたい人のための参考図書 BOOKS

安西祐一郎『問題解決の心理学——人間の時代への発想』（中公新書）中央公論社，1985

　問題解決の過程を心理学的に研究することの意味が，具体例をとおしてわかりやすく説明されています。

市川伸一『考えることの科学——推論の認知心理学への招待』（中公新書）中央公論社，1997

　人間の行う推論の特徴について，誤りやすい例を豊富にあげながら，丁寧に解説されています。

ジャッケンドフ，R.（水光雅則訳）『心のパターン——言語の認知科学入門』岩波書店，2004

　人は誰でも言葉を話し，理解できますが，言語は実際にどのように習得されるのでしょう。この本では，子どもたちが文のパターン（文法）をいかに能動的に学ぶかを丁寧に解説しています。

松尾太加志編『認知と思考の心理学』(ライブラリ 心理学を学ぶ
3) サイエンス社，2018

　　記憶と思考に関わる認知心理学の入門書ですが，専門的な研究
　の成果や実験例も詳しく説明されており，この分野の研究の面白さ
　が伝わってくる書です。

脳 と 心

心の生物学的基礎

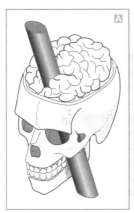

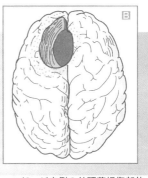

▲ゲージ症例の前頭葉損傷部位

　仕事中に，爆発で吹き飛ばされた鉄の棒が，ゲージ氏の頬から頭へと A 図のように貫通し， B 図に示したように，前頭葉に大きな損傷を与えた。

　1848 年 9 月，アメリカの鉄道工事現場で悲惨な事故が起こりました。火薬の爆発事故で飛ばされた鉄の棒が若き現場監督フィニアス・ゲージ氏を直撃したのです。鉄の棒は左の頬から前頭部へ突き抜けて，ゲージ氏の後方 30m の地点に落下しました。ゲージ氏はしばらく意識を失いましたが，奇跡的に一命をとりとめ，意識も取り戻しました。傷が癒えた後は左眼の視力を失ったこと以外に感覚にも運動にも後遺症は見られず，日常生活を送ることもできました

　ところが，ゲージ氏の人柄は大きく変わってしまったのです。事故の前のゲージ氏は穏やかで礼儀正しく，有能な専門家として皆に尊敬されていました。事故の後，ゲージ氏は気まぐれになり，自分の欲望を抑え

られない粗暴で不遜な人物になってしまったのです。彼の友人たちは「彼はもはやゲージではない」といいました。

この事故で壊されたゲージ氏の脳は，人間でとくに発達している前頭葉でした。人間の「人間らしさ」がここに宿っているのでしょうか。

（出典）A：Harlow, 1868 より作成．B：Stuss & Benson, 1983 より作成。

Chapter 15

　脳は，眠っているときも，起きているときも休みなく活動し，生命を維持するための身体活動はもちろんのこと，私たちのさまざまな心の働きを実現しています。脳の構造や機能の基本を理解すると，「楽しい」「悲しい」といった私たちの気持ちがどうやって生まれるのか，私たちはどうやって手足を動かして環境に働きかけているのか，何かを覚える，思いつくといった心の活動にはどのような意味があるのかといったことを「生き物としての人間の営み」という視点から考えることができるようになるでしょう。

進化の過程で出現した心

　ヒトを含む地球上の生物はすべて，環境に適応するためのさまざまな機能を備えています。生物は，進化のどの段階で脳を獲得したのでしょうか。現存するいろいろな動物がヒトの直接の祖先に当たるわけではありませんが，それらの動物がもっている神経系を調べることによって，ヒトの祖先がどのように脳を作り上げ，その脳が心と呼べるような機能を発達させていったか，その道筋を推測することができます。

◆無脊椎動物

アメーバのような単細胞生物にはまだニューロン（神経細胞）はありません。イソギンチャクのような多細胞生物になると，感覚細胞（受容器）と筋肉細胞（効果器）の間で感覚情報を伝える介在細胞（ニューロンの原始型）があらわれます。クラゲでは，多数の介在細胞が絡み合う網状の構造をもつ神経網があらわれ，プラナリアやミミズでは，ニューロンが集まって塊（神経節）を作り，それが体の縦方向に数珠状，あるいは梯子状に並んだ形の神経系が出現します。神経節は信号を伝えるだけでなく信号を統合する作用ももっていますが，こうした動物では多数の神経節がそれぞれほぼ独立に働いていますので，この神経系は，いわば地方分権的に機能しているわけです。

昆虫やエビなどの節足動物になると，頭部の神経節（脳の原始型）がよく発達して，神経系全体の働きがある程度統合されるようになります。これらの動物では，相当に複雑で目的にかなった行動をとることが可能になりますが，環境の変化に応じて行動を柔軟に変化させていく力は十分とはいえません。

◆脊椎動物

脊椎動物になると，神経系の形態が根本的に変化します。神経系は脳と脊髄によって構成される中枢神経系と，体のすみずみに行き届いた末梢神経系に分かれます。脳は中央集権的な統合装置として働き，多様で柔軟な行動を生みます。

それでは，動物の進化のどの時点で心が生まれたのでしょうか。その答えは，心をどのように定義するかによって変わります。

心を「環境に対する適応機能をもつこと」と考えれば，神経系をもたない原生動物にも心があるといってよいかもしれません。

ザリガニでも単純な学習は可能なので，「経験から学べること」を心の定義とすれば，節足動物に心の働きの芽生えを見ることができます。「外界についての地図やモデルを自分の内部に保持して，それに基づいて適応的な行動を行うこと」を心の条件と考えれば，心をもつのは脊椎動物のある段階になってから，ということになるでしょう。さらに，「自分自身の心の状態や行動に気づくこと」すなわち「自己意識をもつこと」を心の条件とすれば，心が出現するのはチンパンジーあるいはヒトになってから，というべきでしょう。

ニューロンとシナプス　脳を組み立てているのは神経細胞（ニューロン），グリア細胞，そして血管です。これだけしかもっていない単純な器官といえなくもありません。しかしその働きは複雑です。人間の脳には数千億個のニューロンと，その数十倍ほどの数のグリア細胞があるといわれています。グリアというのはグルー（膠）から来た言葉で，その名のとおり，以前は，グリア細胞は脳の形を作っている「骨組みと壁」のようなものだと思われていました。しかし近年ではグリア細胞がニューロンと活発に化学物質のやりとりをし，心の働きに大きく貢献していることがわかっています。血管は脳のすみずみに酸素を運びます。実際，数秒でも脳の血流が止まると私たちは意識を失い，その状態が続くとやがてニューロンは死んでしまうのです。

　ニューロンはさまざまな形をしていますが，基本的には他のニューロンから信号を受け取るためのアンテナ（樹状突起），DNA を含み，さまざまなタンパク質を合成する細胞体，細胞の

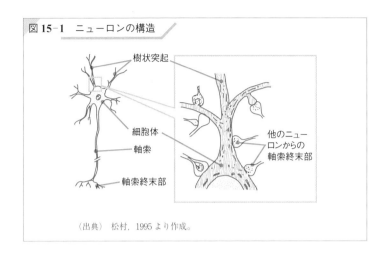

図 15-1　ニューロンの構造

樹状突起

細胞体

軸索

軸索終末部

他のニューロンからの軸索終末部

（出典）松村. 1995 より作成。

電気的興奮を伝える 軸索，それを他のニューロンに引き渡す 軸索終末部 から成り立っています（図 15-1）。ニューロンの軸索終末部が他のニューロンと接するところにはわずかなすきまがあり，シナプス と呼ばれています。

　哺乳類の脳の大部分のシナプスは化学シナプスというもので，電気的な興奮はそのまま通過していくことはできません。軸索終末部には 神経伝達物質 という特殊な化学物質を貯蔵した小胞があります。ニューロンの興奮が終末部まで届くと，この小胞が終末部の膜と融合して神経伝達物質が放出されます。放出された伝達物質は相手方のニューロンがもっている 受容体 という特殊なタンパク質と結合し，相手方のニューロンを興奮させたり，伝達物質によっては抑制したりします（図 15-2）。

◆ニューロンの活動

　1つのニューロンには電気的に興奮しているかそうでないかの2つの状態しかありません。興奮していないとき，ニューロンの

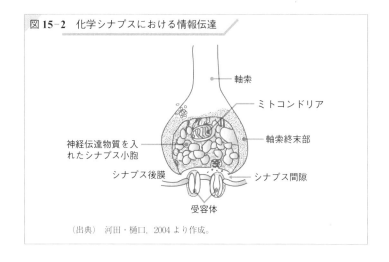

図15-2　化学シナプスにおける情報伝達

軸索

ミトコンドリア

軸索終末部

神経伝達物質を入れたシナプス小胞

シナプス間隙

シナプス後膜

受容体

（出典）　河田・樋口，2004 より作成。

内部は外部に比べて電位が若干マイナスになっています。しかし，受容体が他のニューロンから神経伝達物質を受け取ると，イオンの通り道（イオンチャネル）が開き，外部からプラスイオンが入ってきて，内部の電位が徐々にプラス側に傾き，それが一定の閾値を超えると，そのニューロンが電気的な興奮を始めます（活動電位の発生）。

　活動電位はそのニューロンのイオンチャネルを次々に開きながら伝わっていきます。このため，長い軸索をもつニューロンでも信号が途中で減衰してしまうことはありません。また，多くのニューロンの軸索はミエリンというタンパク質の鞘で覆われており，活動電位はそのくびれたところだけで発生しますから，飛び飛びに興奮が伝わっていくことになり，伝導速度は1秒間に50から100 mもの速さになります。

表 15-1　おもな神経伝達物質

神経伝達物質	機　能	病態への関与	関連薬物
アセチルコリン	自律神経系では発汗や消化液の分泌	消化性潰瘍	抗潰瘍薬
	平滑筋や骨格筋の収縮と弛緩		
	中枢神経系では認知機能	初期認知症	認知機能改善薬
ドーパミン	運動の調節	パーキンソン病	抗パーキンソン病薬
	意　欲		
	精神機能調節	統合失調症	抗精神病薬
ノルアドレナリン	平滑筋や心筋の収縮	気分障害	抗うつ薬
	ストレス反応，覚醒，意欲		
セロトニン	情動，睡眠	気分障害	抗うつ薬
		幻　覚	
γ-アミノ酪酸（GABA）	睡眠，骨格筋緊張	けいれん	抗不安薬 睡眠薬
グルタミン酸	認知機能	神経細胞死	抗けいれん薬 神経保護薬
エンケファリン	痛覚抑制，腸管収縮抑制	鎮痛薬	

（出典）　野村，1998 より作成。

◆シナプス伝達

　1 つのニューロンの軸索のなかを興奮が伝わっていくことを 伝導，シナプスを越えて他のニューロンに興奮を渡すことを 伝達と呼んで区別しています。

　興奮がシナプスを越えるところでは，化学物質がその役割を受け持ちますから，伝達の効率は時々刻々と変わります。ニューロ

ンのネットワークは電子回路のように固定したものではありません。これが私たちの心の柔軟な働きの基礎です。脳では数百種類もの化学物質が神経伝達物質として働いていると考えられていますが，働きや受容体がよく調べられているものはわずかです。しかし，こうした神経伝達物質が私たちの精神機能を調節しており，柔軟であるからこそ，その働きすぎや働かなさすぎがさまざまな心の病気とも関連してきます（表15-1）。

脳の働きを知る方法

心理学者たちは長年にわたって体の反応を調べて心の状態を知ろうとしてきました。たとえば，精神的に緊張すると自律神経系の交感神経系が活発に働きますから，汗をかきます。精神分析で知られるユングは，発汗を調べると精神的な緊張状態がわかると考えました。こうして皮膚電気活動（EDA）の計測が行われるようになりました。

　筋肉の活動も精神状態を推測するために使われます。筋肉はニューロンと同じように活動電位を発生させて収縮します。その信号を増幅すれば筋肉が収縮する様子がわかるのです（筋電図：EMG）。図15-3は大きな音を聞いたときのまぶたの収縮（驚愕反射）を記録した筋電図です。驚愕反射は感覚情報処理や情動の研究に使われています。

　脳波（EEG）は脳のなかの多数の神経細胞が作り出す活動電位の総体を検出したものです。自然な状態での脳波（自発脳波）も睡眠の研究などに利用されますが，光や音などの刺激を提示したときに起こる脳波の微弱な変化（事象関連電位：ERP）も認知情報処理の研究に重要です。

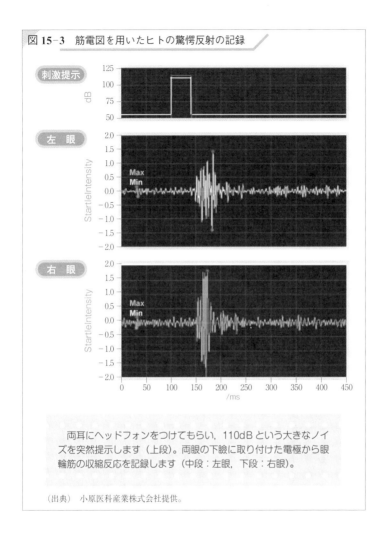

図 15-3　筋電図を用いたヒトの驚愕反射の記録

刺激提示

左　眼

右　眼

　　両耳にヘッドフォンをつけてもらい，110dB という大きなノイ
　ズを突然提示します（上段）。両眼の下瞼に取り付けた電極から眼
　輪筋の収縮反応を記録します（中段：左眼，下段：右眼）。

（出典）　小原医科産業株式会社提供。

　近年では，神経活動に伴う 局所脳血流 を可視化する技術（機
能的磁気共鳴画像法：fMRI や近赤外分光分析法：NIRS）が進歩し，
心と脳の研究は新時代を迎えています。

心の働きを担う脳

脳は進化の歴史を刻んでいます。脳は系統発生的に古い順に，延髄，小脳，橋，中脳，間脳，大脳半球に分かれます。これらのうち大脳半球と小脳を除いた部分は，一括して 脳幹 と呼ばれます。間脳は脳幹の最上部で，視床と視床下部から成っています（**表 15−2**，**図 15−4** の(a)，(b)）。

大脳半球 は脳幹の上部におおいかぶさる形で，左右の半球によって構成されています。左右の半球は，脳梁と呼ばれる約 2 億本の神経線維で結合されています。大脳半球の表面はニューロンがぎっしり詰まった厚さ 2 〜 3mm の薄い層で，大脳皮質 と呼ばれます。大脳皮質のうち，系統発生的に古い部分は旧皮質・古皮質と呼ばれ，新しく出現した部分は 新皮質 と呼ばれます。

大脳半球は，前頭葉，頭頂葉，側頭葉，後頭葉の 4 つの領域に区分されます（**図 15−4** の(c)）。また，旧皮質・古皮質（海馬，帯

表 15−2 脳構造の区分

脳	大脳半球	新皮質	
		旧皮質・古皮質（大脳辺縁系）	
		大脳基底核	
	脳 幹	間脳	視床
			視床下部
		中脳	
		橋	
		延髄	
	小 脳		

（注）中脳，橋，延髄を脳幹とすることもあるが，ここでは間脳を脳幹に含めた。

図 15-4 脳 の 構 造

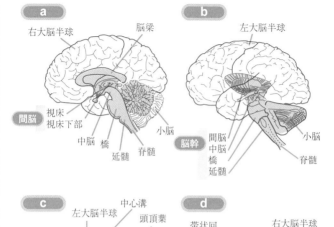

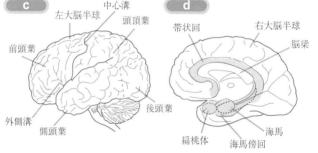

a: 左右の大脳半球を分ける面で脳を切断し、左大脳半球を取り除いて、右大脳半球の内側面と脳幹および小脳の切断面を示した。青い網かけの部分が切断面に当たる。

b: 脳全体を左方から見た図で、脳幹の上部は左大脳半球の外側から透視されている。

c: 外側から見た左大脳半球に脳葉の区分を示した。

d: 図 a の脳幹と小脳を取り除き、右大脳半球の内側面と、脳梁と間脳の断面を示した。青い網掛けの部分が大脳辺縁系に当たる。扁桃体と海馬は大脳半球の内部にあって外部からは見えないので、図では点線で示されている。

状回など）とそれに関連するいくつかの大脳半球内部の核（扁桃体など）は相互に密接に結合しあってシステムを構成しています。このシステムはまとめて大脳辺縁系と呼ばれています（図15-4の(d)）。それではこれから，基礎的なところから総合的なところへという順番で，脳が何をやっているのかを心の働きと照らし合わせて考えてみましょう。

脳の機能──感覚情報
の処理

ものが見える，音が聞こえるとはどういうことでしょうか。光は電磁波，音は空気の振動です。目や耳などの感覚受容器にあるニューロンは，まずこれらの物理的なエネルギーを電気的な興奮に変換します。これが感覚情報処理の第一歩です。ここでは比較的詳しい研究が行われてきた視覚と聴覚について，主な情報処理の経路について述べましょう。

◆視覚情報の伝達経路

　図15-5 は私たちの脳を水平に切った断面です。左右の目から入った情報は視交差で半分ずつ左右両方の大脳半球に振り分けられます。つまり右目であれ左目であれ，右視野に入った光は左半球に，左視野に入った光は右半球に届くのです。

　その情報はまず後頭葉にある一次視覚野に入ります。一次視覚野のニューロンには図15-6 に示すように，特定の傾きをもった光を見たときだけ強く反応するものがあります。また，こうしたニューロンは，左目から届いた光に反応するものと右目から届いた光に反応するものが交互に並んでいます。つまりこの段階では，視覚刺激の要素はばらばらにされ，その特徴が分析されていると考えられるのです。

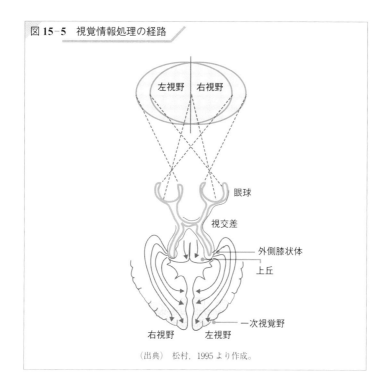

図 15-5　視覚情報処理の経路

左視野　右視野

眼球

視交差

外側膝状体

上丘

一次視覚野

右視野　　　左視野

(出典)　松村, 1995 より作成。

　一次視覚野でばらばらにされ，特徴を抽出された信号は脳の下部（腹側経路）を通って側頭葉に向かいながら統合され，見えたものが何であるかの認知が成立すると考えられます。また，脳の上部（背側経路）を通って頭頂葉連合野に向い，見えたものがどこにあったのかを認知すると考えられています。これらが前頭葉で統合されて，どこに何が見えた，だからこれは木から落ちたリンゴだ，といったような意味づけがなされて，視覚認知が成立するのでしょう。

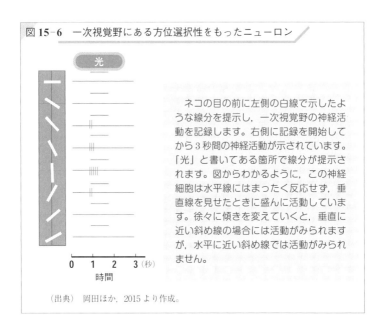

図 15-6　一次視覚野にある方位選択性をもったニューロン

光

ネコの目の前に左側の白線で示したような線分を提示し，一次視覚野の神経活動を記録します。右側に記録を開始してから3秒間の神経活動が示されています。「光」と書いてある箇所で線分が提示されます。図からわかるように，この神経細胞は水平線にはまったく反応せず，垂直線を見せたときに盛んに活動しています。徐々に傾きを変えていくと，垂直に近い斜め線の場合には活動がみられますが，水平に近い斜め線では活動がみられません。

0　1　2　3（秒）
時間

(出典)　岡田ほか，2015 より作成。

◆聴覚情報の伝達経路

　耳のなかにはカタツムリのような格好をした蝸牛という構造があり，蝸牛の底（基底膜）には小さな毛の生えた細胞（有毛細胞）が並んでいます。耳から音が入ってくると，蝸牛のなかのリンパ液が振動し，その周波数に応じて特定の有毛細胞がそよいで活動電位を発生させます。ピアノやバイオリンのように複雑な周波数成分をもった音の場合はどうかというと，数学でいうフーリエ変換に近い分析を行うメカニズムがあると考えられています。これによって，複雑な波形が単純な正弦波を可算したものに分解され，それぞれの正弦波の周波数に対応した複数の有毛細胞が振動します。実に巧妙な仕組みです。

　そこから先の構造を図 **15-7** に示してあります。内耳の蝸牛と

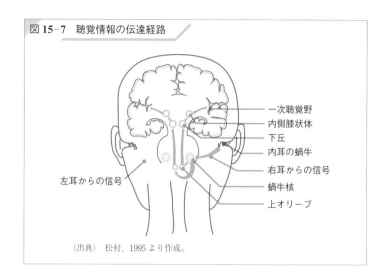

図 15-7　聴覚情報の伝達経路

一次聴覚野
内側膝状体
下丘
内耳の蝸牛
右耳からの信号
蝸牛核
上オリーブ

左耳からの信号

（出典）　松村，1995 より作成。

脳内の蝸牛核とを混同しないようにしましょう。周波数（音の高さ）に応じて特定のニューロンが反応する性質は，蝸牛核から下丘を経て一次聴覚野に至るまで保たれています（トノトピックマップ）。また，聴覚の情報処理には左右の耳に届いた音のわずかな時間差を検出して，音源を定位する仕組みも備わっています。

| 脳の機能──運動指令の発生 |

ご承知のとおり，運動は筋肉の活動です。筋肉に届いている α 運動ニューロンがその最終経路です。運動ニューロンは脊髄から出ているので，最終経路の一段階前の制御は脊髄のなかで行われていることになります。脊髄に指令を送る神経系を下行性運動路といい，錐体路と錐体外路という 2 種類があります。錐体路は主に大脳皮質から出ており，錐体外路は大脳基底核のような皮質下の構造から出ています。また，錐体路と錐体外路はどちら

も小脳と連絡をとりあい，運動の協調を制御しています。運動指令の最初の段階は動こうとする意志を作り出すことで，これは大脳皮質の連合野や，その指令を受けた運動野の仕事です。

　運動の意志や命令が筋肉の動きに変換されるまでにはいくつものシステムが動いています。たとえば私たちは歩くときに，まず右足を出して，次に左足を少しひっこめて，今度は左足を出して，などとは考えていません。しかし実際には筋肉がそのように複雑に動いています。それは，「あそこまで歩こう」という意志を大まかな運動命令に変えるシステム，運動命令を翻訳して左足と右足のリズミカルな動きを発生させるシステム，目標の位置や距離に応じて運動命令を修正するシステムなど，さまざまなシステムが協調的に働いているからです。

脳の機能──大脳辺縁系と動機づけ・情動

　大脳辺縁系は，第5章で述べたような動機づけや情動の働きを担っています。
　大脳辺縁系のなかでも扁桃体（図15-4の(d)）は情動との関わりが深いところです。扁桃体は外界の対象が自分にとって有益なのか，あるいは有害なのかという，快・不快に関わる生物学的な意味づけを行っています。生物学的な価値判断といってもよいでしょう。

　また，間脳の視床下部は，自律神経系や内分泌系を介して内臓の活動やホルモンの分泌を調節し，身体の内部の環境のホメオスタシス（恒常性）を維持しています。

　中脳から大脳辺縁系に至る神経経路のなかには，報酬系と呼ばれるニューロンがあります。1950年代にオールズは，このニューロンを微弱な電気で刺激すると強い正の強化効果があるこ

とを発見しました。報酬系は現在では報酬の到来を予測し，動機づけを高めることによって適応的な行動をとるために不可欠なシステムだと考えられています。

脳の機能——新皮質系の認知機能と遂行機能

新皮質系こそ，冒頭に述べたフィニアス・ゲージ氏の症例で損傷を受けた部位なのでした。そこに「人間らしさ」が宿るとはどういう意味なのでしょうか。

◆心の働きを支える「連合野」

新皮質は，機能の面から３つの領域に区分できます（図 15-8）。第１は，感覚情報に最初の処理を行う 感覚野，第２は運動の指令を出力する 運動野，第３は感覚野と運動野以外の領域で，人間では新皮質の大部分を占めている 連合野 です。

感覚野に届いた情報は，感覚連合野に送られて分析と統合が進みます。感覚モダリティ（視覚，聴覚，触覚など，いわゆる五感のうちのどれか）ごとに感覚連合野があります。各モダリティの連合野は，それぞれの感覚野に接する場所にあります（図 15-8）。また，特定の感覚モダリティに限定されない連合野として，前頭前野と頭頂葉下部に 超感覚モダリティ連合野（または 感覚−感覚連合野）と呼ばれる領域があります（図 15-8）。

中心溝より前に位置する連合野を前連合野あるいは 前頭前野，後ろに位置する連合野を 後連合野 と呼びます。後連合野は感覚野から受け取った情報に分析と統合を加えて知覚や認知を成立させています。前頭前野の働きは次の項で詳しく述べましょう。

新皮質は，魚類にはまったく見られず，両生類でわずかに見られるようになり，爬虫類になってはじめて小さいながらも明確に

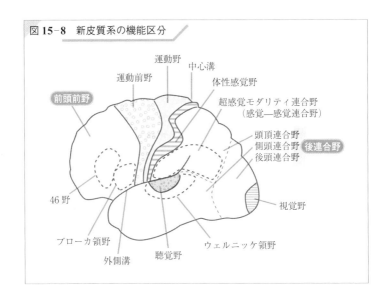

図 15-8　新皮質系の機能区分

（図中のラベル）

運動野
中心溝
運動前野
体性感覚野
前頭前野
超感覚モダリティ連合野
（感覚―感覚連合野）
頭頂連合野
側頭連合野　後連合野
後頭連合野
46 野
視覚野
ブローカ領野
ウェルニッケ領野
外側溝　聴覚野

確認できるようになります。動物が高等になるほど新皮質は拡大します。連合野は，哺乳類になって発達しますが，人間ではいちじるしく発達していて，新皮質の大部分を占めるようになります。

考え，自分を知り，行動する ――「前頭前野」の思考・自己モニタリング・遂行機能

後連合野のおもな機能は外界を認識することにありましたが，前頭前野の機能は，後連合野で行われる認識と，大脳辺縁系で行われる生物学的な価値判断（すなわち感情）に基づいて，適応的な行動を組み立て，運動前野にその遂行命令を出力することにあります。

　ヒトの前頭前野はとくに発達していて，大脳皮質全体の約 3 分の 1 を占めています。この比率は他の動物と比較してはるかに大きく，サル類の約 3 倍以上です。このような前頭前野の急速な増

大が，私たちに人間らしい心の働きをもたらしたと考えられます。前頭前野に関係する心の働きとして，以下のようなものがあります。

◆自己モニタリング（自己意識）

自己モニタリング とは自分自身の行動や心の働きに気づき，それを監視することです。この機能は，外界の対象についてだけでなく，自分自身についての表象をもつことによって成立します。私たちは，この能力により，自己意識 あるいは メタ意識 をもつことになるのです。自己意識をもつことはまた，他者の心の状態を推測したり，自分と他者の関係を理解したりすることとも深く関連しています。

◆情動のコントロール

前頭前野は大脳辺縁系と密接な連絡をもち，情動的な行動を調節しています。ゲージ氏の症例に見られたように，前頭前野に損傷を受けた患者は自分の感情や行動を抑制することが困難になり，衝動的な行動をとりやすいことが知られています。

◆表象の内的操作──思考活動と自己調節機能

表象 とは外界の事物や事象が自己のなかに取り込まれたものです。各種の表象は，私たちのなかでばらばらに存在しているのではなく，外界や経験の秩序にしたがって組織化されて，記憶表象の体系（スキーマ）として貯蔵されていると考えられます。言い換えると，「外界のモデルが脳内に何らかの表現形式で再現されている」ということになります。

私たちは，イメージ・トレーニングで手や足の運動を頭のなかで行うことができます。これは運動表象（運動イメージ）を内的に操作することにあたります。運動しようと思ったり，運動イ

メージを思い浮かべたりした場合には，運動野には神経活動が見られないのに，運動前野の一部（補足運動野）に神経活動が起こっています。

また，作業記憶を必要とする課題を遂行しているときには，前頭前野の特定の部位（46野：図15−8参照）に活動が見られます。目下の課題を解決するために，各種の記憶表象が積極的に利用されているのでしょう。前頭前野の能力は，複雑で長期的な計画を行う際の意図的な行動にも重要な役割を果たしていると考えられます。

本章のサマリー

心と身体との関係は，古くから考察されてきました。現代の哲学でも心身問題は依然として基本的な問題の１つです。19世紀の末に脳の科学的研究がはじまり，心の生物学的な基盤が脳であることが明らかになってきました。また近年，神経科学が急速に発展し，脳の機能が次々に解明されるようになり，意識まで含めた心の働きを脳の機能として研究していく大きな流れが生まれました。系統発生の立場からみれば，脳が複雑な機構を発展させるにつれて，しだいに心と呼んでよい機能が生まれてきて，遂に人間の自己意識を含む複雑な心的過程を実現できる高次脳機能が発生してきたと考えることができます。本章では，脳のそれぞれの構造がどのような心的機能と関連しているかを解説しました。

もっと詳しく学びたい人のための参考図書 BOOKS

岡田隆ほか『生理心理学——脳のはたらきから見た心の世界』（第2版，コンパクト新心理学ライブラリ14）サイエンス社，2015

　　比較的最近の知見を簡潔にまとめた生理心理学の教科書です。心理臨床と脳科学の関連についても触れています。

ピネル，J.（佐藤敬ほか訳）『ピネル　バイオサイコロジー——脳－心と行動の神経科学』西村書店，2005

　　行動の神経機構について，進化や臨床の観点も重視しながら詳しく解説した標準的な教科書です。図版も美しく，豊富なエピソードもまじえてあり，興味をもって読み進めることができます。

理化学研究所脳科学総合研究センター編『脳科学の教科書　神経編・こころ編』（岩波ジュニア新書全2冊）岩波書店，2011（神経編），2013（こころ編）

　　日本が誇る第一線の脳科学研究施設が総力をあげて若い人々向けに書き下ろした教科書です。わかりやすい解説で，基礎的な知識から最新の研究成果まで幅広く明快に書かれています。2冊ともそろえましょう。

第16章

脳損傷と心の働き

失認・失語・健忘の症例に学ぶ

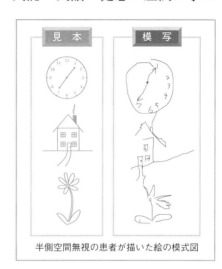

半側空間無視の患者が描いた絵の模式図

PSYCHOLOGY

　左の絵が「見本」です。「これを写してください」といわれた患者さ
んは右のような絵を描きました（Springer & Deutsch, 1981）。ど
の絵にも見本の左半分が描かれていません。見えていないのでしょうか。
実は，見えてはいるが気づいていないのです。このような症状を「半側
空間無視」といいます。どうしてこんな症状が起こるのでしょうか。実
は大脳の右半球に傷（損傷）があるのです。このような症例は脳と心の
関係について大事なことを教えてくれます。社会の高齢化が進んだ現在，
脳梗塞や脳出血で脳の一部が傷つくことは決して珍しいことではありま
せん。私たちはこのような患者さんの回復支援や社会復帰にも力を尽く
さなければなりません。

この章では，脳損傷によって心の働きがどのように障害を受けるかを学び，さらにその障害の特徴から，知覚，認知，記憶，言語などの正常な心的過程の特徴やしくみについて，どのような知識を得ることができるかを考えてみましょう。

脳と心の関係を知る方法

　脳と心の関係を知る方法はいろいろあります。人間以外の動物では，十分な倫理的配慮を行ったうえで脳の特定の部位を破壊したり，刺激したりすることによって行動にどのような変化が生じるかを調べる方法や，心的活動を行わせるように訓練した動物の脳から，ニューロン活動を直接に記録する方法が利用されています。

　人間では主に次のような方法がとられます。1つは，心的活動を行っているときの脳の活動を，脳を傷つけないように測定する方法です。古くから 脳波 が利用されてきましたが，最近では，ポジトロン断層撮影法（PET）や機能的磁気共鳴影像法（fMRI）などの 神経画像法 が開発され，脳の活動を目で見えるかたちの画像としてとらえることができるようになりました。

　もう1つの方法は，病気や事故で脳に損傷を受けて心の働きが害された人々について，その障害の診断と治療の過程で，脳の損傷部位と患者が示す症状や行動との関係を検討する方法です。この方法をとる分野は 神経心理学 と呼ばれていますが，神経画像法を利用できるようになってから，目覚ましい発展をみせています。

脳損傷による心的機能
の障害

運動野や感覚野に病変があると，運動麻痺や感覚の障害など，入力・出力部分の機能が害されます。それに対して連合野に病変がある場合には，損傷を受ける領野の違いによって失認（症），失語（症），失行（症），記憶障害（健忘），注意障害，前頭葉症状など，いわゆる高次脳機能障害が生じます。

冒頭にあげた半側空間無視も特殊な型の注意障害にあたりますが，一口に注意障害といっても，注意機能のどの側面が影響を受けるかによって，以下のようにいくつかのタイプがあります（注意の諸側面については第11章も参照）。

(1) 外界からの刺激に反応できる覚醒状態が低下したり，あるいは覚醒レベルを持続し続けたりすることが困難になる（覚醒の強度と持続性の障害）。

(2) 特定の対象に注意の焦点を絞ることができなくなる（注意の選択性の障害）。

(3) いくつかの対象に注意を配分することができなくなる（注意の配分性の障害）。

(4) 他の対象にすぐに注意が移ってしまったり，あるいは必要に応じて，現在注意を向けている対象から他の対象へ注意を移したりすることが困難になる（注意の転導性の障害）。

失行は，要素的な運動障害や感覚障害がないにもかかわらず，学習によって習熟している行為ないし動作を正確に行うことができなくなる状態です。

以下では失認，失語，記憶障害の症状を参考にして，認知，言語，記憶などの心的過程の特徴やメカニズムについて考えてみましょう。

知覚という用語は，対象を自覚的に見たり，聞いたりする意識現象を指すのが一般的です。「自覚なしの知覚」という言い方はおかしな響きです。しかし，対象を自覚的に見ることができない場合にも，対象からの情報が行動に影響を与えたり，行動に利用されたりする場合があるのです。

視覚野の損傷によって外界の対象を自覚的に見ることができなくなった状態は皮質盲と呼ばれます。皮質盲の患者も，意識されないレベルでは対象を見ているらしいのです。このことは次のような実験から明らかになりました。患者は眼の前に光点を1つ提示されます。光点は空間内のさまざまな方向にランダムに繰り返し提示され，患者は光点が提示された方向を指差して示すように求められます。患者は自覚的には光点を見ることができないのですから，「何も見えないからそんなことはできない」といいます。でも，「でたらめでもよいから」といってとにかく反応してもらうのです。そうすると患者は光点が出現した方向をかなり正確に示すことができました。すなわち，自覚的には見えない対象に対して，行動のうえでは正しく反応できたことになります。「意識と行動の解離」ともいうべきこの現象は，盲視と呼ばれています。

ところで，冒頭にあげた半側空間無視の患者も，左側の空間を無自覚的なレベルでは見ている可能性があります。それは次のような実験から推測できます。大きな紙に花を1本描いてそれを模写してもらうと，患者は，その花の中心線から左半分を切り取ったように，花の右半分だけを描きます。そこで見本の花の脇にもう1本花を描きたして，2本並んだ花の絵を模写してもらうと，

多くの場合患者は完璧な形の花を1本描きます。このことは，無自覚なレベルでは，患者は見本の2本の花全体を1画面としてとらえていることを示しています。その結果，画面全体の中心線から左半分にあたる部分が無視され，自覚できた右側の1本だけが模写されたと考えられるのです。

　自覚される心的過程が 顕在的過程 と呼ばれるのに対して，このような自覚されない心的過程は，潜在的過程 と呼ばれ，現代心理学の重要な研究テーマの1つとなっています（図1-1を参照）。

見えるのにわからない
——視覚失認

◆失認とは

感覚の異常や知能の障害，あるいは意識障害がないにもかかわらず対象を認知できなくなった場合が 失認 です。見たものを認知できなければ 視覚失認，聞いた音を認知できなければ 聴覚失認，また触ったものを認知できなければ 触覚失認 と呼ばれます。失認の患者は，ある感覚モダリティでは認知できない対象を，他の感覚モダリティを使えば認知することができます。たとえば鈴を見てそれとわからない患者も，鈴の音を聞けばすぐに鈴とわかるのです。すなわち失認患者は，鈴について「振れば独特のよい音がするもの」というような知識（意味記憶）を保持していることがわかります。鈴に関するすべての知識が失われた場合にも，やはり鈴を認知できなくなりますが，このような状態は意味記憶の障害にあたり，失認ではありません。意味記憶の障害では鈴を見て認知できないだけでなく，鈴の音を聞いても，鈴を触っても，また鈴という言葉を聞いても鈴であることがわからなくなります。

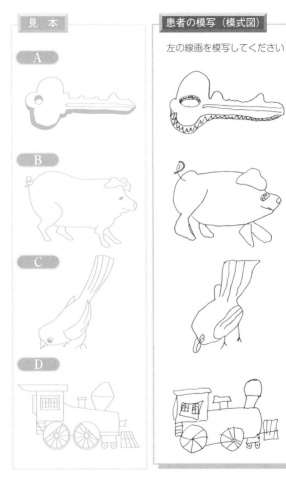

図 16-1　連合型視覚失認患者による線画の模写

見　本

患者の模写（模式図）

左の線画を模写してください

A

B

C

D

（注）　患者は左の線画を模写するよう指示された。
（出典）　Rubens & Benson, 1971 より作成。

図 16-2 連合型視覚失認と統覚型視覚失認

刺激の受容
「何か見える」
　　　が障害されると 視覚障害

知覚像の生成
「形が見える」
　　　が障害されると 統覚型視覚失認

意味の喚起
「何であるかわかる」
　　　が障害されると 連合型視覚失認

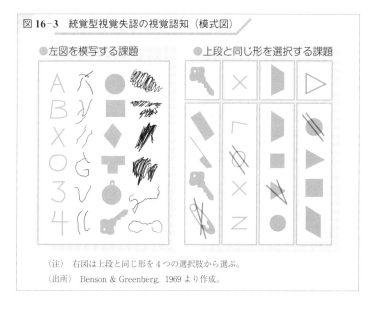

図 16-3 統覚型視覚失認の視覚認知（模式図）

●左図を模写する課題　　　●上段と同じ形を選択する課題

(注)　右図は上段と同じ形を 4 つの選択肢から選ぶ。
(出所)　Benson & Greenberg, 1969 より作成。

◆意味を奪われた知覚——連合型視覚失認

　図 16-1 に，ある視覚失認の患者が見本の絵を模写したものを示しましたが，絵は正確に模写されています。したがって，この患者が対象をきちんと見ていることがわかります。それにもかかわらず，患者は自分が模写したものが何であるかを理解できませ

ん。しかし，鍵や機関車がどのようなものであるかを言葉で尋ねると，正確に答えることができるのです。

　この症例から，見たものを認知する過程は，対象の知覚像が生成される過程と，その後に続く，知覚像が対象の概念（意味記憶）と結びつけられる過程，すなわち意味の喚起の過程の２つから成り立っていることがわかります（図16-2）。この患者の障害は，後者の過程が正常に機能していない状態であると考えられ，連合型視覚失認と呼ばれています。これに対して，視力は正常であるのに模写をすることがまったくできないタイプの視覚失認は，統覚型視覚失認と呼ばれています（図16-3）。この視覚失認では知覚像が生成される過程に障害があると考えられます。

| | ◆前向性健忘と逆向性健忘 |
| 思い出せない，覚えられない——健忘（症） | 記憶の障害は健忘（症）と呼ばれ，その症状によって前向性健忘と逆向性健忘に |

大別されます。前向性健忘は，発病（あるいは受傷）以後に経験した事実や事件を思い出すことができない記憶障害，逆向性健忘は，発病以前に経験したことを思い出すことができない障害です。

　ここでは，外傷性健忘の症例に即して，脳損傷による記憶障害の症状の経過と，その経過から記憶のメカニズムについてどのようなことがわかるのかを述べることにします。

◆外傷性健忘の症例

　交通事故などで脳に外傷を受けたことによって生じる健忘は外傷性健忘と呼ばれます。外傷性健忘の症状は，典型的には図16-4のような経過をたどります。この患者は，受傷後7週間の昏睡が続いた後に意識が回復しました。そして，受傷後5カ月，

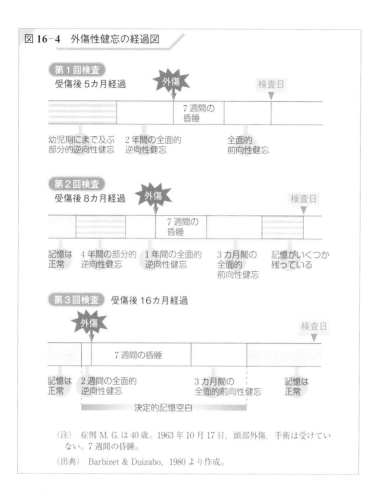

図 16-4　外傷性健忘の経過図

第1回検査
受傷後 5 カ月経過
　　　　　　　外傷　　　　　　　　　　　　検査日

| | 7 週間の昏睡 | |

幼児期にまで及ぶ　　2 年間の全面的　　　　　全面的
部分的逆向性健忘　　逆向性健忘　　　　　　前向性健忘

第2回検査
受傷後 8 カ月経過
　　　　　　　外傷　　　　　　　　　　　　検査日

| | 7 週間の昏睡 | |

記憶は　4 年間の部分的　1 年間の全面的　3 カ月間の　記憶がいくつか
正常　　逆向性健忘　　　逆向性健忘　　　全面的　　残っている
　　　　　　　　　　　　　　　　　　　前向性健忘

第3回検査　受傷後 16 カ月経過
　　外傷　　　　　　　　　　　　　　　　　　検査日

| | 7 週間の昏睡 | |

記憶は　2 週間の全面的　　　　3 カ月間の　　記憶は
正常　　逆向性健忘　　　　　　全面的前向性健忘　正常
　　　　　　　決定的記憶空白

（注）　症例 M. G. は 40 歳。1963 年 10 月 17 日，頭部外傷，手術は受けていない。7 週間の昏睡。
（出典）　Barbizet & Duizabo, 1980 より作成。

8 カ月，16 カ月の時点で，合計 3 回，記憶力を調べる検査が実施されました。

　第 1 回の検査でこの患者は，受傷前 2 年間の出来事をまったく思い出せませんでしたが（全面的逆向性健忘），それより以前の出来事は部分的に想起できました（部分的逆向性健忘）。また昏睡か

ら意識が回復した後，検査時点までの経験については，まったく
何も覚えていませんでした（全面的前向性健忘）。すなわち，意識
が戻った後の患者は，短期記憶（あるいは作業記憶）は正常に働
いていて，若いころに学習したさまざまな知識（意味記憶）を利
用して会話をしたり，考えたり，判断したりすることはできまし
たが，過去のある期間の出来事（エピソード記憶）を思い出すこ
とができず，また，新しい経験を記憶にとどめることはまったく
できない状態にありました。

　第２回の検査では，全面的逆向性健忘の期間は２年から１年に
短縮し，幼児期にまで及んでいた部分的逆向性健忘も４年間に短
縮しました。意識が回復した後の経験については，回復後の約３
カ月間の経験をまったく想起できませんでしたが，それ以後検査
時点までの約３カ月間の経験については部分的に想起できるよう
になりました。すなわち，この時期では，新しい経験を記憶する
能力は回復しつつありますが，まだ正常な状態ではありません。

　第３回の検査では，全面的逆向性健忘は受傷前の２週間に短縮
し，それ以前の出来事は正常に想起できるようになりました。前
向性健忘のほうは，依然として意識回復後３カ月半の出来事を思
い出すことはできませんが，それ以後約11カ月間の出来事は正
常に想起できるようになりました。すなわち，この時期には新し
い経験を正常に記銘し想起することができるようになっています。

◆長期貯蔵庫と記憶制御システム

　どうしてこのような変化が起こるのでしょうか。健忘患者の症
状の経過を理解するには，記憶機能を担うシステムとして，長期
貯蔵庫（長期記憶）と記憶制御システムという２つのサブシステ
ムを想定するのが有効です。長期貯蔵庫は，文字どおり記憶情報

を貯蔵する装置です。記憶制御システムは，情報を長期貯蔵庫に出し入れするための制御を行う装置のようなものを指します。長期貯蔵庫に情報が転送される制御過程は，記銘，符号化，あるいは記憶の固定などと呼ばれ，また長期貯蔵庫から情報を取り出す制御過程は，想起あるいは検索と呼ばれます。

長期貯蔵庫と記憶制御システムがそれぞれ脳のどの部位に当たるのか，その詳細はまだ明らかにされていませんが，長期貯蔵庫の候補としては，それぞれの感覚モダリティの連合野（たとえば視覚情報は視覚連合野，聴覚情報は聴覚連合野）が想定されており，記憶制御システムの候補としては，海馬や前頭前野があげられています（図15-4の(d)）。実際，海馬が切除されたり，大きな損傷を受けたりした場合には，新しい経験をまったく記憶することができない状態が一生続く，重篤で永続的な前向性健忘が生じることが知られています。

それでは，こうした症例の経過から推測することができる記憶過程の特徴を整理してみましょう。

(1) 長期貯蔵庫に情報が貯蔵されているのに，その情報を検索できない状態，すなわち，検索のための記憶制御システムが一時的に機能不全になっている状態があります。このことは，逆向性健忘で想起できなかった情報を後に想起できるようになることからわかります。

(2) 長期貯蔵庫に貯蔵されている情報は，古い情報ほど強固に固定されているか，あるいは検索されやすい形で貯蔵されていると考えられます。このことは，逆向性健忘において，新しい記憶が古い記憶に比べて想起しにくく，また，逆向性健忘の回復が古い記憶から始まることからわかります。

(3)　外傷を受ける直前の経験は長期貯蔵庫に固定されていない
　　と考えられます。重度のうつ病を治療する目的で頭部に瞬間
　　的に高電圧をかける電気けいれん療法がありますが，この治
　　療を受けた患者は，一時的な症状ですが，電気刺激を受ける
　　直前の経験を想起できません。経験したことが長期貯蔵庫に
　　固定されるためには，経験後の一定期間，脳が乱されずに正
　　常に機能していることが必要なのです。

話を理解できない，話
せない——失語（症）

◆言語機能を担う左半球

右利きの人の大部分（ある研究によれば，
96％）は，言語機能のための神経機構は
左大脳半球にあります。すなわち，利き手（右手）の操作と言語
活動のいずれもが左半球によって制御されていることになります。
したがって，左半球の損傷によって，右半身の運動麻痺と失語
が同時に起こるケースが多いのです。

　言語活動を担う主な神経機構としてブローカ領野とウェルニッ
ケ領野が知られていますが，これらは左半球にあります（図15-8
参照）。ブローカ領野 は前頭葉下部後方，口や舌や喉の運動野の
前方にあり，運動性言語中枢 とも呼ばれます。また，ウェルニッ
ケ領野 は，側頭葉上部の後方にあり，感覚性言語中枢 と呼ばれ
ることもあります。図16-5 に示したように，ブローカ領野と
ウェルニッケ領野は弓状束によって結合されていて，ひとまとま
りの神経機構を構成しています。ここで注意しなければならない
のは，この神経機構が単独で言語活動全体を実行しているわけで
はない，ということです。ブローカ領野は，口や舌や喉をどう動
かすべきかという，発話に必要な運動の系列をプログラミングす

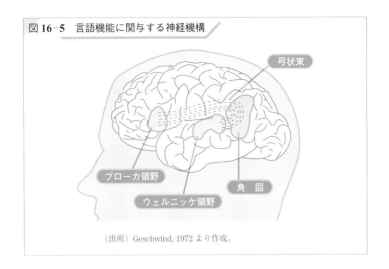

図 16-5 言語機能に関与する神経機構

弓状束

ブローカ領野

角　回

ウェルニッケ領野

(出所) Geschwind, 1972 より作成。

る運動性の連合野です。またウェルニッケ領野は，聴覚情報を
音韻あるいは音韻の系列として知覚するための聴覚連合野です。
「ウェルニッケ領野−弓状束−ブローカ領野」は，言語機能のた
めのいわば道具的な神経機構であり，たとえば聞いた言葉をその
まま復唱するようなことは，この神経機構だけでも実行できます。
しかし，話したり，話を理解したりという高次の言語活動を行う
には，この道具的な神経機構の周囲にある広範な連合野の働きが
必要です。なお，図 16-5 に示した角回は，前章で説明した超感
覚モダリティ連合野（図 15-8）の後半分にあたり，言語活動でも
重要な役割を果たしています。たとえば，角回の損傷によって文
字を読めなくなる失読が起こることがあります。

◆失語の症状と言語機能の諸側面

　失語（症）は，言語を用いたコミュニケーションがうまくでき
なくなった状態です。音声言語（話し言葉）の障害では，言葉を

話せなくなったり，話された言葉を聞いても理解できなくなったりします。文字言語（書き言葉）の障害では，文字を読めなくなったり，書けなくなったりします。言語の表出面の障害は，他者に伝達するための情報（概念，考え，感情など）を言語（話し言葉や文字）の記号体系に変換（記号化）する働きの障害です。また，受容面の障害は逆に，記号（話し言葉や文字）で伝達される情報を解読（復号化）して，その意味を把握する働きの障害です。代表的な失語としては，表出性の失語すなわちブローカ失語（運動失語）と，受容性の失語すなわちウェルニッケ失語（感覚失語）があります。

　ここでは，失語でどのような障害がみられるかを少し詳しく調べて，言語機能のさまざまな側面を見ることにしましょう。

(1)　発話の流暢性と量の異常：発話のなめらかさが失われ，発話量が減少する場合［ブローカ失語］と，内容が意味不明の発話が流暢になされる場合［ウェルニッケ失語］がある。

(2)　構音の障害：発音がぎこちなくなったり，発音に誤りがみられたりする［ブローカ失語］。

(3)　韻律（プロソディー）の障害：話のリズムや抑揚の表出や受容に異常がみられることがある。この障害は右半球の損傷によって生じやすい。

(4)　喚語の障害：いいたい内容はわかっているのに，その内容に対応する単語を必要に応じて想起できない障害（語想起障害）が，多くの失語でみられる。とくに，あまり使用されない単語，抽象的な意味をもつ単語，さらに視覚的イメージを思い浮かべにくい単語などで障害が目立つ。

(5)　統語（構文）の障害：単語を組み合わせて，文法規則にし

たがった正しい文の形を作る機能の障害。たとえば，助詞が脱落して電報の文章のような発話（電文体）が出現することがある［重篤なブローカ失語］。

(6) 聴覚的理解の障害：話し言葉を聞いて理解できない障害［ウェルニッケ失語］。語音を知覚できない場合と，語音の知覚はできるのに意味の理解ができない場合がある。このことから，言葉を聞いて理解する心的過程も視覚認知の場合と同様に，知覚像が生成される過程と，その後に続く，知覚像が対象の概念（意味記憶）と結びつけられる過程から成り立っていることがわかる。

(7) 復唱の障害：他者の言葉を聞いてそのまま模倣していうことができない障害［ブローカ失語，ウェルニッケ失語］。

(8) 文字言語の障害：読みの障害（失読）と書字の障害（失書）は，失語患者のほとんど大部分にみられる。

(9) 計算の障害：数の概念が失われたり，四則演算ができなくなったりする障害は，ほとんどすべての失語患者にみられる。言語活動が計算を実行する過程に深く関わっていることが推測される。

この章では外傷による脳損傷の事例を検討しましたが，脳の器質的障害は外傷以外にも脳梗塞，脳出血，脳腫瘍，重度のアルコール依存症など，さまざまな原因で起こります。死滅した神経細胞がもとに戻ることはないのですが，基礎研究のレベルでは細胞の移植によって神経細胞の再生が可能であることが示されています。また，神経細胞の作るネットワークは可塑性に富んでいるため，ある部分の損傷を別の部分の働きで補うこともできます。そこで大事な役割を担うのがリハビリテーションです。長い時間

がかかる場合もありますが，患者の人格を尊重し，綿密な設計のもとに学業や職業への復帰をめざすさまざまなリハビリテーション法が考案され，実施されています。最近では認知心理学の知見が神経心理学に取り入れられ，診断やリハビリテーションに応用されるとともに，健常者の心的過程に関するモデルの妥当性の検証や，新しいモデルの構成などが活発に行われています。

本章のサマリー　SUMMARY

脳が損傷を受けると，失認，失語，失行，記憶障害，注意障害，前頭葉症状など，心の働きのさまざまな側面に障害が生じます。このような障害を診断し，リハビリテーションを行う分野は神経心理学と呼ばれます。心的機能の障害をもつ患者の症例を検討することによって正常な心の働きについて多くを知ることができます。本章では，まず皮質盲や半側空間無視を例に，意識過程（顕在的過程）の背後で働いている無意識過程（潜在的過程）の存在について述べました。つづいて視覚失認を例に，物を認知する過程が，知覚像が生成される過程と知覚像が意味と結びつけられる過程に分けられる可能性を示しました。さらに外傷性健忘を例に，記憶のメカニズムについて解説し，最後に，失語症を例に，言語機能のさまざまな側面を紹介しました。

もっと詳しく学びたい人のための参考図書　BOOKS

河内十郎　『神経心理学——高次脳機能研究の現状と問題点』（心理学の世界 専門編 17）培風館，2013

やや専門的な本ではありますが，認知，言語，動作，記憶といった問題について神経心理学的な知見が要領よく述べられています。またその研究の難しさや問題点についても触れられており，貴重な参考書になっています。

スロン，X.（須賀哲夫・久野雅樹訳）『認知神経心理学』（文庫クセジュ）白水社，1995

　　認知心理学と神経心理学の関係が示され，両分野の境界領域にあたる認知神経心理学の方法論上の重要な問題が考察されています。また，読語障害など適切な具体例もあげられています。

山鳥重『脳からみた心』（角川ソフィア文庫）角川学芸出版，2013（日本放送出版協会，1985）

　　脳損傷により心のさまざまな働きがどのような障害を受けるかを平易に解説しており，神経心理学の格好の入門書です。

第 **17** 章 社会のなかの人

他者による影響と他者の認知

　何人かの友人と一緒に喫茶店に入って，オーダーする場面を想定してみてください。あなたはたまたま最後にオーダーする席に座ったのですが，前にオーダーした人すべて（たとえば5〜6人）が，次々と同じもの（たとえばアイスコーヒー）を注文したとしましょう。あなたも前の人たちと同じもの（アイスコーヒー）をつい注文してしまいますか。それとは別のものでも本当に自分が欲しいもの（たとえばカレー丼）を注文しますか。1人だったら，きっと自主性をもって好き嫌いの判断がきちんとできるのに，ほかの人たちといるとどうしても影響を受けてしまいます。本章では，個人と他者や社会との関係をさまざまな角度から考えていくことにしましょう。

Chapter 17

人間が他の動物と大きく違う特徴の1つとして，高度な社会生活を営むことをあげることができます。人間という漢字をみてもわかるように，人と人の間に生きているのが人間です。アリストテレスは，人をさして「ソーシャル・アニマル（社会的動物）」と呼びましたが，たいへんに的を射た表現だといえるでしょう。おみこしを担いだり，綱引きで力を合わせたり，ものを学んだり，逆にものを教えたりするようなことは，たしかに他の動物ではみられない光景です。社会のなかで，個人の考え方や行動が育まれ，人は社会の成員として成長していきます。本章では，まず，人の心理や行動が社会的な状況のなかでどのような影響を受けるかについて考えてみます。続いて，人が他人を正しく理解したり，評価したりするには，どのようなことに注意すべきかについて，社会心理学の実験例をあげながら説明しましょう。

社会的促進と社会的手抜き

人間は社会のなかに生きていますが，その影響はしばしば自分では気がつかないような形で作用します。たとえば，皆さんのなかには，大学に入学してはじめて1人暮らしを始めた方も多いことでしょう。1人きりで食べる食事は，家族や親しい友人と一緒に食べる食事と比べてどうしても味気ないものになりがちで食がすすみません。他方，楽しいパーティなどでは，あとでびっくりするほどたくさんの量を食べられたり，お酒などでも思いのほか，飲みすぎてしまったり，という経験がある方も少なくないと思います。自分1人ではできないと思っていたことが，他人と一緒ならできるという例もいろいろあるに違いありません。スポーツやその他のコンクールで優勝した団体のインタビュー記

1人だけで食事するなら100グラムずつ。

100 g

100 g 100 g

3人で一緒に作って食べると
500グラム。なぜ?

ITADAKIMASU...

食べすぎかな?

500 g

社会的促進

事を読むと,「チームが一丸となったから頑張れた」とか「チームワークの勝利だった」というコメントがよくあります。このように他者が存在することによって,ある行動が促進される現象を社会的促進と呼びます。

他方,社会的促進とは反対に,他者と一緒のときには1人だけのときと比べて実力が出し切れないという現象も知られています。1人なら1時間で終わる作業なので,4人なら15分で終わるはずだと思っていたところが,30分もかかってしまったり,1人なら平均50 kg引ける綱引きでも,4人のチームでは150 kgしか引けないとか,むしろ集団では効率が落ちてしまうことがしば

単独作業なら，それぞれ10分間に60枚

moku moku...

60枚

60枚　60枚

moku moku...

3人で一緒にやると，10分間で合わせて120枚…なぜ？
おしゃべりのせいかな。

KUSU..KUSU..

120枚

KUSU..KUSU..

社会的手抜き

しばあります。チームプレイでは，個人の責任がむしろあいまい
になってしまうので，知らず知らずのうちに各人が手抜きをする
場合があるのでしょう。このように，ほかの人たちとの共同作業
で，個々人の基本能力の和が達成できないという現象は，社会的
手抜き と呼ばれます。

　ただし，この場合の手抜きは，必ずしも意図的な「さぼり」と
は限りません。集団作業にはタイミングの合わせ方など個人作業
にはない技量が要求されることもあるからです。また，チームプ
レイでは，連帯責任のプレッシャーがかかって実力を発揮しきれ
ないこともよくあることです。一般に，義務的な行動など，どち
らかというと動機づけが低い行動では社会的手抜きが起きやすい

と考えられます。他方，楽しいイベントなど高い動機づけがある場合には社会的促進の効果が働くようです。いずれにしても，個人の行動は社会的な文脈の影響を大きく受けることが知られています。社会的な営みは，個人の行為の単純な総和ではあらわせないということです。

同調行動と流行

　本章の冒頭では，お店で自分より先に他の人たちが皆同じ品を注文したときの例をあげてみました。自分以外の複数の人々が自分より先に同一の選択をした場合，人はそれと同一の反応をする傾向があることは，日常的にもいろいろな例があげられると思います。皆さんも各自，そのような例を考えてみてください。

　日本語の表現に「付和雷同」という言い回しがあり，『広辞苑』によると「自分に一定の見識がなく，ただ他の説にわけもなく賛成すること」と説明されています。社会心理学では，行動面でみられる付和雷同的な現象を 同調行動 と呼び，この現象について数多くの研究が行われてきました（*Column* ❶参照）。ある野外実験では，駅前で配られるティッシュペーパーを受け取るかどうかが観察されましたが，その結果，前を歩く実験協力者が受け取った場合にはそうでない場合よりも，次の人がティッシュペーパーを受け取る可能性が高くなりました。人々はなぜそうするのかよく考えもしないうちに，ついほかの人のやったことと歩調を合わせてしまう傾向があります。もう少し正確にいえば，他者や集団が示す基準や期待にそって他者や集団の基準や期待と同一のあるいは類似の行動をとることが同調行動の特徴です。

　同調行動に通じる現象としては，流行 があげられます。身近

Column ❶ 同調行動に関する古典的な研究例

　　実験参加者の課題は，まず1本の線分を見たあとに，次に提示
された3本のうちどれが最初のものと同じ長さであるかを判断
することです。図に示されるように，この課題は1人で行う限り，
めったに誤らない容易なものでした。ところが，ほかの3人の参
加者（実は実験協力者）と一緒に見てから判断する場合には，自
分より先の被験者の評定しだいで判断が鈍ることが知られていま
す。前の3人がわざと一致した誤答をしたあとで判断した参加
者は，単独の場合より約50倍も高い誤答率を示しました（Asch,
1955）。

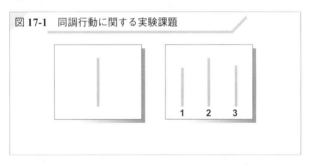

図 17-1　同調行動に関する実験課題

なところでは，服装のファッションがその代表ですが，毎年のよ
うに流行りの色や柄が変わったり，幅や丈などのパターンが変
わったりします。流行のはじめの段階では，そのファッションが
少し奇異に感じられたとしても，いったん流行に火がつき多くの
人が着るようになると，そのファッションに抗するのはかなり勇
気がいるようになります。それどころか，だんだんそれが素敵だ
と思えてきます。まして SNS 上で，自分と似た趣味をもつ知人
や有名人がそのファッションに「いいね」を押すと，自分も「い
いね」したくなり，いつのまにか自分も流行に乗ることになりま

す。

　流行現象においては，多数の他者がしていることが正しく思え
ること（たとえば，その商品はすぐれているに違いないと思うこと：
情報的影響）と，流行に従えば他者から好意的に見られると思う
こと（逆にいえば，流行に乗らないと疎外されると思うこと：規範的
影響）の2つの要因が働くといわれています。流行の比較的初期
の段階では，情報的影響のほうがより強く作用しますが，いった
ん流行に「火がつく」と真の情報はどうでもよくなり，規範的影
響がより強く作用して「乗り遅れたくない」思いが流行をいっそ
うあおります。今，皆さんのまわりで流行っている具体的な現象
を例にとって流行のプロセスを考察してみてください。

他者の認知

　ここまでは個人が他者から受ける影響
についてみてきましたが，ここからは個
人が他者をどう認知するのかについて考えましょう。

　まず，皆さんのクラスやサークルではじめて出会った仲間との
自己紹介の場面を思い出してください。そのうちの何人かは自分
の血液型が何型であるかと，それと関連づけた自分の性格を紹介
していたのではないでしょうか。また，自分の身近な友達（ある
いはタレントやスポーツ選手）10人を思い浮かべたとき，そのう
ち何人の血液型を知っているか，友達どうしで調べてみてくださ
い。なかには驚くほど他人の血液型を知っている人がいるはずで
す。しかし，ABO血液型によって性格が決定されるという科学
的根拠は皆無ですし，血液型と性格に関してこれほど社会的通念
が浸透しているのは日本に固有の現象です。したがって血液型と
性格の問題は，生物学の問題ではなく，社会・文化的現象として

考えてみる必要があります。

　血液型と性格の関連に限らず，私たちがふだん接する人々をどのように理解するかという問題は，社会心理学では 対人認知 の研究として扱われています。ここではまず，社会的な偏見がどうして起こるのかを考えてみましょう。

| 先入観と偏見 |

　私たちは幼いころから，学校や家庭で「人を色眼鏡で見ないように」としつけられ，教育されています。すなわち，先入観 や 偏見 で人を判断してはいけない（とくに差別をしてはいけない）と教えられてきました。しかし，先入観から逃れることは思いのほか難しいことであることが，さまざまな調査・実験から明らかになっています。

　ある実験では，まず大学生の実験参加者に生育条件を違えたビデオを見せ，小学校4年生の女の子ハンナの学力を評定させました。ビデオの前半はハンナの環境に関するもので，中流条件では，ハンナは恵まれた環境に暮らし両親は大卒でしたが，貧困条件ではハンナの家は貧しく両親は高卒でした。ハンナはどちらの条件でも同じようにふるまいました。ここまで見た参加者が，ハンナの学力を推定すると，どちらの条件でも差はありませんでした。参加者は色眼鏡で人の能力を判断していないことがわかります。

　他方，別の参加者にはビデオの後半まで見てもらいました。後半のビデオはハンナが難しい問題を解けたり，やさしい問題を解けなかったりする場面を映したものでした。つまり，ハンナの学力は高いようにも低いようにも解釈が可能でした。すると，前半でハンナの恵まれた環境を見た参加者は，前半で貧困な環境を見た参加者よりも，ハンナの学力を高く評価しました。どちらのグ

ループの参加者も，生活環境の違いだけでは学力は違わないと判断するのに，能力についてのあいまいな情報が与えられると，評定に（おそらく無自覚的な）歪みが生じてしまうようです。つまり，貧しければ学力が低いだろうという先入観はハンナがやさしい問題を解けなかったことによって，逆に，恵まれていれば学力が高いだろうという先入観は難しい問題を解けたことによって，それぞれ増幅されたのだろうと考えられます。

　この実験からは，人間には，自分の先入観やもともとの意見を支持する情報を選択し，支持しない情報を無視する傾向があることがうかがわれます。となると，先入観や偏見は自分にとって好都合の新しい証拠を得ることによってますます強まっていくことでしょう。

　血液型性格判断やいろいろな占いの流行（すでに定着したといってよいかもしれません）についても，同じようなことがいえそうです。A型の人はこれこれであるという信念をもつ人は，それを支持する証拠をその反証よりも高く評価し，「だからやっぱり正しいのだ」とますます強く思い込むことでしょう。他方，それを否定する証拠を低く見積もることによって，典型例（ステレオタイプ）に合わない事例は，とるに足らない例外だと一蹴（いっしゅう）してしまいがちです。さらに前に述べたように，流行現象につきものの情報的影響と規範的影響も大きいので，血液型性格判断や占いは容易にはすたれないのだと考えられます。先入観で目を曇らせないようにするためには，相当にしっかりした意図的な努力が必要なのでしょう。

自己正当化と認知的不協和理論

自分がもともと信じている信念を容易に変えることができないという心理学的現象に関連して，人間には「自分が正しいと思いたい」「自分は一貫性があると思いたい」という非常に強い欲求があることが知られています。この現象は精神分析学において「合理化」と呼ばれる現象にも通じます。その有名な例は，イソップ童話のキツネの話で，皆さんも一度は聞いたことがあるでしょう。ブドウを食べたかったキツネはブドウの房に手が届かなかったとたんに，「あれは酸っぱいブドウさ」とつじつまを合わせたのでした。

　20世紀を代表する社会心理学者の1人であるフェスティンガーはこの種の過程を，認知的不協和理論として体系づけて説明しました。認知的不協和とは，個人が心理的に相容れない2つの認知（考え，態度，信念，意見など）を同時にもっているときに生じる緊張状態のことです。このような状態は緊張や不快感を生じさせるので，人々はそれを低めようと動機づけられます。このような不協和は，一般に，どちらかの認知要素を変更するか，新たな認知要素を付け加えることで矛盾を小さくするかによって解消されるとフェスティンガーは考えました。先のキツネの例では，「おいしそう」という認知と「届かない」という行動が不協和を起こし，キツネは「おいしそう」という認知を取り消して「酸っぱいに違いない」と変更することによって不協和を解消したと説明できます。

　別の例として喫煙行動を考えましょう。喫煙者（ここでは愛煙家といったほうがいいかもしれません）にとって，「喫煙は有害である」ということを認めれば，認知的に不協和な状態が生まれま

す。そこで愛煙家たちは，「有害を示すデータは信憑性が低い」
とか「フィルターが発がん物質を除去してくれる」とか「喫煙者
のなかにも長寿な人がいる」とか解釈し直して有害さの認知を低
めたり，「喫煙にはストレス解消という別の利点がある」という
別の認知を付加したりして，喫煙を正当化しがちです。もちろん
なかには，有害さを真剣に憂慮して，喫煙をきっぱりとやめられ
る人もいないわけではありませんが，数のうえでは少数派でしょ
う。

　社会的場面でいえば，何かの要求や説得について，いったん軽
い気持ちで承諾してしまうと，その後の要求や説得をなかなか断
りきれないことが実証的に示されています。あるフィールド実験
研究では，庭先に「運転注意」といういささか見苦しい看板を立
てることの同意率が調査されました。いきなり依頼を受けた場合，
この厚かましい要求を受け入れた住人は全体の17％にすぎませ
んでした。しかし，実験者がまず「安全運転賛成」の請願書への
署名を頼んだ後（この要求には，ほぼすべての住民が応じてくれま
した），数週間後に別の実験者が同じ看板を立てる要求をした場
合には，住民の55％以上がこの要求を受け入れたのです。後者
のグループでは，もしこの段階で看板を拒めば，以前に署名をし
た行為と認知的不協和を起こすので，拒絶しにくくなるのだと考
えられます。この手法はセールスマンにとっては，常套的な作
戦として用いられています。顧客に少しでも話を聞いてもらえれ
ば，その後のセールスはずっとしやすくなるというわけです。

人々がどのような他者に 好意 を抱くの
かという問題も，対人認知の大きなテー
マの1つです。好意を抱くか否かは，個
人的な友情関係や恋愛関係の基礎として重要であるばかりでなく，
より広い社会的場面（たとえば，選挙での投票）を考えてみても大
きな影響力を及ぼします。好意を規定する要因としては，大まか
にいえば他者要因（他者の性格，身体的魅力など），相互作用要因
（自分と相手の態度や性格や身体的魅力の類似度，相互補完性，近接
性，単純提示効果など），自己要因（自分の性格や感情状態など）が
あげられますが，ここでは，そのうちのいくつかについて説明し
ましょう。

　他者要因のなかでも，話題にのぼることが多いのが外見的魅力
です。美人な女性やハンサムな男性が，第一印象 では好意を受
けやすいことは日常的にもよく知られる事実です。長く付き合っ
てみれば，容姿のよさと性格の好ましさの間には相関関係がない
ことは誰もが知っているにもかかわらず，はじめての相手を判
断するときには容貌がよければ性格もよいというステレオタイプ
的な認知が生じる傾向があります（美人ステレオタイプと呼ばれま
す）。これは 光背効果 と呼ばれるもので，「ある側面で望ましい
特性をもっていると，その他の側面まで望ましい特性をもってい
るとみなす」という認知の歪みの一種です。現実には，美人なの
に意地悪であったり，ハンサムなのに意固地であったりする人間
は世のなかにいくらでもいるにもかかわらず，非常に強固な光背
効果が生じる理由としては，幼少期からテレビドラマやアニメな
どを通じて繰り返し受ける文化的影響（美のステレオタイプ）や
情報処理における視覚の優位性などが指摘されています。

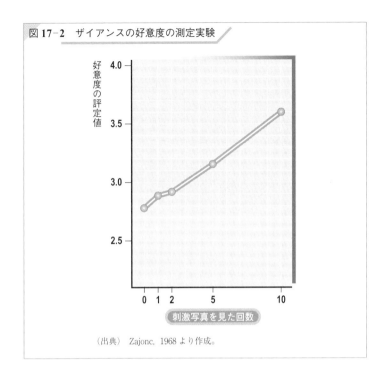

図 17-2　ザイアンスの好意度の測定実験

（縦軸）好意度の評定値

4.0

3.5

3.0

2.5

0　1　2　　5　　　　　　10

刺激写真を見た回数

（出典）　Zajonc, 1968 より作成。

　他方，人気タレントのなかに容貌はいまいちという人が少なく
ないことも事実です（具体的な名前は出しませんので，皆さんの想
像に任せます）。おまけにそのようなタレントがお人よしで売り出
しているとも限りません。また，「あばたもえくぼ」というよう
に，好感をもつうちに欠点までがむしろ好ましくみえてくる現象
もよく知られています。これらの現象は，かなりの程度まで，単
純提示効果 によって説明できるかもしれません。単純提示効果
とは，ある刺激（人物であっても物であってもかまいません）を見
聞きする機会が多いほど，その刺激に対する選好性が高まるとい
う効果です。

男性の卒業写真に対する好意度を測定した実験を紹介しましょう。刺激写真は全部で12枚でしたが，そのうちの10枚はランダムに提示回数を変化させて，実験参加者に見せました（各写真の好意度はあらかじめそろえてあります）。具体的にはある2枚の写真は1回，2枚は2回，2枚は5回，2枚は10回ずつ実験参加者に見せました。その後，一度も見せていない2枚も含めて，それぞれの写真の好意度を評定してもらいました。結果は明瞭で，実験参加者は多くの回数を見た写真ほど高い好意度を示したのでした（図17-2）。文字どおり単純なことに，人々は接触する機会が多い物に対して強い選好性を示すのです。このような人間の性向があるからこそ，テレビのCMや新聞雑誌の広告や選挙の連呼があれほどまでに繰り返されるのでしょう。

　現実場面において，繰り返し接触する人間というのは，一般には，付き合いの深い相手にほかなりません。次章で詳しく述べますが，人間関係はもちつもたれつの互恵的関係のうえに成り立っています。私たちは好意を抱いた相手と付き合いを深め，付き合いが深まるほどいっそう相手に好意を抱くようになります。皆さんの親友や恋人との関係はどうでしょうか。

本章のサマリー　　SUMMARY

　人間は社会という舞台装置なしではけっして生きていけない動物です。したがって，心もまた，社会的文脈の影響を強く受けます。まわりに他者がいるとある行動が促進されたり（社会的促進），抑制されたり（社会的手抜き）するだけでなく，他者と行

動を合わせたり（同調），無意識のうちに流行を追いかけたりします。他方，他者の認知に関して，人間は，偏見や先入観の呪縛から容易に抜け出せないことが知られています。人間にはむしろ，偏見を補強するような認知傾向さえみられます。認知的不協和の理論によると，個人のなかの認知や意見について矛盾や対立が生じたとき，人は不協和を解消しようとして，認知要素を変更したり，新たな認知要素を付け加えたりします。他者に対する好意を規定する要因としては，大まかにいえば他者要因，相互作用要因，自己要因があげられます。

もっと詳しく学びたい人のための参考図書　BOOKS

本章では，社会心理学という非常に広い分野のなかから，社会的影響と社会的認知に関するごく限られたトピックを選んで紹介しました。これらの社会心理学の話題に関心をもった読者は，以下の社会心理学の概説書を読んでみると理解がいっそう深まると思います。

安藤清志・松井豊編『セレクション社会心理学』サイエンス社，1990 〜

　　現代の社会心理学の主要なトピックを 1 冊ずつにまとめたシリーズ。「人を傷つける心」「恋ごころの科学」「見せる自分／見せない自分」「異文化と関わる心理学」など誰もが関心をもつテーマの研究を包括的に解説しています。

アロンソン，E.（古畑和孝監訳／岡隆訳）『ザ・ソーシャル・アニマル——人と世界を読み解く社会心理学への招待』（第 11 版）サイエンス社，2014

　　本章で述べた同調行動や認知的不協和に関する実験例が数多く

紹介されています。アメリカを代表する社会心理学者が書いたすぐれた入門書です。

チャルディーニ，R. B.（社会行動研究会訳）『影響力の武器——なぜ，人は動かされるのか』（第2版）誠信書房，2007

　　🖝　人間が判断や意志決定をするとき，他者の影響を強く受けます。どのような状況で人が動かされやすいのかが，わかりやすい事例をとおして説明されています。

協調と信頼

狩猟採集民の暮らし
（Jorge Fernández / ゲッティイメージズ）

　本書では，生物としてのヒトという観点から人間の心と行動を考える
ことの重要性を繰返し述べてきました。最終章にあたり，他の生物には
見られないヒトの特質について，いま一度強調しておきたいと思います。
それは，ヒトが共感しあい，他者を信じ，助け合う唯一の動物だという
ことです。上の写真は，長い間，狩猟と採集を糧にして生活してきたカ
ラハリ砂漠のサンの人々です。彼らは共同で狩りをし，木の実や根茎を
採り，食料をキャンプで分けあいます。そしてともに歌い踊り，儀礼を
営みます。先史時代の人々も，何十万年にもわたって，このような小規
模伝統社会のなかで暮らしてきました。血のつながりがない他人とさえ
も積極的に協力して社会を運営し，知識や感情を共有できることが，他
の動物になり人間に固有な能力です。それにより人類は今日の繁栄を築
き上げました。もちろん，人間どうしには憎しみや争いもありますが，

同時にそれらを調整，解決する術ももっています。本章では，協力と信頼をキーワードに，心と社会の関係について考えてみましょう。

　何十万年にもわたって小規模伝統社会のなかで，持続可能な生活を営んできた人類は，今，これまでかつて経験したことのない地球規模の問題に直面しています。その１つが，温暖化や資源保全をめぐる地球環境の問題であり，もう１つが国際社会での協調と平和の実現です。これらの難題に対しては，政治家や行政担当者や科学者だけでなく，生活者である私たち１人ひとりが真剣に立ち向かわなければ，次世代——皆さんの子どもたち——に希望を伝えることができません。では，心理学はこの問題にどのような解決の糸口を与えられるのでしょうか。心理学というと，ついつい個人の内部の心の諸問題を扱う学問だと思われがちですが，実は，社会や環境の問題はさまざまな側面で個人の心と関わっています。とくに社会のなかでどうしたら協調関係を維持することができ，信頼関係を築けるのかについては，近年，多くの研究が行われています。

共有地の悲劇

　イギリスやオーストラリアなどの田園地帯では，たくさんのウシやヒツジが放牧されている風景をあちこちで目にします。今ここで，ある村に共有地があり，村人であれば誰でも自由に利用できるものと考えてください。ウシやヒツジがのんびりと草を食めるほど十分に牧草地が広いうちは問題ないのですが，家畜の数が増えてくると，

ウシやヒツジは満足するだけの草を食べられなくなります。飼い主にしてみると，以前に比べると家畜1頭当たりの価値（たとえば羊毛の収量）は減ってしまいますが，だからといって放牧をやめることはしないでしょう。たとえば，昔は1頭当たりの収益が10だったのに，最近は家畜が十分に成長しないので9の収益しか見込めなくなったとしても，すぐに放牧をあきらめたりはしません。むしろ減収分を取り戻すために，家畜の数をさらに増やそうとするでしょう。利益は自分のものになりますが，家畜の増加に伴う減収分は村人皆で平等に負担するので，自己の利益を追求したほうが得だというわけです。しかし，村人たちが皆，このように利己的に行動すると，この共有地はいつしかウシやヒツジであふれて，共倒れになってしまいます。

　これは，「共有地の悲劇」と呼ばれるたとえ話ですが，この問題が私たちの身の回りのいろいろな問題と共通していることがすぐにわかると思います。皆で食事会に出かけて，別々のものを食べても支払いは割り勘にするような場合を考えましょう。前の人が高いものを頼んだあとで，あなたは安い料理を注文するでしょうか（これは「割り勘のジレンマ」と呼ばれます）。環境問題も同様です。地球上の資源は有限ですから，共有地の悲劇のたとえは，エネルギー問題や廃棄物処理問題と重なります。たとえば，ゴミを減量したり分別したりすることの必要性や意義はわかっていても，実行するには手間や時間がかかりますから，ついつい手を抜きがちです。どうせ皆が払う税金で処理されることだからと思えば，「自分1人ぐらい……」「自分だけが努力したところで……」あるいは「どうせほかの人も……」という気持ちがもたげてくることでしょう。しかし，そのことがいつか大きな問題としてはね

返ってくるというわけです。省エネルギー問題にしても根は同じです。このほかにもどのような現象があるか各自で考えてみてください。

| 社会的ジレンマ | 「共有地の悲劇」のような現象は，社会科学では，公共財問題あるいはフリーライダー（ただ乗り）問題と呼ばれるものですが，社会心理学では 社会的ジレンマ という観点から説明されます。社会的ジレンマとは，次のようなジレンマ状況をさします。

(1) 個人は「協力」「非協力」のどちらかを選択できる。

(2) 個人にとっては「協力」よりも「非協力」を選択するほうが望ましい結果が得られる。

(3) 全員が「非協力」を選択した場合の結果は，全員が「協力」を選択した場合よりも悪くなる。

では，このジレンマを簡単なゲーム実験で体験してみましょう（実験1）。

全員が②の「協力」を選択すれば，自分自身も他の4人から300円ずつ貰えますから1200円を手にすることができます。この場合，全員が①の「非協力」を選んで800円ずつ手にする場合よりも利得が高くなります。しかし，もし5人のうちの1人だけが「非協力」を選択したとすると，この非協力者の利益は2000円に達します。また，5人中4人が「非協力」で，1人だけが「協力」を選択したとすると，協力者はなにも得るものがなく，非協力者（800 + 300 = 1100）だけが得をします。このような状態は上の「社会的ジレンマ」状況を再現していることがわかると思います。さて，皆さんの結果はどうだったでしょうか。それぞれの

●実　験●　1

　　まず，身近な人を6人集めて，1人が実験者，残りの5人がプレイヤーになります。5人のプレイヤーにはある額の謝礼金が配られるものとします。ただし，つぎのような2通りの配り方があります。
　　①　800円をもらってそのまま自分のものにする（非協力）
　　②　1200円をもらってそっくり自分以外の4人のプレイヤーに300円ずつ配る（協力）
　　実験者は，5名のプレイヤーそれぞれに，どちらの方式を選ぶかを匿名で尋ねます。そして，各プレイヤーの取り分がいくらになるかを合計し，その額をプレイヤーに伝えます。

プレイヤーになぜそのような選択をしたのか，理由や動機を尋ねてみてください。

　社会的ジレンマで，皆が素直に「協力」に出られない原因の1つとしては，「非協力」の魅力が大きく，人を出し抜く誘惑が強いことがあげられます。さらに，「協力」を選択したときに自分だけが馬鹿をみるかもしれないという不安が大きいことも重要な要因でしょう。

　上の実験は，匿名条件で行いましたが，各プレイヤーの選択が他のプレイヤーにもわかるように記名条件にすると「非協力」の選択率は大きく減少します。「誰が裏切ったか」がわかるような

状況では，よほど図々しいか権力者かでない限り，人は露骨な裏切り行動を控えるものです。社会的な営みのほとんどは相互の協力のうえで成り立っているので，コストを払わずに受益者にだけなろうとする裏切り者は，仲間から排除されてしまいます。露骨な裏切り行為にはおのずと歯止めがかけられているのです。

しかし，現代社会は伝統的な社会（たとえば全員が顔見知りの共同体社会）とは異なり，見ず知らずの人たちからなる社会です。とくに都市生活のように匿名性の高い状況では，「非協力」のフリーライダーが現実に逃げ得をする事態が少なくありません。さらにこれが地球規模の問題にまで広がれば，ついつい目先の自分の利益に目を奪われ，地球レベルの人類の共通の共存共栄をめざすことが困難になることでしょう。

では，規模の大きな社会的ジレンマをどうしたら解決できるのでしょうか。この問題を考える前に，最小限の単位，つまり2者間のジレンマに立ち戻ってみることにします。

囚人のジレンマ　社会的ジレンマが2者間で生じる場合が，有名な「囚人のジレンマ」の状況です。先に説明した社会的ジレンマの定義のうち，(3)だけをつぎのように変えれば，それが囚人のジレンマの状況を表します。

(1)　個人は「協力」「非協力」のどちらかを選択できる。

(2)　個人にとっては「協力」よりも「非協力」を選択するほうが望ましい結果が得られる。

(3)　2人がともに「非協力」を選択した場合の結果は，2人がともに「協力」を選択した場合よりも悪くなる。

なぜ，囚人のジレンマと呼ばれるかというと，研究の発端と

　XとYという2人が，それぞれ協力と非協力の選択ができるとします。両者がそろって協力の選択をしたときの得点は，それぞれがR点だとします。また両者がともに非協力を選択した場合には，それぞれがP点を得るとします。また両者の選択結果がずれた場合，非協力者にはT点，協力者にはS点が与えられるとします。

		相手の手	
		協　力	非協力
自分の手	協　力	R = 3	S = 0
	非協力	T = 5	P = 1

このとき，
　1）T > R > P > S
　2）2R > S + T
という2つの式を同時に満たすのが囚人のジレンマゲームです（表のなかにはこの条件を満たす得点の1例が記入されています）。

　1）の式は，裏切り（自分が非協力で相手が協力）の得点（T）が最大値になっていて，裏切りの魅力が非常に強いこと，その一方で，自分が裏切られた場合の得点（S）が最小値で，お人よしの損失がきわめて大きいことをあらわしています。
　2）の式は，両者を合算した利益は相互が協力し合ったときに得点が高くなることを示しています。すなわち，自己利益を追求すれば非協力が有利だが，相手と共存共栄をはかるには協力を選択したほうが有利になるということになります。

なった例が検事と2人の容疑者との取引を扱ったものだったからなのですが、ここではもう少しわかりやすく、ジャンケンゲームで囚人のジレンマ状況を考えてみましょう。なお、囚人のジレンマを数式で表現するとどうなるかを *Column* ❷に示しました。

では、囚人のジレンマ状況を**実験2-1**で体験してみましょう。

この条件で、絶対勝つか少なくとも負けないためには、より強い手である「はさみ」を出さねばなりません。1回限りですから、「かみ」で負けてしまっては元も子もありません。それでは、次にこのジャンケンゲームを応用してみましょう。

「反復型囚人のジレンマゲーム」と呼ばれる**実験2-2**のゲームでは、「はさみ」は相手を出し抜く方略、他方、「かみ」は相手と協調して共存共栄を図る方略になっています。1回限りのゲームとは違って、今回は「はさみ」が絶対有利ではありません。しかし、実際に行ってみると、相手を裏切って高得点を獲得する魅力が非常に強く、相互協調（「かみ」どうしのあいこ）を続けることも困難であることが、実感できると思います。また、いったん「はさみ」どうしのあいこが続くと、相互不信が増幅してなかなかそこから抜け出せないこともわかると思います。お互いに協力したほうが最終的には得になることがわかっていたとしても（2人が10回連続して「かみ」を出せば、各人がともに30点を獲得できます）、それを実現するのは難しいことです。

ジャンケンゲームという実験にとどまらず、囚人のジレンマに相当する状況は、実社会の友人や知人、取引相手との付き合い、企業間の駆引き、2国間の国際関係などにみることができます。再び、どのような現象が思い当たるか各自で考えてみてください。

●実　験●　2 -1

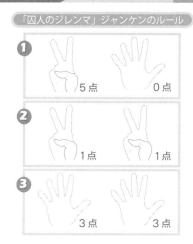

「囚人のジレンマ」ジャンケンのルール

❶　5点　　0点

❷　1点　　1点

❸　3点　　3点

　身近な人，2人にプレイヤーを依頼し，「かみ（パー）」と「はさみ（チョキ）」だけを用いたジャンケンをしてもらいます。ルールは次のとおりです。

　　①「はさみ」は「かみ」に勝ち，「はさみ」は5点，「かみ」は0点を得る。

　　②　あいこの場合，「はさみ」と「はさみ」ならば両者が1点ずつ，「かみ」と「かみ」なら両者が3点ずつを得る。

　まずは，1回限りの真剣勝負でプレイヤーにジャンケンをしてもらいます。

●実　験●　2 -2

　3〜6名程度のグループを作り，実験2-1のジャンケンゲームを総当たりのリーグ戦形式で行います。ただし今回は，1回勝負ではなく，各ペアはそれぞれ10回ずつジャンケンを繰り返します。プレイヤーの目的はなるべく高い得点を稼ぐことです。リーグ戦が終わったら，各人の得点を集計し，グループ全員のなかで合計点の高い順に順位をつけてください。

もし囚人のジレンマをうまく解決できる方法があるならば，それはさまざまな社会交渉に応用が可能になります。アクセルロッドは反復型囚人のジレンマを，コンピュータのプログラムどうしで競わせるというシミュレーション研究を行い，どのような方略が高得点をあげられるかを分析しました。前のジャンケンゲームと得点表は同じですが，対戦の繰り返し数はずっと多く，最終回がいつかが予測できないように工夫されていました。世界中の研究者がさまざまに工夫を凝らしたプログラムを持ち寄り，リーグ戦を行いました。その結果，「応報戦略」(Tit-for-tat：しっぺ返し戦略ともいう）と呼ばれるじつに単純なプログラムが2度にわたって優勝したのです。この「応報戦略」とは，

(1) 相手が誰であっても初回は協調する

(2) 2回目以降は，前回，相手が出した手をそのまま反復するという方略です。先の**実験2-2**でいえば，初回は「かみ」を出し，2度目以降は，前回，相手が「かみ（協力）」だったら「かみ（協力）」を出し，「はさみ（非協力）」だったら「はさみ（非協力）」で応じるという作戦です。

この方略の特徴を言い換えると，協調を基本とするものの，相手の態度変化に敏感で，しかし相手の過去の行為に遡ってまで問題にしていないことです。相手との間にそれまでにいくら協調関係が続いていても，いったん相手が非協力的な態度にでればすかさず協力を拒み，逆にどれだけ非協力関係の過去があろうと，相手が協力に転じれば自分もそれを受け入れるというわけです。なお，「応報戦略」どうしの付き合いではずっと協調関係が維持されます。

人間の付き合い方にたとえてみると，この方略は，初対面の相手を信頼し協調的な態度を示すことで「善良」ですが，相手の裏切りには即座に反撃する「短気さ」と，相手が協調に転じたときにもただちに協調関係を修復する「寛容さ」といった特徴を兼ね備えています。このような性格を備えた人は，たしかに現実の人間関係でも好かれ，社会的にも成功しそうなタイプといえそうです。

　アクセルロッドの研究からは，相手と協調関係を重ねることが自分自身の長期的な利益の確保につながり，裏切りの魅力に負けて抜け駆けすることが長い目で見れば割りに合わないことがわかりました。「応報戦略」の教訓とは，「情けは人のためならず」ということでしょう。以上を踏まえたうえで，もう一度，前のジャンケンゲームをやり直し，前回の結果と比較してみてください（ほとんどの方は得点が増加するはずです）。ゲーム場面にとどまらず，実際の人間関係でも「応報戦略」の有効性をうまく生かせれば，長期的な友好関係を築き上げることができると思います。

社会的ジレンマ状況における監視と罰

　2者間のジレンマ状況では応報戦略が有効な方略であることがわかったので，話を社会的ジレンマ状況に戻して，この方略をうまく利用できないかどうかを考えてみましょう。そうすれば，フリーライダー問題をうまく解決できるかもしれません。

　先に述べたように社会的ジレンマの状況では，誰がやったかわからない抜駆け行為が問題でした。匿名状況では応報戦略によって非協力者をすばやく罰することが困難です。そのためには，まず，行為者が誰かをはっきりさせることが有効でしょう。具体的

な事例として，近年の自治体によるゴミ収集では地区ブロックごとにゴミ集積所を設ける代わりに，各戸ごとにゴミ出しするようになりました。匿名性を低め，責任主体をはっきりさせることでゴミ出しマナーの向上が期待できます。

　しかし，それでもこっそりと反社会的な行為をする人を防ぎきることは難しいでしょう。そこで，次には監視システムの強化が必要になります。駅前の不法駐輪問題は，登録制にして，かつ専門の監視員をおくことによって，多くの自治体で解決の方向に向かっています。国際問題でも核兵器や化学兵器については国際的な査察団が監視の目を光らせています。そもそも，裁判所や警察は，個人に代わって反社会的な行為を監視する機関です。少し息苦しく感じる場合もないわけではありませんが，社会の財産を公正に運用していくには，レフェリーを置くことは不可欠ですし，監視や罰のためのコストを分担する必要もあるのです（監視コストの代表例は税金です）。

　けれども，身のまわりを見回してすぐにわかるように，監視のコストはけっして安いものではありません。また，コストの分担をめぐって再び不公正問題が生じることもしばしばあります。取

締りのためのコストはなるべく抑えられればそれにこしたことはありません。初期投資は必要ですが，監視の IT 化によって抜け駆け防止システムをつくることも不可能ではありません。

社会の潤滑油としての安心感と信頼

私たちが人を裏切らないのは，罰や報復や人の目を恐れるからでしょうか。もちろん，たとえばごくまれにちょっとポイ捨てしようかなと魔がさしたときには，「いけない，見つかれば罰金だ」という抑止力が働くことも事実でしょう。しかし日常生活一般を考えれば，人が道徳や規範，法を守るのは，そうすることが当たり前であるような，ほとんどいつでも無自覚的な行動です。何も強制されるわけでもないのに，自発的に社会のルールを守っています。他人を見る場合にも，私たちは世間が裏切り者だらけではないかといつも神経をとがらせているわけではありません。他人も自分と同様に社会的にふるまうだろうという暗黙の期待があり，それは 安心感 あるいは 信頼 と呼ばれるものに支えられています。私たちの社会はこのような安心感と相互の信頼を潤滑油として，売買や貸借，契約から友情関係に至るまで各種の社会活動を営んでいます。そして，安心感や信頼はどのようなしくみになっているのか，それらはどうしたら高められるのかについていろいろな研究が行われています。

　一見同じように感じられる安心感と信頼には，じつはかなり質的な違いがあります（山岸，1998）。たとえば，バスも道路も電話もテレビもなかった伝統的な山奥の共同体を考えてみましょう。ここでは外出時に誰も鍵をかけずに安心して家を空けられます。共同体のなかには泥棒などいないことがわかっているからです。

しかし，この村の人が，何かのきっかけで都会に出たときにも同じようにくつろげるかといえば，たぶんそうではありません。共同体内部の安心感はそのまま人間一般（言い換えれば「よそ者」）に対する信頼感にはつながらないでしょう。むしろ，共同体のなかの安心できる生活にどっぷりつかっている人ほど，よそ者に対して疑心暗鬼になりやすいといえそうです。

内集団ひいき

上の例は一時代前の非現実的な話のように思えるかもしれません。しかし今の時代においてさえ，たとえば中学生や高校生の仲良しグループや政治家の派閥集団などでも同じような現象をみることができます。グループの仲間といれば安心できるのに，他のグループのメンバーとは同じように気さくに付き合えない（信頼しきれない）というわけです。それだけではなく，自分の属している集団のほうが，他の集団よりもすぐれていると感じる傾向や，他集団のメンバーに対するよりも自集団のメンバーに対して多くの利益を配分する傾向——これらの傾向は内集団ひいきと呼ばれます——が人々の間に非常に根強いことが，さまざまな実験から確認されています。

たとえば，ミニマルグループ・パラダイムと呼ばれる実験方法では，実験参加者が，とくに意味のない基準で集団に割り当てられます。ある実験では，子どもたちにクレーの絵とカンジンスキーの絵のどちらが好きかを尋ね，それに基づいて2集団に分けられました。子どもは，自分がどちらのグループに入ったかを知らされますが，他のメンバーが誰かについてはわかりません。ここで，自分のグループともう一方のグループにどのようにお金を

分配するかが尋ねられました。すると子どもたちは，自分の集団により多くのお金を振り分けました。自分の集団が誰かを知らないわけですから，これは個人的な好き嫌いの問題ではなく，自集団だということだけでひいきが生じることがわかります。

　成人でも，私たちはオリンピックやワールドカップでついつい自国を応援します。高校野球の観戦にしても，地元校への応援にいつの間にか熱が入っていることに気づくことがよくあります。もちろん，そのチームにひいきの選手がいることが大きな理由であることも多いのですが，個人情報がわからなくても地元だからという理由だけで熱がこもってしまいます。ワールドカップのようなイベントでは，ナショナリズムが異様に高揚し暴力ざたに発展することもしばしばです。内集団ひいきは，よそ者嫌いへと容易に転化し，これがさまざまな差別感情やいじめの原因にもなるのです。スケープゴートや仮想敵を仕立てて，内集団の結束を図ることは，古来より治世者が繰り返し利用してきた手だったとさえいえるでしょう。

開かれた社会での信頼

　いつも顔見知りの安心して付き合える内集団の人々——友人，教師，医者，顔なじみの店主や，顧客など——に囲まれて生活していれば，ストレスも少なく，ジレンマ状況もめったに生まれません。葛藤が起きたとしても解決は比較的簡単です。それはある意味でユートピア的な社会といえるかもしれません。しかし，通信，交通システムの劇的な進歩やグローバル化によって，現代人は日々いやおうなしに，見知らぬ人々との付き合いを余儀なくされています。たとえば，異国にでかけて初対面の人と取引きをしなければなら

ないなどということは，いまや特別なことではありません。電子メールだけでのやり取りでは相手の顔さえ知らないことがよくあります。もっと身近な例でいえば，そもそも都市生活のほとんどの場面で，私たちは見知らぬ人々に囲まれています。現代に住む私たちは，もはや内集団だけにこもりきりになっていることはできず，外の世界の人たちとの間でさまざまな交渉をこなしていかなければならないのです。

　このように知人友人関係を超えて一般的な他者と付き合うときに必要な支えが，真の意味での信頼です。相互に基本的な信頼し合う心があるからこそ，初対面の人ともすぐにコミュニケーションできるのです。ときにはそこから，内集団にこもっていれば思ってもみなかったような新しい人間関係が築けるかもしれないし，新しい商売のチャンスが見つかるかもしれません。社会の成員どうしの信頼感が高ければ，先に述べた監視や警戒のコストも大きく引き下げることだってできるでしょう。もちろん，信頼は相手が信頼に足るかどうかにもかかっていますから，こちらがいつも一方的に「お人好し」でいることはもちろん危険です。しかし，初対面の相手をはじめから疑ってかかると，うまくいくはずの交渉もスムーズに進まなかったり破談になったりしてしまいます。

「人を見たら泥棒と思え」と「渡る世間に鬼はなし」という2つのことわざは，一般的他者との付き合い方の2つの側面を端的にあらわしています。前者は一般的他者を信用せず身内との付き合いで得られる安心感を重視する言い回しですが，後者は一般的他者に対する信頼を重視し，身内を超えて新しい関係をめざす表現です。どちらも人間関係の本質の一面をついていますが，現代

社会で望まれるのはむしろ後者の立場でしょう。基本的には相手を信頼しつつも，いざというときには簡単には騙されない，そのような態度や判断能力が求められているのだと思います（先に述べた，囚人のジレンマのシミュレーション研究でも，協調［信頼］を基本にすえて，あとは臨機応変に反応することが，最終的には自分の利益に通じることが示されていました）。

　人を信頼できるかどうかは，社会のしくみによっても違ってきます。幼いときからずっと疑い深い社会のなかで育った人にとっては，他者全般に対して信頼感を抱くのはかなり難しいかもしれません。逆に，信頼できる人々に囲まれて暮らしてきた人であれば，他者への信頼感は空気みたいなものでしょう。このように人の心は 社会環境 によってつくられます。しかし，誰がそういった社会環境をつくるかといえば，1人ひとりの個人です。したがって，心と社会の間には，お互いにつくりつくられるという双方向の関係があるのです。信頼し合える社会づくりをめざすことが，人を信頼できる心を育む，ということを心に留めておいてください。

本章のサマリー　SUMMARY

　環境保全や省エネルギーなどといった現代社会の課題は地球規模の大問題ですが，私たちは自分1人の努力では社会はなかなか変えられないと考えがちです。それは一面の真理です。しかし，誰もが「どうせ社会は変わらないのだから」「自分1人くらいが」と考えて，自己中心的な行動に走ったとすると，町中にはゴミがあふれ，資源もあっという間に使い果たされてしまうことでしょ

う。私たちの社会の運営の難しさは，個人の利益と全体の利益が合致しない点にあります。本章では，囚人のジレンマや社会的ジレンマの研究から，自己利益と集団利益の葛藤についてみてきました。反復型囚人のジレンマでは応報戦略が有効であることがわかりましたが，応報戦略は匿名状況の高い社会的ジレンマ状況には適用できません。監視や罰を強化することで，裏切りやただ乗りをある程度は抑止できますが，それには大きなコストを要します。顔見知りの者どうしからなる内集団にこもっていれば，相互監視をする必要もなく安心でいられますが，内集団では外部の人間に対し差別的にふるまいがちになるという別の問題を含みます。つまるところ現代社会では，一般的な信頼感をいかに高められるかが大きな課題になります。それは社会のしくみと個人の心の相互作用によって少しずつ築かれていくものです。

もっと詳しく学びたい人のための参考図書 BOOKS

アクセルロッド，R.（松田裕之訳）『つきあい方の科学——バクテリアから国際関係まで』（Minerva 21 世紀ライブラリー 45）ミネルヴァ書房，1998

    コンピュータシミュレーションを用いて反復型囚人のジレンマゲームを研究した，今や古典的な名著です。

山岸俊男『社会的ジレンマ——「環境破壊」から「いじめ」まで』（PHP 新書）PHP 研究所，2000

    環境問題もいじめも，「自分 1 人ぐらい」という心理から社会問題に発展します。個人にとっての利益と社会にとっての利益の相克について，ゲーム実験の立場から解説しています。

山岸俊男『信頼の構造——こころと社会の進化ゲーム』東京大学

出版会，1998

  📖 社会心理学の実験を通して信頼のしくみを明らかにしたものです。やや専門的ですが，多くの重要な指摘がなされています。

亀田達也・村田光二『複雑さに挑む社会心理学——適応エージェントとしての人間』(改訂版，有斐閣アルマ) 有斐閣，2010

  📖 個人の心と社会との相互作用についてさまざまな角度から解説されています。行動・実験経済学や社会神経科学など近年の研究知見も数多く紹介されています。

第 1 章

Watson, J. B. 1926 What the nursery has to say about instincts. In C. Murchison（Ed.）, *Psychologies of 1925*. Clark University Press.

第 2 章

サベージ゠ランボー, S.（加地永都子訳）1993『カンジ——言葉を持った天才ザル』日本放送出版協会。

ダイアモンド, J.（長谷川眞理子・長谷川寿一訳）2022『第三のチンパンジー——人類進化の栄光と翳り』上・下（完全版）, 日経 BP。

松沢哲郎 1991『チンパンジーから見た世界』東京大学出版会。

リーキー, R.（馬場悠男訳）1996『ヒトはいつから人間になったか』草思社。

Cheney, D. L. & Seyfarth, R. M. 1992 *How monkeys see the world*: *Inside the mind of another species*. University of Chicago Press.

第 3 章

アスペ・エルデの会サイト「発達障害について」

http://www.as-japan.jp/j/siru.html：2020 年 7 月アクセス

石川道子・辻井正次・杉山登志郎編 2002『可能性ある子どもたちの医学と心理学——子どもの発達が気になる親と保育士・教師のために』ブレーン出版。

荻野美佐子・小林春美 1999「語彙獲得の初期発達」桐谷滋編『ことばの獲得』（ことばと心の発達 2）ミネルヴァ書房。

下條信輔 2006『まなざしの誕生——赤ちゃん学革命』（新装版）新曜社。

繁多進 1983「愛着の意義」永野重史・依田明編『母と子の出会い』（発達心理学への招待 1）新曜社。

フリス, U. 1991（冨田真紀・清水康夫訳）『自閉症の謎を解き明かす』東京書籍。

Jones, S., Martin, R. D. & Pilbeam, D. R. 1992 *The Cambridge encyclopedia of human evolution*. Cambridge University Press.

第4章

阿部和彦　1985「小児期および青年期における発達と対人恐怖的症状〈視線恐怖，赤面恐怖，対話恐怖〉」『精神科 MOOK』**12**，70-75。

公益財団法人長寿科学振興財団健康長寿ネット

https://www.tyojyu.or.jp/net/byouki/ninchishou/shuhen.html：2019 年 4 月アクセス。

Kirova, A. M., Bays, R. B., & Lagalwar, S. 2015 Working memory and executive function decline across normal aging, mild cognitive impairment, and Alzheimer's disease. *BioMedical Research International*: 2015: 748212.

Weinert, B. T. & Timiras, P. S. 2003 Invited review: Theories of aging. *Journal of Applied Physiology*, **95**, 1706-1716.

第5章

上淵寿編 2004『動機づけ研究の最前線』北大路書房。

上淵寿 1995「達成目標志向性が教室場面での問題解決に及ぼす影響」『教育心理学研究』**43**，392-401。

遠藤利彦　2005「感情に潜む知られざる機能とは」『科学』**75**，700-706.

クリスプ，A. H.（高木隆郎・石坂好樹訳）1985『思春期やせ症の世界──その患者と家族のために』紀伊国屋書店。

松村道一　1995『ニューロサイエンス入門』サイエンス社。

村崎光邦　2001「睡眠薬」三浦貞則監修／上島国利・村崎光邦・八木剛平編『精神治療薬大系』中巻（改訂新版），星和書店。

Adams, D. B., Gold, A. R. & Burt, A. D. 1978 Rise in female-initiated sexual activity at ovulation and its suppression by oral contraceptives. *New England Journal of Medicine*, **299**, 1145-1150.

LeDoux, J. 1998 *The Emotional Brain: The mysterious underpinnings of emotional life*. Simon & Schuster.

Meltzoff, A. N. & Moore, M. K. 1977 Imitation of facial and manual gestures by human neonates. *Science*, **198**, 75-78.

Sato, W., Kubota, Y., Okada, T., Murai, T., Yoshikawa, S. & Sengoku, A. 2002 Seeing happy emotion in fearful and angry faces: Qualitative analysis of facial expression recognition in a bilateral amygdala-damaged patient. *Cortex*, **38**, 727-742.

第 6 章

辻平治郎・藤島寛・辻斉・夏野良司・向山泰代・山田尚子・森田義宏・秦一士 1997「パーソナリティの特性論と 5 因子モデル──特性の概念，構造，および測定」『心理学評論』**40**，239-259。

宮城音弥 1998「性格類型論によるパーソナリティの理解」詫摩武俊編『性格』（こころの科学セレクション）日本評論社。

第 7 章

キイス，D.（小尾芙佐訳）1978『アルジャーノンに花束を』（海外 SF ノヴェルズ）早川書房。

グールド，S. J.（鈴木善次・森脇靖子訳）2008『人間の測りまちがい──差別の科学史』上下巻（河出文庫）河出書房新社。

日本文化科学社サイト

https://www.nichibun.co.jp/kensa/detail/wais4.html：2020 年 7 月アクセス。

第 8 章

坂本真士・友田貴子・木島信彦 1995「抑うつ気分への対処，抑うつ気分の持続時間と自己没入との関連について」『日本社会心理学会第 36 回大会発表論文集』374-375。

第 9 章

伊東博 1966『カウンセリング』（新訂版）誠信書房。

バーンズ，D. D.（野村総一郎・夏苅郁子・山岡功一・小池梨花・佐藤美奈子・林達郎訳）2004『いやな気分よ，さようなら──自分で学ぶ「抑うつ」克服法』（増補改訂第 2 版）星和書店。

Shapiro, D. A. & Shapiro, D. 1982 Meta-analysis of comparative therapy outcome studies: A replication and refinement. *Psychological Bulletin*, **92**, 581-604.

第 10 章

境久雄編 1978『聴覚と音響心理』（音響工学講座 6）コロナ社。

McConnell, J. V., Cutler, R. L. & McNeil, E. B. 1958 Subliminal stimulation: An overview. *American Psychologist*, **13**, 229-242.

第 11 章

宮沢賢治 1986 『宮沢賢治全集 5』筑摩書房。

Cherry, E. C. 1953 Some experiments on the recognition of speech, with one and with two ears. *Journal of the Acoustical Society of America*, **25**, 975-979.

Julesz, B. 1971 *Foundations of cyclopean perception*. University of Chicago Press.

Kanizsa, G. 1955 Margini quasi-percettivi in campi con stimolazione omogenea. *Rivista di Psicologia*, **49**, 7-30.

Kanizsa, G. 1976 Subjective contours. *Scientific American*, **234**, 48-52.

Rubin, E. 1921 *Visuell wahrgenommene Figuren: Studien in psychologischer Analyse*. Gyldendalske Boghandel.

第 12 章

Bartlett, F. C. 1932 *Remembering: A study in experimental and Social Psychology*. Cambridge University Press.

Bransford, J. D. & Johnson, M. K. 1972 Contextual prerequisites for understanding: Some investigations of comprehension and recall. *Journal of Verbal Learning and Verbal Behavior*, **11**, 717-726.

Ebbinghaus, H. 1885 *Über das Gedächtnis: Untersuchungen zur experimentellen Psychologie*. Dunker & Humbolt.

Loftus, E. F. & Palmer, J. C. 1974 Reconstruction of automobile destruction: An example of the interaction between language and memory. *Journal of Verbal Learning and Verbal Behavior*, **13**, 585-589.

Miller, G. A. 1956 The magical number seven, plus or minus two: Some limits on our capacity for processing information. *Psychological Review*, **63**, 81-97.

Shepard, R. N. & Metzler, J. 1971 Mental rotation of three-dimensional objects. *Science*, **171**, 701-703.

Sperling, G. 1960 The information available in brief visual presentation. *Psychological Monographs*, **74**, 1-29.

第 13 章

お茶の水女子大学子ども発達教育研究センター編 2004 『幼児教育ハン

ドブック── early childhood education handbook』お茶の水女子大学子ども発達教育研究センター。

ケーラー, W.（宮孝一訳）1962『類人猿の知恵試験』岩波書店。

小林哲生・南泰浩・杉山弘晃 2012「語彙爆発の新しい視点──日本語学習児の初期語彙発達に関する縦断データ解析」『ベビーサイエンス』12, 40-64.

下條信輔 2006『まなざしの誕生──赤ちゃん学革命』（新装版）新曜社。

LITALICO 発達ナビ

https://h-navi.jp/column/article/35025830?page=2：2019 年 4 月アクセス

山本豊 1984「学習の基礎過程」大山正編『実験心理学』東京大学出版会。

Bandura, A., Ross, D. & Ross, S. A. 1963 Imitation of film-mediated aggressive models. *Journal of Abnormal and Social Psychololory*, **66**, 3-11.

Prusky G. T. & Douglas R. M. 2005 Vision. In Whishaw I. Q. & Kolb, B. (Eds.), *The behavior of the laboratory rat: A handbook with tests*. Oxford University Press.

Sakai K. L., Noguchi Y, Takeuchi T, Watanabe E. 2002 Selective priming of syntactic processing by event-related transcranial magnetic stimulation of Broca's area. *Neuron*, **35**, 1177-1182.

Takano Y., Ukezono M., Nakashima S.F., Takahashi N., Hironaka N. 2017 Learning of efficient behaviour in spatial exploration through observation of behaviour of conspecific in laboratory rats. *Royal Society Open Science*. **4**: 170121.

Thorndike, E. L. 1898 Animal intelligence: An experimental study of the associative processes in animals. *Psychological Review: Monograph Supplements*, **2**.

第 14 章

岡潔 1963『春宵十話』毎日新聞社。

Chomsky, N. 1957 *Syntactic structures*. Mouton.

Duncker, K. 1935 *Zur Psychologie des produktiven Denkens*. Springer.

Griggs, R. A. & Cox, J. R. 1982 The elusive thematic-materials effect in Wason's selection task. *British Journal of Psychology*, **73**, 407-420.

Kahneman, D. & Tversky, A. 1972 Subjective probability: A judgment of representativeness. *Cognitive Psychology*, **3**, 430-454.

Kahneman, D. & Tversky, A. 1973　On the Psychology of prediction. *Psychological Review*, **80**, 237-251.

Newell, A. & Simon, H. A. 1972　*Human problem solving*. Prentice-Hall.

Rosch, E. & Mervis, C. B. 1975　Family resemblances: Studies in the internal structure of categories. *Cognitive Psychology*, **7**, 573-605.

Wason, P. C.　1966　Reasoning. In Foss, B. M.（Ed.）, *New horizons in Psychology*. Harmondsworth,　Penguin Books.

Whorf, B. L. 1956 Science & linguistics. In Carroll, J. B.（Ed.）, *Language, thought, and reality: Selected writings of Benjamin Lee Whorf*. MIT Press.

第 15 章

岡田隆・廣中直行・宮森孝史　2015『生理心理学――脳のはたらきから見た心の世界』（第 2 版，コンパクト新心理学ライブラリ 14）サイエンス社。

河田光博・樋口隆　2004『シンプル解剖生理学』南江堂。

野村靖幸　1998「神経伝達物質とは」中村重信編『神経伝達物質update ――基礎から臨床まで』（改訂 3 版）中外医学社。

松村道一　1995『ニューロサイエンス入門』サイエンス社。

Harlow, J. M. 1868 Recovery from the passage of an iron bar through the head. *Publications of the Massachusetts Medical Society*, **2**, 327-346.

Stuss, D. T. & Benson, D. F. 1983　Emotional concomitants of Psychosurgery. In Heilman, K. M. & Satz, P.（Eds.）*Neuropsychology of human emotion*. Guilford Press.

第 16 章

Barbizet, J. & Duizabo, Ph.　1980　*Abrégé de Neuropsychologie*. Masson.

Benson, D. F. & Greenberg, J.P. 1969　Visual form agnosia: A specific defect in visual discrimination. *Archives of Neurology*, **20**, 82-89.

Geschwind, N. 1972 Language and the brain. *Scientific American*, **226**, 76-83.

Rubens, A. B. & Benson, D. F. 1971 Associative visual agnosia. *Archives of Neurology*, **24**, 305-316.

Springer, S. P. & Deutsch, G. 1981 *Left brain, right brain.* W. H. Freeman.

第17章

Asch, S. E. 1955 Opinions and social pressures. *Scientific American*, **193**, 31-35.

Zajonc, R. B. 1968 Attitudinal effects of mere exposure. *Journal of Personality and Social Psychology, Monograph Supplement,* **9**, 1-27.

第18章

山岸俊男 1998『信頼の構造——こころと社会の進化ゲーム』東京大学出版会。

344

事項索引

348

◉ 著者紹介

長谷川寿一（はせがわ　としかず）
　　　東京大学名誉教授

東條正城（とうじょう　まさき）
　　　元 専修大学文学部教授

大島　尚（おおしま　たかし）
　　　東洋大学名誉教授

丹野義彦（たんの　よしひこ）
　　　東京大学名誉教授

廣中直行（ひろなか　なおゆき）
　　　東京都医学総合研究所　客員研究員

ARMA

はじめて出会う心理学 第3版　　　　　　　　　　有斐閣アルマ
An Introduction to Psychology, 3rd ed.

2000 年 3 月 10 日　初　版第1刷発行
2008 年 3 月 31 日　改訂版第1刷発行
2020 年 10 月 30 日　第3版第1刷発行
2023 年 1 月 25 日　第3版第5刷発行

　　　　　　　　　　　　長 谷 川　　寿　　一
　　　　　　　　　　　　東　條　　正　　城
　　著　者　　　　　　　大　島　　　　尚
　　　　　　　　　　　　丹　野　　義　　彦
　　　　　　　　　　　　廣　中　　直　　行

　　発 行 者　　　　江　草　　貞　　治

　　発 行 所　　株式会社　有　斐　閣
　　　　　　　　　　　　郵便番号 101-0051
　　　　　　　　　　東京都千代田区神田神保町 2-17
　　　　　　　　　　http://www.yuhikaku.co.jp/

印刷　大日本法令印刷株式会社・製本　大口製本印刷株式会社
組版・イラスト　田中あゆみ
©2020, 長谷川寿一・東條繪里子・大島尚・丹野義彦・廣中直行. Printed in Japan
落丁・乱丁本はお取替えいたします。

ISBN978-4-641-22145-1